dtv

Reihe Hanse

Die Bibel ist das Reservoir fast allen Erzählens: Tod, Sünde, Gnade, Liebe, Hass, unaufhebbares Leid und Sehnsucht nach Erlösung – mit nichts anderem beschäftigt sich die Bibel als mit dem Leben selbst. Nur wird heute vieles nicht mehr verstanden, erscheint wunderlich oder bizarr. Dabei ist sie eine Sammlung von erhabenen Erzählungen und verheißungsvollen Geschichten, die ihre Bedeutung auch für unsere Zeit und unser Leben haben. Das zeigen die eigens für diesen Band verfassten Beiträge zum Alten Testament eindrucksvoll.

Und Gott sprach …

Biblische Geschichten neu erzählt

Herausgegeben von
Friedrich Vilshofen

Deutscher Taschenbuch Verlag

Bei der Schreibweise biblischer Namen, bei Zitaten und Ortsangaben folgt dieses Buch jeweils den Autoren, die aus guten Gründen mit unterschiedlichen Bibelübersetzungen gearbeitet haben. Deshalb entspricht diese Schreibweise nicht überall der heute überwiegend verwendeten so genannten Einheitsübersetzung

In neuer Rechtschreibung
März 2003
Deutscher Taschenbuch Verlag GmbH & Co. KG,
München
www.dtv.de
Umschlagbild: ›Der Sündenfall‹ Rafaelwerkstatt

Gesetzt aus der Palatino 11/13·
Satz: Fotosatz Reinhard Amann, Aichstetten
Druck und Bindung: Druckerei Kösel, Kempten
Gedruckt auf säurefreiem, chlorfrei gebleichtem Papier
Printed in Germany · ISBN 3-423-62128-1

Inhalt

Das Buch der Bücher

Biblische Geschichten, Geschichten nach der Bibel? Wenn man heute eine Umfrage machen würde, was uns die Bibel »zu sagen« habe, dann würde man vielleicht hören, dass dieses Buch (das Buch der Bücher) eine wichtige Rolle gespielt hat in der Geschichte der westlichen Kultur – aber würde mehr als ein Prozent behaupten, oft oder auch nur gelegentlich darin zu lesen? Ist diese fantastische Sammlung von Geschichten, Gesetzen, Prophezeiungen und unerhörten Wundern aus einer längst vergangenen Zeit und aus einer Gegend, die heute bestenfalls als Urlaubsort und schlimmstenfalls als Ort blutiger Auseinandersetzungen vertraut ist, nur deshalb noch interessant, weil sich die Kirche darauf beruft und in jedem Hotelzimmer ein Exemplar dieses Buches ausliegt? Oder enthält die Bibel, wie bis heute der Koran für den Islam, die Wahrheit und nichts als die Wahrheit über uns und unser Leben auf der Erde?

In den letzten Jahren haben viele christliche, jüdische und nicht religiöse Forscher die Bibel als *literarisches Kunstwerk* gelesen. Es ging ihnen also nicht darum, ob sie die Wahrheit enthält, sondern wie sie ihre Wahrheit erzählt. Denn es war ja nicht Gott persönlich, der diese Geschichten aufgeschrieben hat, sondern es waren Menschen sehr unterschiedlicher Herkunft, die über Gott berichten wollten. Und wie sie berichtet haben! Mit welcher Leidenschaft, mit welcher Sprachgewalt, mit welcher Ehrfurcht (und manchmal auch: mit welcher haarspalterischen Besserwisserei) haben sie über Gott und Gottes Volk geschrieben! Wer sich auf die Bibel einlässt, wird bald verstehen, warum diese Sammlung so unterschiedlicher Texte zu dem Buch der Bücher werden konnte, das so lange die Gemüter bewegt hat und noch immer bewegt.

Die Schriftsteller haben schon lange gewusst, dass die Bibel eigentlich alle Geschichten enthält, die sich denken lassen. Sie weiß alles über Liebe und Macht, Strafe und Vergebung, Schuld und Sühne, Gewalt und Erlösung. Alle Geschichten, die wir erleben (und oft erleiden), sind in ihr eingeschlossen. Es kommt nur darauf an, sie aus der Sprache des Alten Testaments in unsere Sprache zu übersetzen. Dabei geht es nicht darum, den alten Text – den wir ja häufig sowieso nur in der Übersetzung von Martin Luther oder anderer Übersetzer kennen – zu zerstören oder infrage zu stellen, sondern um seine aktuelle Bedeutung für unsere Zeit und unser Leben zu erkunden.

Das ist der Grund, warum einige Schriftsteller gebeten wurden, die Geschichten der Bibel noch einmal zu erzählen.

Michael Krüger

Martin Grzimek

Brief an den Enkel über die Erschaffung der Welt

Das Schönste,
was wir erleben können,
ist das Geheimnisvolle.
Albert Einstein

1

Opa E. hat dir geschrieben«, sagte Florians Mutter, kaum dass er nach Hause gekommen war. »Einen ziemlich dicken Brief, ein richtiges Kuvert. Es liegt auf deinem Schreibtisch.«

Florian stürmte sofort die Treppe hinauf in sein Zimmer. Ein Brief von Opa E.? Das war ungewöhnlich. Bisher hatten sie sich immer nur E-Mails geschrieben. »Briefe per Post verschicken? – völlig hinter der Zeit!«, hatte Opa E. einmal abfällig gesagt und hinzugefügt: »Die brauchen ja eine Ewigkeit, ehe sie bei dir ankommen.«

Florians Opa E. hieß eigentlich Ernst Schulz, war ein renommierter Professor für Astrophysik und forschte seit zwei Jahren an einem der großen Observatorien in der Atacama-Wüste im Norden Chiles. Florian hatte ihn schon längst einmal besuchen wollen, sogar den Flug wollte ihm sein Opa bezahlen. Aber immer war bei Florian etwas dazwischengekommen: erst eine Blinddarmentzündung, dann ein seit langem geplanter Sommerurlaub seiner Eltern in Ägypten, und in den kommenden großen Ferien sollte er nach Südengland, um dort sein Englisch zu verbessern, was er bitter nötig hatte.

Wieder hatte er also seinem Opa absagen müssen. Natürlich per E-Mail. Das ging sekundenschnell. Und jetzt ein Brief? Wie lange mochte der unterwegs gewesen sein »vom Ende der Welt«, wie Opa E. Chile nannte?

2

Es lag tatsächlich ein dickes Kuvert auf Florians Schreibtisch, adressiert an »Sr. F. Schulz«, versehen mit einer ordentlichen Anzahl kleiner chilenischer Briefmarken, auf denen Pflanzen abgebildet waren. Einen Moment lang besah sich Florian die Motive auf den Marken, dann riss er den Umschlag auf und nahm viele eng beschriebene Seiten heraus. Auf der ersten Seite klebte ein gelber Zettel mit der Handschrift seines Großvaters:

»Lieber Flori, du kannst diesen Brief ruhig auch deinen Eltern zeigen. Sie werden alles nur für ein Märchen halten, das ein Großvater seinem Enkel erzählt, so wie es Großväter gerne tun. Aber was in diesem Brief steht, ist kein Märchen, es ist auch kein Traum, es ist alles wirklich passiert. Warum sollte ich dir auch etwas vormachen? Lies also diesen Brief und gib ihn dann Maria und Andreas oder erzähle ihnen, was drinsteht. Du wirst sehen, wie sie schmunzeln und den Kopf schütteln werden. Lass dich nicht davon beeindrucken. – Wenn du diese Zeilen gelesen hast, nimm den Zettel, zerreiß ihn in kleine Stücke und wirf ihn weg. Ich danke dir für dein Vertrauen. Dein Opa E.«

3

Der Zettel ließ sich leicht ablösen. Aber Florian zerriss ihn nicht, sondern klebte ihn in ein Heft, in das er manchmal etwas hineinschrieb, wenn er sich traurig, einsam oder besonders glücklich fühlte. Das Heft bewahrte er in der untersten Schublade seines Schreibtischs auf. Dann setzte er sich aufs Bett und begann zu lesen:

»Mein lieber Flori, es ist sehr schade, dass du diesen Sommer wieder nicht nach Chile kommen kannst. Aber ich verstehe dich und auch deine Eltern. Es ist natürlich wichtiger, dass du Englisch lernst, als hier bei mir Sandkörner in der Wüste oder Sterne am Himmel zu zählen (beides kommt übrigens in ähnlich unüberschaubarer Menge vor). Ich hätte mich trotzdem sehr gefreut, dich bei mir im Observatorium zu haben, denn mittlerweile bist du 14 Jahre und alt genug, um vieles zu verstehen, was ich dir erklären könnte. In einem Dreivierteljahr ist mein Forschungsprogramm abgeschlossen und ich kehre wieder nach Deutschland zurück. Dann muss ich nur noch einen Bericht schreiben und anschließend gehe ich in den Ruhestand. Darauf freue ich mich. Dein Leben beginnt, meines nähert sich dem Ende, auch wenn ich noch einiges vorhabe. Doch davon wollte ich dir nicht schreiben. Es ist vielmehr hier oben etwas geschehen, was ich dir mitteilen muss. Ich tue das auf dem alten postalischen Weg und habe dafür gute Gründe. Dieser Brief wird sicher der längste, den ich je an dich geschrieben habe. Deshalb ist es vielleicht ratsam, du holst dir jetzt eine Cola oder einen O-Saft, bevor du weiterliest.«

4

Als hätte es ihm Opa E. befohlen, legte Florian den Brief beiseite und ging nach unten in die Küche. Dort fragte ihn seine Mutter gleich, ob er schon Opas Brief gelesen habe.

»Nur die erste Seite«, sagte Florian. »Wann essen wir?«

»In etwa einer Stunde. – Er scheint dir ziemlich viel geschrieben zu haben!«

»Wenn ich fertig bin, bringe ich den Brief mit runter.«

Florian goss sich Orangensaft in ein Glas, ging wieder hinauf in sein Zimmer und las weiter:

»Du weißt ja, lieber Flori, dass ich hier zusammen mit meinen Kollegen, die aus der ganzen Welt kommen, einen ziemlich einsamen Job habe. Ich versuchte dir auch schon einmal bei meinem letzten Heimaturlaub klarzumachen, dass die Astronomie in unserer Zeit nicht mehr viel mit Sternguckerei zu tun hat. Wir sitzen hauptsächlich vor unseren Computern und vergleichen Zahlen und Statistiken. Wenn ich dann aber mal in einer Pause den Kontrollraum verlasse und hinausgehe, dann habe ich das Gefühl, für alles entschädigt zu werden. Draußen sehe ich in einen unvergleichlich schönen Sternenhimmel. Dieses Funkeln und Glitzern, diesen Blick in die Unendlichkeit wirst du in Deutschland niemals erleben können. Oder vielleicht doch?«

5

Florian rutschte vom Bett und setzte sich an seinen Schreibtisch, um dort weiterzulesen. Er schaute aber erst durchs Fenster auf das gegenüberliegende Haus. Es war genauso ein Haus wie das, in dem er mit seinen Eltern wohnte. Schon vor Monaten waren die Mieter ausgezogen. Seitdem stand es leer und die Rollläden waren heruntergelassen. Nun aber entdeckte er zu seiner Überraschung, dass jemand in dem Haus gewesen sein musste. Der Rollladen vor dem Fenster seinem genau gegenüber war verschwunden und er sah die hellen Gardinen dahinter. Einen Moment lang fühlte er sich beobachtet. Doch da sich die Gardinen nicht bewegten und dahinter nichts zu erkennen war, kehrte sein Blick zu dem Brief zurück:

»Vor einiger Zeit kam ich hier bei uns in den Kontrollraum, und meine Kollegen, hoch angesehene Wissenschaftler, darunter der Engländer Barnes, der Franzose Durac und de Witter aus Holland, standen wortlos da und starrten auf die Bildschirme der Computer. Irgendetwas stimmte nicht. Es gab zwar ein Bild, doch das war schwarz. Von den Teleskopen wurden Daten übermittelt, aber offensichtlich solche, die sich zugleich löschten, als würden wir in den Weltraum starren und nichts mehr sehen. Du musst dir das so vorstellen, als würde dein PC abstürzen, zugleich aber auf vollen Touren rechnen. Unser Techniker sagte, es würden ungeheure Mengen von Nicht-Daten übermittelt. Wir waren natürlich fassungslos. Was sollten wir mit diesem Unsinn anfangen? Jeder von uns hat einen ganz genau festgelegten Beobachtungszeitplan. Für jeden von uns zählt jede Minute. Ein Systemausfall? Eine mittlere Katastrophe! Wir schauten uns an, blickten zurück auf die Bildschirme, auf einen der Drucker, der nichts als unbeschriebene Blätter ausspuckte, und keiner von uns sagte ein Wort. Wir alle ahnten, dass etwas völlig Undenkbares eingetreten war: Es gab keinen einzigen Stern mehr, der Himmel war schwarz, wie leer gefegt. Mach einen Moment lang die Augen zu und versuche trotzdem, genau hinzusehen, dann weißt du, was ich meine.«

6

Florian schloss die Augen, öffnete sie, schloss sie wieder, sah noch für Momente die Reste der Helligkeit des Fensters, dann war ihm regelrecht schwarz vor Augen, ein anstrengendes Schwarz und ein graues Wischen und Flackern darin. Er schlug die Augen auf und las:

»Plötzlich rief jemand, wir sollten schnell nach draußen kommen. Als wäre ein Bann gebrochen, lösten wir uns aus der Erstarrung und liefen hinaus, sammelten uns in kleinen Gruppen und starrten in den Himmel: Über uns war nichts, ein einziges, riesiges Loch. Ich weiß noch, wie mir kalter Schweiß auf die Stirn trat, ich höre noch, wie de Witter neben mir aufstöhnte, fast japste, als bekäme er keine Luft; ich sehe noch, wie Durac mit ausgestreckten Armen in der Luft ruderte, als wollte er etwas beiseite wischen. Doch da konnten keine Wolken am Himmel sein, es nützte auch nichts, sich die Augen zu reiben. Es war unmöglich, das Unfassbare zu akzeptieren. Aber alles, was ich dir hier aufschreibe, ist tatsächlich so geschehen. Was dann folgte, nahm uns allerdings wirklich den Atem.«

7

Von der nächsten Briefzeile an erlebte Florian etwas Seltsames: Sein Blick überflog nicht mehr einen Satz nach dem anderen, sondern heftete sich gleichsam an jedes einzelne Wort. Mehr noch: Jedes Wort zerfiel in seine Bestandteile, und dazu gehörten sogar die Leerräume zwischen den Buchstaben. Er las, als würde sein Blick auf den Balken und Bögen, Strichen und Punkten der Buchstaben entlangrutschen: Das »b« war ein Bauch, in den er plumpste, das »S« wie eine Rutschbahn, am äußersten Rand des »r« angelangt, sah er einen Abgrund unter sich, musste im »A« wie auf einem Klettergerüst hinauf- und hinunterturnen und schließlich im »O« unaufhörlich kreisen. Als würden seine Blicke schwere Gewichte hinter sich herziehen, folgte er den nächsten Wörtern und Sätzen:

»Vom Horizont her bemerkten wir plötzlich eine Veränderung. Es kam Licht von dort, das Licht der Sterne, die wie unter einer Schale wieder hervortraten, die sich über den Himmel geschoben, ihn verfinstert hatte und sich nun wieder zurückschob, so als würdest du bei euch zu Hause den gewölbten Deckel des Brotkastens vorsichtig öffnen und dabei zugleich selbst in dem Kasten sitzen. Wie lange dieser Vorgang dauerte? Keine Ahnung. Wir nahmen wahr, selbst wahrgenommen zu werden. Wir sahen lediglich, dass sich der Sternenhimmel in einer stetigen Bewegung von Horizont zu

Horizont wiederherstellte. Der Vorgang dieser *Entfinsterung* musste außerhalb unserer Zeiterfahrung stattfinden. Daher bewirkte die im Nu wieder eingetretene Normalität, dass wir uns alle so verhielten, als hätten wir den Kontrollraum nur mal kurz verlassen, um frische Luft zu schnappen. Allerdings blieb eine gewisse Verwirrung zurück. Es musste uns absurd erscheinen, dass irgendetwas und zugleich nichts geschehen war. Keiner sprach darüber, wie um sich nicht lächerlich zu machen. Zurück im Kontrollraum kam es uns daher auch ganz selbstverständlich vor, dass wieder alle Rechner arbeiteten und uns die Projekte zeigten, an denen wir gerade saßen. Ich glaube, de Witter war es, der wie nebenbei fragte, was denn da eben los gewesen sei, er fühle sich schwindlig und man müsse mal die Teleskope überprüfen. Doch keiner ging darauf ein, auch weil in diesem Augenblick das Telefon klingelte. Es war ein Anruf für Barnes von seiner Frau, die sich gerade bei ihren Eltern in London aufhielt. Sie gratulierte ihm zum Geburtstag. Aber Lynda, hörten wir ihn sagen, heute ist der 2. Februar und ich habe doch erst am 15. März Geburtstag. Barnes lachte. Er ist klein und untersetzt, isst ein bisschen zu viel, es schmeckt ihm halt, er redet gern, ist lustig, aber jetzt klang seine Stimme so ernst, dass wir alle zuhörten. Nein, sagte er ins Telefon, ich weiß genau, dass wir hier den 2. Februar haben, morgen fliege ich nach Santiago zurück ... Was? ... Nein, ich bin nicht betrunken ... Ja, die Verbindung ist schlecht ... Ich rufe dich morgen von Santiago aus an ... also bis bald. Barnes legte auf und sah in unsere erstaunten Gesichter. Merkwürdig, sagte er, sie behauptete steif und fest, heute sei der 15. März. – Er schüttelte den Kopf, nuschelte etwas vor sich hin und verließ den Raum. Ich setzte mich an meinen Platz und versuchte, mich auf meine Arbeit zu konzentrieren. Es gelang mir nicht. Als ich mich dann umschaute, war ich allein. Es war ungewöhnlich, dass sich keiner der Kollegen von mir verabschiedet hatte. Ich merkte, wie müde ich war, ging in mein Zimmer, legte mich aufs Bett und muss sofort eingeschlafen sein. Als ich am nächsten Morgen aufwachte, trug ich noch immer meine Kleider. Eine Stunde später war ich mir sicher, dass die unerklärlichen Ereignisse, in die ich geraten war, längst noch nicht aufgehört hatten, denn ich musste feststellen, dass ich auf dem gesamten Observatoriumsgelände der einzige Mensch war. Alle – Kollegen, Techniker, Hilfspersonal – alle waren wie vom Erdboden verschluckt. Ich bekam es mit der Angst zu tun.«

8

Die Buchstaben des Wortes ›Angst‹ tanzten Florian noch eine Weile vor den Augen. Dann aber sah er, dass sein Opa diese Briefseite nur halb voll geschrieben hatte. Verwundert legte Florian sie beiseite, doch auch das nächste Blatt war leer, obwohl die Seite in der unteren Mitte durchnummeriert war. Auf Seite 5 ging es weiter, doch die erste Zeile bestand aus einem lang und fett durchgezogenen Strich. Darunter standen dann wieder die nächsten, von Opa E. getippten Sätze. Florian konnte sie ganz normal lesen. Sie lauteten:

»Siehst du diese Linie? Lass dich nicht täuschen. Das ist nicht einfach nur ein dicker Strich. Dieser schwarze Balken enthält eineinhalb Seiten von mir für dich in den PC getippte Worte, die eineinhalb Seiten, die in diesem Brief fehlen. Ich habe sie mehrmals geschrieben, aber am Ende zogen sie sich immer zu einer schwarzen Linie zusammen und wurden vom Printer auch so ausgedruckt. Es muss sich um einen Fehler im Schreibprogramm handeln, anders kann ich es mir nicht erklären. Sobald ich nach dem Wort ›Angst‹ weitertippe, erscheinen zwar die Worte auf dem Bildschirm, aber nach 90 Zeilen verlöschen sie und der PC zeichnet von sich aus diesen schwarzen Balken.

Was habe ich dir in diesen 90 Zeilen beschrieben? Ganz einfach: Ich wollte dir vermitteln, was ich tat, als ich bemerkte, dass ich da auf dem Berg mitten in der trockensten Wüste und in einem der größten Observatorien der Welt feststellen musste, dass ich mutterseelenallein war. Ich entdeckte das natürlich nicht sofort. Erst ging ich in die Gemeinschafts-, dann in die Arbeitsräume. Ich wusste ja, dass am Morgen einige der Kollegen wegfahren wollten, die anderen aber mussten noch da sein. Ich klopfte an ihre Zimmertüren, niemand reagierte, ich rannte hinaus zu Sanchez, unserem Mann für alles, der in einer kleinen Hütte an der Auffahrt lebt. Die Hütte war leer, sogar Chico, sein Hund, war verschwunden. Auf dem Parkplatz standen noch alle Autos und Jeeps, auch der kleine Bus. Ich stieg in mein Auto, um nach San Pedro de Atacama zu fahren, das Auto sprang nicht an. Ich versuchte natürlich auch, sofort zu telefonieren – die Leitungen waren tot. Ich wollte E-Mails schicken (übrigens auch an dich) – sie löschten sich selbst in dem Moment, als ich den Befehl ›Senden‹ anklickte. Sonst funktionierte alles: Strom, Wasser, die Elektronik der Rechner, die vorprogrammierten Einstellungen der Teleskope. Die Nacht kam und mit der Nacht zogen die Sterne auf. Ich fühlte mich unendlich müde, erinnerte mich noch daran, dass ich den ganzen Tag über nichts gegessen und getrunken hatte, und schlief wieder in meinen Kleidern auf meinem Bett ein.

Am nächsten Morgen war die Situation unverändert. Da entschloss ich mich, zu Fuß nach San Pedro aufzubrechen, um Hilfe zu holen. Der Weg dorthin ist lang, ich nahm eine Flasche Wasser mit, setzte mir einen Hut gegen die Sonne auf und marschierte los. Ich folgte immer der Straße, das heißt dem Asphalt. Es ist unsinnig, auf die Umgebung zu achten, weil sie aus nichts als Staub und Steinen besteht. Nach einer halben Stunde schaute ich mich um und bemerkte, dass ich mich noch immer in der Nähe des Observatoriums befand. Ich wunderte mich darüber, nicht weiter gekommen zu sein, setzte aber meinen Weg fort. Nach einer Viertelstunde drehte ich mich wieder um und fand mich auf derselben Stelle wie zuvor. Die gleiche Anstrengung wiederholte ich noch zwei

Mal – mit demselben Ergebnis. Ich musste mir eingestehen, dass ich, so viel ich auch lief, nicht einen Meter vorwärts kam. Also ging ich zurück oder, besser gesagt, wenig später fand ich mich in meinem Zimmer auf der Bettkante wieder und fragte mich, was eigentlich vor sich ging. Wie sollst du, lieber Florian, nachvollziehen können, was ich empfand? Also stell dir vor, deine Eltern gehen auf eine Party und du schläfst die Nacht über. Aber am Morgen ist niemand da. Du trittst aus dem Haus und bemerkst, dass das Haus seinen Standort gewechselt hat: Um dich herum siehst du nichts als Sand. Da denkst du zwar noch an deine Eltern, aber du glaubst nicht mehr, sie irgendwo suchen zu müssen. Du müsstest ja selbst erst einmal herausfinden, wo du überhaupt bist.«

9

Florian sah von dem Brief auf. Sein Blick wanderte von der Schachfigur, die er auf seinem Schreibtisch stehen hatte – ein Springer aus Elfenbein, den ihm sein Großvater geschenkt hatte –, durch das Fenster auf das des gegenüberliegenden Hauses. Er meinte zu sehen, wie dort gerade die Gardinen zugezogen wurden, und erschrak, als er das Gesicht seines Großvaters hinter der Glasscheibe erkannte. Als er aber genauer hinsah, hingen die Gardinen ruhig und geschlossen vor dem Fenster und dahinter war nichts zu sehen. Im selben Moment hörte er das Telefon unten im Flur klingeln. Er lehnte sich in seinem Schreibtischstuhl zurück und wandte den Kopf der Tür zu. Durch den Flur drang die Stimme seiner Mutter herauf. »Tut mir Leid«, sagte sie. »Florian ist noch in der Schule… Ja, natürlich werde ich es ihm ausrichten.« Dann war Stille. Eine Sekunde lang glaubte Florian hinunterlaufen zu müssen, um zu beweisen, dass er da sei, und um zu fragen, von wem der Anruf kam. Gleichzeitig aber wollte er wissen, wie es seinem Opa ergangen war.

»Man gewöhnt sich selbst an die absurdeste Situation«, schrieb Opa E., »wenn man sie erst einmal akzeptiert hat und nicht aus ihr herauskommt. Ich brauchte dazu drei Tage. Natürlich versuchte ich immer wieder zu telefonieren, schrieb E-Mails, zündete nachts draußen sogar Feuer an in der Hoffnung, dass mich jemand bemerken würde. Ich fing auch aus Gewohnheit an, etwas zu essen und zu trinken, spuckte das Zeug aber gleich wieder aus, als hätte ich keine Zeit, es herunterzuschlucken. Trotzdem waren die Tage und Nächte lang und ich hatte das Bedürfnis, irgendetwas zu tun. Also setzte ich mich wieder an meinen Arbeitsplatz und verfolgte mein Forschungsprojekt weiter, denn die Geräte schienen zu funktionieren, als sei nichts geschehen. Da ich allein war, konnte ich auch die Beobachtungszeit meiner Kollegen in Anspruch nehmen: Ich hatte wirklich Zeit, ein paradiesischer Zustand für einen Astronomen! Einmal, vielleicht war es eine Woche nach dem Beginn dieser Situation, ließ ich mir ein Bild ausdrucken von einem bestimmten Himmelssektor. Was ich darauf sah, versetzte mich in äußerstes Erstaunen. Ich schicke dir dieses Foto nur deshalb nicht mit, damit es nicht verloren geht und weil ich mir vorstellen kann, dass es meine Erlebnisse, obwohl es ein Dokument ist, unglaubwürdig machen würde. Du würdest nämlich denken, dein Opa hat sich dieses Sternbild zusammenmontiert, um dich an der Nase herumzuführen. Würde mir jemand ein solches ›Foto‹ vorlegen, würde ich nicht weniger verächtlich reagieren. Es zeigt nämlich einen Nebel, der eindeutig die Umrisse eines menschlichen Auges hat: Man erkennt die Augenbraue, das Lid, die Iris und die Pupille. – Jetzt ist er völlig übergeschnappt, wirst du von mir denken. Nun, dann beweise ich dir meine Glaubwürdigkeit auf andere Weise: Hat nicht deine Mutter vorhin einen Anruf entgegengenommen, der dir galt, und sagte sie nicht, du seist nicht zu Hause, obwohl du in deinem Zimmer gesessen hast. Habe ich Recht?«

10

Florian war platt. Es war, als hätte ihm jemand auf den Kopf geschlagen. »Und jetzt hast du gerade dein Glas Orangensaft in die Hand genommen, um daraus zu trinken, und gemerkt, dass nichts mehr drin ist!«, las er weiter und starrte auf das Glas in seiner Hand, das er tatsächlich gerade eben an den Mund gesetzt hatte. Das war, nachdem er den Satz über den Anruf gelesen hatte. Das Glas war leer. Florian wischte sich erschrocken mit der Hand über die verschwitzte Stirn und dann über die trockenen Lippen, schaute auf das Haus gegenüber, ob da sein Opa hinter der Gardine stand und ihn beobachtete. Aber das konnte nicht sein, denn er las ja in einem Brief, der schon vor Tagen in Chile abgeschickt worden war. Wie sollte sein Opa wissen, was er, Florian, im Augenblick tat?

»Das wirst du dich fragen«, schrieb Opa E. weiter, als könnte er Florians Gedanken lesen, »und ich werde versuchen, dir dafür eine Erklärung zu geben. Sie besteht in dem, was ich mich selbst fragte und was ich in dieser zeitfernen Zeit, in der ich völlig allein war, tat. Um das zu erfahren, musst du mir noch ein wenig zuhören. Kannst du das? Hast du die Geduld? Was frage ich! Natürlich hast du sie. Du musst sie haben. Du bist im Bann meiner Worte und solltest aufhören, dich dagegen zu wehren. Setz dich wieder hin!«

11

Dieser Brief musste Augen haben! Florian war tatsächlich aufgestanden. Er wollte weg aus diesem Zimmer, um nicht aus seinem Fenster auf das gegenüberliegende Haus zu blicken, er öffnete den Mund, um seine Mutter zu rufen, aber er brachte keinen Laut heraus, und auf seinen Schultern fühlte er einen Druck, der ihn zwang, sich wieder auf den

Stuhl zu setzen, er fühlte die Hände seines Großvaters auf seinen Schultern und wie hypnotisiert hefteten sich seine Augen auf die nächsten Zeilen:

»Flori, sei ganz ruhig! Du hast nichts zu befürchten. Du erlebst nichts anderes, als was ich auch erlebte, dort oben auf La Silla in der Atacama-Wüste. Ich stellte mir Frage auf Frage. Woher kam der Augen-Nebel? Warum verschwanden die Sterne? Warum war ich allein? Wohin war der Hund Chico verschwunden? Wohin sein Gebell? Warum trat ich auf der Stelle, den Berg hinuntergehend? Warum hatte Lynda Barnes ihrem Mann an einem falschen Tag zum Geburtstag gratuliert? Warum schreibe ich dir einen Brief und keine E-Mail? – In meinem Kopf waren ganze Schwärme solcher Fragen und zeitweise glaubte ich, verrückt werden zu müssen. Schon zwei Wochen waren vorbei und ich hatte noch immer keinen Bissen zu mir genommen und keinen Schluck getrunken. Kannst du dir das vorstellen? Ich musste auch nicht aufs Klo. Kein Urin, keine Sch … – säße ich jetzt neben dir, hätte ich das Wort ausgesprochen. Aber deine Eltern mögen es nicht. Akzeptiert. Doch was machst du, wenn du dich plötzlich nicht mehr um dich selbst und andere kümmern musst und jede Menge Zeit hast? Was machte ich? Ich begann zu lesen. Normalerweise habe ich keine Zeit dafür oder ich nehme sie mir nicht. Es lagen ein paar Romane herum, meist triviales Zeug zur Unterhaltung, das mich schnell langweilte, daneben gab es aber auch noch zwei Bücher von Kollegen mit vereinfachten Darstellungen über unseren Kosmos. Ich hatte für mich immer abgelehnt, sie zu lesen. Nun stellte ich fest, dass sie sich vor allem damit befassten, woher unsere Welt kommt und wohin sie eines Tages (= Milliardenmilliarden Tage) gehen wird. Ich musste oft über diese bewusst naiv gehaltenen Darstellungen lächeln, aber ich las alles, was mir unter die Finger kam. Und als nichts anderes mehr da war, las ich zum Schluss – die Bibel in einer Taschenbuchausgabe, die ein früherer deutscher Kollege hier zurückgelassen hat. Flori, das war eine Entdeckung! Was für Geschichten! Und vor allem der Anfang, die ersten Seiten, der Schöpfungsbericht. Jetzt wirst du, lieber Florian, sagen, nun ist mein Großvater übergeschnappt. Jedes Mal streitet er sich mit seinem Sohn und seiner Schwiegertochter darüber, dass es keinen Gott geben kann, und jetzt kommt mir derselbe Großvater mit der Bibel und spricht ehrfurchtsvoll von etwas, worüber er sich bislang lustig gemacht hat! – Richtig, Flori, wundere dich!!«

12

»Essen!« Florian war sich sicher, dass seine Mutter ihn gerufen hatte. Er legte die restlichen Briefseiten auf den Tisch, stand schnell auf und lief die Treppe hinunter in die Küche. Atemlos stand er am Tisch, als wäre er um einen ganzen Häuserblock gerannt. Seine Mutter sah ihn verwundert an.

»Hast du schon ausgetrunken?«, fragte sie.

»Was?«

»Du hast dir doch gerade eben erst ein Glas Orangensaft geholt, oder?«

»Eben?«

»Ja, vor einer Minute vielleicht. Weißt du das nicht mehr? Flo? Ist irgendwas?«

»Nein, nein«, stotterte Florian. »Alles in Ordnung. – Hat jemand für mich angerufen?«

»Nicht dass ich wüsste. – In einer Stunde gibt's Essen. Ich ruf dich dann.«

Florian stapfte die Treppenstufen hinauf zu seinem Zimmer, als würde er einen Rucksack voll mit Steinen auf seinem Rücken tragen. Was willst du mir eigentlich erzählen, Opa?, dachte er. Schwer und müde setzte er sich wieder an seinen Schreibtisch und las die letzten Seiten des Briefes.

13

»Du weißt, lieber Flori, wie kritisch ich den Kirchen und auch allen Glaubensrichtungen gegenüberstehe. Als Astrophysiker tut man sich schwer, an Gott zu glauben. Wir denken hauptsächlich in Zahlen, die eine unglaubliche Faszination besitzen können. Wie du weißt, entdeckte ich vor gut einem Jahr einen Planeten in einem Sonnensystem, den wir rein theoretisch so beschrieben haben, dass wir mit allergrößter Wahrscheinlichkeit davon ausgehen können, dass dort Leben existiert. In welcher Form, wissen wir nicht. Werden es auch nie erfahren. Der Planet ist zu weit entfernt. Ein Menschenleben reicht für diese Reise nicht aus. Aber wir wissen, dass unser Kosmos Leben erschafft. Wir sind der beste Beweis dafür – und für uns gesehen leider auch der einzige, also kein Beweis. Als ich im Observatorium so ungeheuer allein war, hatte ich viel Zeit, darüber nachzudenken. Ich hatte ein Auge im Weltall entdeckt, das mich anschaute, und verlor die Daten wieder aus unerfindlichen Gründen (es war irgendwo in der Nähe von Black Cloud B86). Ich hatte mit meinen Kollegen ein Erlebnis, das ich mittlerweile zu erklären weiß, einen für Augenblicke verfinsterten Himmel (ohne Wolken). Nun weiß ich, was es bedeutet.

Es entzieht sich meiner Kenntnis, wie oft am Tag wir Menschen mit den Augen zwinkern, das kann man sicher irgendwo nachlesen. Für uns verschließt sich für den Bruchteil einer Sekunde die Welt, indem wir die Augen nieder- und wieder aufschlagen. Gemessen in den Zeitdimensionen, mit denen wir Astronomen rechnen, wäre ein solcher Wimpernschlag natürlich wieder eine Zeitdimension für sich. Hast du eine Bibel in deiner Nähe, lieber Flo? Nein? Dann besorg dir eine und lies erst weiter, wenn du die erste Seite aufgeschlagen hast. Geh jetzt und hol die Bibel!«

14

Florian hatte natürlich keine Bibel in seinem Zimmer. Also lief er nach unten in die Küche. Seine Mutter sah ihn erstaunt an.

»Du bist schon da?«, fragte sie. »Habt ihr früher Schulschluss? Davon hast du mir gar nichts erzählt.«

»Ich bin schon ...« Florian wurde unsicher und wich einen Schritt zurück in den Flur. »Haben wir eine Bibel?«

Seine Mutter drehte sich um. »Nur die von deinem Großvater«, sagte sie. »Er hat dir übrigens geschrieben. Einen ziemlich dicken Brief. Er liegt auf deinem Schreibtisch. Die Bibel ist irgendwo im Wohnzimmer, in einer der Schubladen.«

Florian fand ein dickes, schweres Buch, dessen Ledereinband schon an allen Ecken und Kanten abgeschabt und ramponiert war. Als er die Bibel in seinem Zimmer aufschlug, fiel ihm gleich auf der ersten Seite die alte Druckschrift auf, die er regelrecht entziffern musste. »Das erste Buch Mose. Das 1. Kapitel. Schöpfung der Welt«, las er. Dann wanderte sein Blick zurück zum Brief seines Opas.

»Hast du die Bibel gefunden? Es war einmal meine. Ich habe sie deinem Vater geschenkt. Es ist ein altes Stück, wenn ich mich recht erinnere von 1836, ziemlich zerfleddert, und die Schrift wird dir zu schaffen machen. Aber man gewöhnt sich daran. Nun lies die erste Seite, die Schöpfungsgeschichte.«

Florian überflog die Seite nur. Der Text war schon einmal im Religionsunterricht behandelt worden.

»Das Ganze wird dich nicht besonders interessieren. Aber es ist ein schönes Stück Literatur. Gott, wer oder was auch immer das sein mag, schuf Himmel und Erde. Das bedeutet, Gott selbst war schon da. Aber er existiert in Finsternis. Deshalb macht er zuerst Licht. Warum? Damit er sehen kann, was er macht. Außerdem sieht er, dass es gut war, was er gemacht hat. *Er sah*, heißt es. Also hat er so etwas wie wir, er hat ein

Auge. Sieben Mal – so steht es in der Genesis – sieht Gott, dass er etwas Gutes geschaffen hat. Am siebten Tag ruht er aus. Es ist anstrengend, sechs Tage lang zu schaffen. Man wird müde. Dann schließt man die Augen, um zu schlafen, und schon vorher muss man öfters zwinkern. Und was passiert, wenn man mit den Augen zwinkert? Man erzeugt für eine ganz kurze Zeit eine Finsternis, in der all das, was wir sonst sehen, nicht mehr zu existieren scheint. Unser Universum, davon bin ich jetzt überzeugt, ist ein einziges großes Auge, das sich ab und zu schließt und wieder öffnet. Da es ewig ist, braucht es keine Zeit. Und wenn es zwinkert, fehlt plötzlich ein Moment der Ewigkeit, in dem unsere Welt entstand. Ich war einer von denen, der ein solches Zwinkern hier oben in den Bergen der Atacama-Wüste miterlebt hat. Es hat mich neben die Zeit gestellt, es hat sie verrückt, ich konnte bei dir sein und dir beim Lesen dieses Briefes zuschauen, obwohl ich ihn noch gar nicht geschrieben hatte. Als ich von allen verlassen war, weil ich in das Augenzwinkern Gottes geriet, wurde mir das nach und nach klar. Ich war allein, weil es mich nicht gab, und sah meine Kollegen nicht, weil sie mich nicht sehen konnten. Ich brauchte nicht zu essen, weil ich keine Energie verbrauchte. Ich war bei dir, weil ich gerade in einem Wimpernschlag unseres Weltalls an dich dachte. Das Universum ist ein Lebewesen, weißt du. Es kreiert Kosmen wie den, in dem wir existieren, und schaut sie sich an. Es beobachtet, was passiert. Möglicherweise glaubt dieses Uni- oder Multiversum selbst an einen Gott, um sich den Grund seiner Wahrnehmungen zu erklären. Wenn nicht, erfreut es sich am Zufall, am Zustandekommen. Also auch an uns.

Jetzt aber genug der Spekulationen. Geh hinunter zu deiner Mutter. Du wirst gerade aus der Schule kommen, und sie wird dir sagen, dass ich bei euch angerufen habe und mit dir sprechen wollte. Leider warst du noch nicht da. Was dann folgt, das kennst du. Heute ist übrigens der 15. März. Barnes feiert seinen 52. Geburtstag, seine Frau hat ihm gerade eben telefonisch von London aus gratuliert. – Und gestern? Na ja, auch das weißt du: Gestern war der 2. Februar. – Ich höre Sektkorken knallen, also muss ich jetzt schließen. Es wird gefeiert! Ich umarme dich, mein lieber Flori, und freue mich auf dich, natürlich mit einem Augenzwinkern. Dein Opa E.«

15

Beim Lesen der letzten Zeilen waren Florian Tränen in die Augen getreten. Wie gern würde er jetzt bei seinem Opa sein und wie sehr ärgerte er sich, dass er in den Sommerferien Englisch lernen musste. Er faltete den Brief und steckte ihn in den Umschlag zurück. Dann ging er nach unten in die Küche.

»Hallo, Flori!«, begrüßte ihn seine Mutter und strahlte ihn an. »Gerade hat dein Großvater angerufen. Er wollte mit dir sprechen. Leider warst du ja noch nicht da. Wie war's denn in der Schule?«

»Wie immer.« Florian wunderte sich, dass seine Schultasche schon im Flur an der Garderobe lag, obwohl er doch gerade eben erst durch die Tür gekommen war.

»Opa E. hat dir übrigens einen Brief geschickt, ein ziemlich dickes Kuvert, eine Überraschung. Ich habe ihn dir oben auf deinen Schreibtisch gelegt.«

»Ich weiß, ich weiß«, sagte Florian tonlos, aber seine Mutter schien seine Niedergeschlagenheit nicht zu bemerken. Stattdessen sagte sie: »Nun geh schon hoch und mach den Brief auf.«

Als Florian in sein Zimmer trat, sah er ein dickes in Leder gebundenes Buch auf seinem Schreibtisch liegen. Er konnte sich nicht daran erinnern, es schon einmal gesehen zu haben. Auf dem abgeschabten Rücken stand *Die Heilige Schrift*. Daneben lag Opas Brief. Er nahm ihn in die Hand und merkte sofort, dass er verschlossen war. Mit zitternden Fingern riss er das Kuvert auf. Heraus fielen ein Brief und ein Flugticket.

Ungläubig blätterte Florian das Ticket auf: Es war auf seinen Namen ausgestellt. »Frankfurt – Santiago de Chile«, las er und dann das Datum des Abflugs: 27. März. Das war der Tag, an dem seine Osterferien begannen. Mit dem Brief und dem Ticket in der Hand rannte er wie wild die Treppe hinunter zu seiner Mutter und fiel ihr in die Arme. »Ich fliege zu Opa!«, schrie er.

Nachdem er sich beruhigt hatte, öffnete er den Briefumschlag. Opa hatte chilenisches Geld hineingetan und ein Blatt Papier. Darauf stand:

»Hast du den gelben Zettel zerrissen? – Wenn nicht, dann bist du der Flori, den ich kenne und auf den ich mich freue!«

Jostein Gaarder

Adam und Eva

Adam spürte die heißen Sonnenstrahlen auf seiner Stirn und schlug die Augen auf. Zum ersten Mal erblickte ein Mensch das Licht der Welt.

Noch gab es auf der Erde nicht einen einzigen Busch, noch war nicht ein einziger grüner Grashalm gewachsen. Denn Gott der Herr hatte es noch nicht regnen lassen, und es gab keine Menschen, die den Boden beackern könnten. Doch Gott der Herr hatte den Mann aus Erde geformt und ihm durch die Nase Leben eingehaucht, und so war der Mann zu einem lebendigen Geschöpf geworden.

Adam stand auf und sah, wie die Sonne den brachliegenden Boden verbrannte. Hinter sich hörte er eine tiefe Stimme.

»Adam?«, fragte die Stimme.

Er fuhr herum und sah Gott. Er fiel auf die Knie und betete Ihn an.

Wie ein Kind immer den Weg zu seiner Mutter weiß, so wusste Adam, dass Gott der Herr ihn erschaffen hatte. Er hatte noch nicht darüber nachgedacht, aber trotzdem spürte Adam vom Scheitel bis zur Sohle, dass er ein Geschöpf Gottes war.

Nun winkte Gott der Herr Adam zu und sagte, er wolle ihm etwas zeigen. Zusammen gingen sie nach Osten, wo eine Quelle aus dem Boden entsprang und die ganze Umgebung bewässerte. Hier hatte Gott in dem Land, das Er Eden genannt hatte, einen großen Garten angelegt. Adam sah, wie Gott alle Arten von Bäumen aus dem Boden wachsen ließ. Alle waren sie herrlich anzusehen und alle trugen sie vielerlei Arten von wohlschmeckenden Früchten. Aus dem Wasser der

Quelle wurde ein breiter Strom, der sich später in vier kleinere Flüsse teilte. Und zwar in die Flüsse Euphrat, Tigris und noch zwei andere.

Mitten im Garten wuchsen zwei Bäume, die größer und schöner waren als alle anderen. Der eine war der Baum des Lebens, der andere der Baum der Erkenntnis.

Der Herr rief Adam zu sich und sagte, er solle den Garten hüten. Das, was er zu seiner Ernährung brauche, könne er von den Bäumen pflücken, denn es gab so viele Früchte mit so unterschiedlichem Geschmack und einer solchen Fülle von Nährstoffen, dass er nichts anderes brauchte.

»Nur von einem Baum darfst du niemals essen«, erklärte Gott der Herr. »Und zwar vom Baum der Erkenntnis.«

Über den anderen großen Baum sagte Gott:

»Von diesem Baum brauchst du nichts zu essen. Die Früchte vom Baum des Lebens schenken das ewige Leben, aber du bist dazu geschaffen, in alle Ewigkeit in diesem Garten zu leben. Solange du den Baum der Erkenntnis nicht anrührst, kannst du niemals sterben.«

Adam wusste, dass er Gottes Befehlen gehorchen musste, denn Gott der Herr hat immer mehr Verstand als Sein Geschöpf.

Tage und Wochen vergingen, doch Adam dachte nicht daran, dass Tage und Wochen verstrichen, denn er wusste, dass er immer hier sein würde. Er aß von den Bäumen im Garten und lachte, wenn ihm eine reife Frucht vor die Füße fiel.

Ab und zu machte Gott der Herr zwischen den Bäumen einen Spaziergang und bestaunte alles, was Er erschaffen hatte. Und auf diese Weise erkannte Er bald, dass es nicht gut für den Menschen ist, allein zu sein.

Während Adam schlief, nahm Gott der Herr Erde und formte alle Tiere des Feldes und die Vögel des Himmels. Als Adam die Augen aufschlug, sah er alle Arten von Vögeln und Tieren. Bisher war er das einzige lebendige Geschöpf hier in

Eden gewesen. Aber plötzlich umringte ihn eine ganze Schar von solchen Geschöpfen.

Gott der Herr führte Adam jedes Geschöpf vor und fragte, wie er es nennen wollte. Auf diese Weise gab Adam allen Tieren des Feldes und allen Vögeln des Himmels ihre Namen: Schafen und Kühen und Ziegen, aber auch wilden Tieren wie Löwen, Elefanten, Schlangen und Eidechsen.

Wieder vergingen Wochen und Monate. Adam hütete den Garten und kümmerte sich um die Tiere. Damals konnte der Mensch mit den Tieren sprechen, denn es gab noch keine spezielle Menschensprache. Auch bedeutete kein Tier für den Menschen eine Gefahr.

Adam war nicht mehr allein in dem großen Garten. Er beobachtete gern, wie die Tiere sich zwischen den Bäumen bewegten, wie sie flogen oder in dem Strom schwammen, der aus der großen Quelle entsprang. Doch für sich selbst fand der Mann kein Wesen seinesgleichen, das ihm eine Hilfe hätte sein können. Gott hatte dafür gesorgt, dass er keine Not litt, aber Er sah auch, dass die Tage lang wurden und dass Adam sich bisweilen in dem großen Garten einsam fühlte.

Und Gott der Herr senkte einen tiefen Schlaf über den Mann. Dann nahm Er ihm eine Rippe und füllte die Lücke mit Fleisch. Aus der Rippe, die Er dem Mann genommen hatte, baute er eine Frau. Als Adam die Augen aufschlug, führte Gott die Frau zu ihm.

Der Mann und die Frau waren nackt. Aber weder der Mann noch die Frau dachten darüber nach, dass sie nackt waren. Schließlich waren auch alle Tiere im Garten so nackt, wie Gott der Herr sie erschaffen hatte, mit Haut und Fell und Federn, jedes nach seiner Art. Adam sah nur, dass die Frau größere Ähnlichkeit mit ihm hatte als mit irgendeinem anderen Geschöpf in Eden.

Jetzt gab es dort zwei Menschen. Der Mann und die Frau konnten den ganzen Tag spielen, denn wenn sie Hunger hatten, brauchten sie nur die Hände nach den Früchten auszustrecken, die an den Bäumen wuchsen. Mann und Frau konnten von Sonnenaufgang bis Sonnenuntergang lachen und scherzen und hatten keine andere Sorge als die, wie sie den nächsten Augenblick füllen sollten.

Nicht oft verloren Frau und Mann einander aus den Augen, denn alles in Eden war so schön, dass sie ihre Erlebnisse am liebsten miteinander teilen wollten. Aber einmal geschah es doch, dass die Frau allein unterwegs war, sie suchte Adam, der sich versteckt hatte, denn er sah so gern zu, wie sie nach ihm suchte.

Die Frau hielt hinter einem großen Baum nach Adam Ausschau, doch dort fand sie nur die Schlange im Gras liegend. Als die Schlange die Frau entdeckte, kroch sie am Baum hoch, um auf gleicher Höhe mit ihr zu sein. Die Schlange hob den Kopf und fragte:

»Hat Gott euch wirklich nicht erlaubt, von allen Bäumen im Garten zu essen?«

Die Frau antwortete:

»Wir dürfen alle Früchte essen. Nur über die Frucht des Baumes, der mitten im Garten steht, hat Gott gesagt: Die dürft ihr nicht essen und nicht berühren, sonst müsst ihr sterben.«

Die Schlange wirbelte einige Male um den Baum, auf den sie geklettert war, denn sie wusste, dass die Frau dieses Spiel sehr gern sah.

»Ihr müsst durchaus nicht sterben«, sagte die Schlange. »Aber Gott weiß, dass euch die Augen aufgehen werden, wenn ihr von der Frucht esst. Danach werdet ihr wie Gott sein.«

Als sie das hörte, warf die Frau den Kopf in den Nacken und schaute in den hohen Baum hinauf. Die großen goldenen Früchte waren ihr noch nie so verlockend vorgekommen. Und es war doch auch ein prachtvoller Baum, schließlich konnte er ihr etwas von Gottes Weisheit schenken.

Sie trat dicht an den Baum heran, nahm sich eine reife Frucht und hielt sie an den Mund. Als sie dort noch stand, tauchte Adam hinter dem Baum des Lebens auf, dem anderen großen Baum, von dem sie nicht zu essen brauchten, da Gott sie zu ewigem Leben im großen Garten erschaffen hatte. Die Frau reichte Adam die Frucht und dann aßen sie beide davon.

Und ihnen wurden die Augen geöffnet. Mann und Frau hatten einander die ganze Zeit gesehen, so wie sie auch alle Bäume und Tiere im Garten gesehen hatten. Doch nun sahen sie alles auf eine ganz neue Weise.

Es war jetzt ein so seltsames Gefühl, im Garten zu sein. Denn wie war es möglich gewesen, dass Gott der Herr sie aus Erde geformt und ihnen Leben eingehaucht hatte, um sie zu lebendigen Wesen aus Fleisch und Blut zu machen? Plötzlich hätten sie gern mehr über Gottes Geheimnisse gewusst, denn jetzt spürten sie am ganzen Leib, dass sie lebendige Geschöpfe waren. Das erschien ihnen wie ein großes Wunder, das sie nicht verstehen konnten.

Zugleich bemerkten der Mann und die Frau einander auf eine neue, fremde Weise. Als sie sahen, dass sie nackt waren, liefen sie flammend rot an. Sie schämten sich wegen des kleinen Unterschiedes zwischen Mann und Frau. Sie liefen zum Feigenbaum, verflochten Feigenblätter miteinander und banden sie sich um den Leib, um sich zu bedecken.

Und dann hörten sie, dass Gott der Herr im kühlen Abendwind durch den Garten wanderte. Sofort rannten Adam und die Frau davon, um sich zwischen den Bäumen des Gartens vor Ihm zu verstecken – nicht, weil sie von Ihm gefunden werden wollten, sondern weil Er sie *nicht* finden sollte.

Gott der Herr rief Adam:

»Adam, wo bist du?«

Adam wusste, dass er antworten musste, schließlich hatte sein eigener Gott ihn gerufen. Er sagte:

»Ich habe Dich im Garten gehört. Ich hatte Angst, weil ich nackt bin, und habe mich versteckt.«

Gott war sehr traurig. Er fragte:

»Wer hat dir gesagt, dass du nackt bist? Hast du von dem Baum gegessen, von dem zu essen ich dir verboten habe?«

Und Adam antwortete:

»Die Frau, die Du mir zur Gesellschaft gegeben hast, hat mir von dem Baum gegeben und da habe ich gegessen.«

Jetzt wandte Gott der Herr sich an die Frau. Er fragte:

»Was hast du getan?«

Die Frau schaute nicht so wie sonst zu Gott auf. Sie schlug die Augen nieder und sagte mit kleinlauter Stimme:

»Die Schlange hat mich verlockt und da habe ich gegessen.«

Die Schlange war die ganze Zeit weiter um den Baumstamm gewirbelt, so, wie die Frau das gern sah. Jetzt wirbelte sie so schnell, dass es schien, als wolle sie sich dadurch unsichtbar machen. Doch kein Geschöpf kann sich vor dem Blick des Herrn verstecken. Gott der Herr wandte sich an die Schlange und sagte:

»Weil du das getan hast, bist du verflucht unter allem Vieh und allen wilden Tieren. Du sollst dein Leben lang auf dem Bauch kriechen und Staub fressen. Ich will Feindschaft setzen zwischen dir und der Frau, zwischen deinem Nachwuchs und ihrem Nachwuchs. Er wird dir den Kopf zertreten, du aber wirst sie in die Ferse beißen.«

Adam fand, die Frau bewege sich auf so schöne Weise zwischen den Bäumen, dass er gern zu ihr gegangen wäre, um sie vor Gottes Zorn zu beschützen. Die Frau schaute zum Mann hoch und lächelte ihn an, denn sie fand, er gehe sehr elegant durch das Gras und habe so feine breite Schultern.

Nach allem, was passiert war, hatten die beiden das Gefühl, auf eine andere Weise zueinander zu gehören als bisher. Jetzt, wo Gott böse und griesgrämig war, war es ein Trost, dass sie sich hatten.

Gott der Herr wandte sich an den Mann und die Frau und sagte:

»Weil ihr vom Baum der Erkenntnis gegessen habt, könnt ihr nicht mehr ewig leben. Von nun an sollt ihr als Mann und Frau zusammenleben und viele Kinder bekommen und Stammeltern einer großen Sippe werden, die sehr lange leben wird. Auf diese Weise wird es immer Menschen auf der Erde geben, und immer werden Menschen sehen, was ich erschaffen habe.«

Zur Frau sagte Er:

»Du wirst sehr leiden, wenn du deine Kinder erwartest, und unter Schmerzen sollst du gebären. Du sollst deinen Mann begehren und er soll über dich herrschen.«

Zu Adam sagte Er:

»Weil du auf deine Frau gehört und vom Baum gegessen hast, von dem zu essen ich dir verboten hatte, soll die Erde um deinetwillen verdammt sein. Mit großer Mühe sollst du dich dein Leben lang von der Erde ernähren. Dornen und Disteln soll sie tragen und du wirst die Pflanzen des Feldes essen. Im Schweiße deines Angesichts sollst du dein Brot essen, ehe du zur Erde zurückkehrst. Denn aus ihr bist du gemacht. Staub bist du und zum Staub musst du zurückkehren.«

Adam nannte seine Frau Eva. Das bedeutet »Leben«, und Eva wurde zur Mutter aller Lebendigen.

Gott der Herr machte für Adam und dessen Frau Kleider aus Fellen und zog sie ihnen an.

Gott der Herr wies den Mann und die Frau aus dem Garten Eden, damit sie nicht vom Baum des Lebens essen konnten. Er verjagte sie und ließ sie die Erde bestellen, aus der sie gemacht waren. Östlich des Gartens stellte Er die Cherubim und das lodernde Flammenschwert auf. Sie sollten den Weg zum Baum des Lebens bewachen.

Auf diese Weise vergingen Monate und Jahre. Adam und Eva lebten als Mann und Frau zusammen. Wenn abends die Dämmerung hereinbrach, konnten sie nicht mehr auf dem Feld arbeiten. Dann schmiegten sie sich aneinander und liebten sich. Jetzt, wo sie nicht ewig im großen Garten leben konnten, mussten sie einander fest umarmen, denn etwas anderes gab es nicht, an dem sie sich festhalten konnten.

Bald erwartete Eva ein Kind und gebar den kleinen Kain. Und sie sagte:

»Der Herr hat mir einen Sohn geschenkt.«

Später gebar sie Abel, Kains Bruder. Abel wurde Hirte, Kain wurde Bauer. Eva bekam noch viele andere Söhne und Töchter.

Die Jahre vergingen und Adam und seine Frau wurden sehr alt. Immer wieder dachten sie an die Worte des Herrn, dass sie nicht ewig auf Erden lebten, aber zu den Stammeltern einer großen Sippe werden sollten, die sehr lange leben würde.

Aus dem Norwegischen von Gabriele Haefs

Jutta Richter

Kain und Abel

Ein Lumpengesindel wären wir, keift die Pomilkalko, ein Lumpengesindel, wie es im Buche steht. Am besten, wir würden nach dorthin verschwinden, von wo wir gekommen sind … »Die ganze Familie! Am besten heute noch …«, keift die Pomilkalko.

Sie hat ihre spitzen harten Fingerkuppen in das weiche Fleisch meines Oberarms gekrallt. Ich komme nicht los, stehe in diesem düsteren Treppenhaus und halte immer noch den Schraubendreher in der Hand.

Der hölzerne Treppenlauf hat jetzt ein Zickzackmuster, frisch eingekratzt. Sieht eigentlich ganz hübsch aus. Nur die Pomilkalko findet das nicht und zetert, als ob ich ihren heiligen Küchentisch vermackt hätte.

Abel ist ganz dicht hinter mir. Er zittert ein bisschen, und ich muss gar nicht hingucken, um zu wissen, wie er jetzt aussieht.

Mein Bruder Abel mit großen Unschuldsaugen und der zitternden Unterlippe.

Mein Bruder Abel mit dem Engelsgesicht und den hellblonden Locken. Noch nie haben sich spitze Fingerkuppen in seinen Oberarm gekrallt, noch nie ist er geschlagen worden.

Immer steht er bloß hinter mir und setzt sein Unschuldsgesicht auf.

Die Pomilkalko holt Luft. Ich weiß schon, was jetzt kommen wird. Die Pomilkalko holt Luft und dabei fällt ihr Blick auf Abel.

»Aber nicht doch, Kleiner«, sagt sie und ihre Stimme wird butterweich und leise. »Nicht weinen, Kleiner, du kannst doch nichts dafür. Dich hab ich ja nicht ausgeschimpft.« Ihr Griff lockert sich. Ich reiße mich los, jage die Treppe runter und sehe noch aus den Augenwinkeln, wie die Pomilkalko ein Kaugummipäckchen aus ihrer Kitteltasche zieht. Für Abel natürlich.

»Es ist nicht zu fassen, dass zwei so ungleiche Brüder aus einem Schoß gekrochen sind«, sagt Tante Hetti.

Sie sagt das ganz leise, weil ich es nicht hören soll. Onkel Hubert brummt irgendwas, aber ich verstehe ganz genau, was Tante Hetti erzählt. Denn schließlich stehe ich hinter der Küchentür und habe mein Ohr ans warme Holz gepresst. »Lauscher an der Wand hört sein eigen Schimpf und Schand«, pocht es in meinem Kopf.

»Gestohlen hat er«, sagt Tante Hetti. »Die eigene Mutter bestohlen. Stell dir das vor! Und er streitet es ab, leugnet hartnäckig! Dabei weiß Maria genau, wie viel Geld in der Zuckerdose war. Hat sie sich schließlich vom Munde abgespart, wegen Abels Geburtstag. Der Junge braucht das Fahrrad. Der Junge kann doch nicht laufen mit dem Klumpfuß.«

Mein Bruder Abel hat einen Klumpfuß. Von Geburt an.

Hinkebein, rufen die anderen hinter ihm her.

»Hinkebein, Hinkebein, keine will die Liebste sein!« Und Abel steht nur da und tut nichts und immer muss ich die Steine aufheben und werfen. Und wenn ich getroffen habe, dreht er sich um und hinkt weg.

»Er ist verschlagen«, sagt Tante Hetti. »Verstockt und verschlagen, Hubert. Das wird noch ein böses Ende nehmen mit ihm. Denk an meine Worte!«

Mein Bruder Abel ist ein Feigling. Mein Bruder Abel wehrt sich nie. Mein Bruder Abel hat keinen Mumm in den Knochen. Immer muss ich die Drecksarbeit machen. Überhaupt alle Arbeit. Mülleimer runterbringen, Bier aus dem Keller holen, Rasen mähen, Kartoffeln holen. Mein Bruder Abel ist feige und hat einen Klumpfuß. Und dafür bekommt er auch noch ein Fahrrad. Dabei ist das mein sehnlichster Wunsch. So ein Fahrrad mit Dreigang und Hupe und Rennlenker. Rennlenker muss schon sein. Ist das Wichtigste an so einem Fahrrad. Aber ich krieg ja kein Fahrrad. Und wenn sie eins kaufen, dann ist das für Abel, natürlich.

»Guten Morgen, mein Spatz!«, ruft Mama. »Herzlichen Glückwunsch zum Geburtstag!« Sie zieht die Vorhänge zurück. Ganz helle Sonnenstreifen fallen ins Zimmer.

Ich dreh mich zur Wand und zieh mir die Bettdecke über den Kopf. Mama hat sich auf Abels Bettkante gesetzt. Ich höre, wie sie ihn herzt und küsst. Sechs Küsse für sechs Jahre.

Im Wohnzimmer tutet die Fahrradhupe. Sechs Mal für sechs Jahre und Papa singt dazu ganz schief: »Viel Glück und viel Segen, auf all deinen Wegen, Gesundheit und Frohsinn sei auch mit dabei ...«

»Komm gucken, mein Spatz! Komm schnell!«, sagt Mama und hat ihre weiche Mädchenstimme. Die hat sie für Abel und nicht für mich. Für mich hat Mama nur die kalte Kratzstimme, und ihre Seufzer und die Sätze, die sie mir sagt, fangen immer gleich an: »Geh und mach und hol und tu!« und »Musst du uns immer nur Kummer machen?« und »Nimm dir ein Beispiel an Abel!«

Ich zieh mir die Decke noch fester über den Kopf und halt mir die Ohren zu, damit ich den Jubelschrei nur noch von ferne höre.

»Ein Fahrrad!«, ruft Abel. »Ein richtiges Fahrrad!« Als ob es ein falsches Fahrrad geben könnte, muss ich noch denken, und dann tut der Kloß in meinem Hals so weh, dass er zum lauten Schluchzer wird.

Und ich hör noch, wie Mama und Papa jetzt zweistimmig singen. Für Abel natürlich.

Er sitzt auf dem Fahrrad und fährt und die Speichen, die blitzen im Sonnenlicht.

»Fahr nicht so schnell und nicht auf der Straße!«, hat Papa gesagt.

»Und du passt auf ihn auf!«, hat Mama befohlen. »Hast du verstanden!«

Ich sitz auf dem Bordstein und zähle die Steinchen vor meinen Füßen. Und die Pomilkalko steht oben am Fenster und klatscht laut in die Hände, wenn Abel vorbeisaust.

Und mein Bruder, der Abel, der lacht, hat ganz rote Backen vor Freude und der Fahrtwind weht ihm die Locken aus dem Gesicht.

»Ich kann's!«, ruft er. »Guck doch, ich kann's!«

»Zu langsam«, sag ich. »Und nicht auf der Straße und freihändig auch nicht! Nichts kannst du, du Feigling! So fährt man nicht Fahrrad!«

Er lacht und ich seh, wie er immer tollkühner wird. Er will mir beweisen, dass er es kann, er will mir beweisen, noch heute, jetzt gleich, dass er kein Feigling ist. Hinkefuß ja, aber Feigling nein. Und in mir, da ist diese Stimme, die sagt: Pass auf ihn auf. Er kann's nicht, pass auf ihn auf.

Aber ich bleibe sitzen und zähl meine Steinchen. Er fährt auf die Straße und ich bleibe sitzen und zähl meine Steinchen. Und dann hör ich die Bremsen, die laut und gefährlich quietschen und hör diesen dumpfen Knall und höre die Pomilkalko, die anfängt zu kreischen, ganz hoch und ganz schrill und ganz laut und sie hört überhaupt nicht mehr auf ...

Jetzt ruft niemand mehr Hinkebein.

Jetzt werf ich die Steine gegen die Wand. Auf die Autos auch, die frisch gewaschenen, die am Straßenrand stehen. Oder ich geh mit dem Schraubendreher einfach die Straße lang und drück ihn ins Blech. Die Kratzer im Lack sind von mir. Ich bin ja ein Lumpengesindel. Ich bin ja der, mit dem sie nicht reden. Sie stecken die Köpfe zusammen und tuscheln, wenn ich vorbeigeh. Sie zeigen mit dem Finger auf mich:

»Der da! Der da ist schuld!«

»Der da hat nicht auf seinen Bruder geachtet«, sagt die Pomilkalko. Und Tante Hetti pflichtet ihr bei und droht mit gesenkter Stimme: »Ein böses Ende wird es noch nehmen mit ihm, das hab ich ja immer gesagt. Und die Maria, die arme Frau, muss ihm jeden Tag in die Augen sehen und wird noch verrückt dabei. Aber ich hab's ja immer gesagt!«, sagt Tante Hetti.

Und mein Bruder, der Abel, liegt in der Holzkiste und drüber ein Meter Erde. Die war weiß, die Kiste, und alle haben ihm Blumen nachgeworfen, alle, nur ich nicht. Und Papa hat graue Haare bekommen und er singt nicht mehr schief und er lacht auch nicht mehr.

Und abends im Bett lieg ich da und zähle Sekunden, und ich höre ihn atmen, den Abel, und manchmal dann höre ich auch seine Stimme und wie er lacht. Und dann denk ich, jetzt müsste er doch in mein Bett kommen, wie früher, und betteln, ich soll ihm eine Geschichte erzählen oder ihm wenigstens sagen, wie denn der Strom in den Laternenmast kommt.

Ich würde dann sogar mit ihm tauschen. So schlecht kann's doch da unten nicht sein mit einem Meter Erde über der Kiste, weil man da seine Ruhe hat und einfach schlafen darf. Ich bin so müde, ich möchte immer nur schlafen.

»Das Leben geht weiter«, hat der Pfarrer gesagt, »und wir müssen es leben, denn es ist ein Geschenk von Gott.«

Aber ich will nichts geschenkt haben von Gott, außer vielleicht, dass er den Abel wieder lebendig macht oder mich tot. Aber er macht mich nicht tot. Der redet nicht mal mit mir, genau wie die anderen. Der ist auch nicht besser, der Gott ...

Brigitte Schär

Die Prüfung / Die Idee DES SCHÖPFERS

Es ist Prüfungszeit an der geheimen Schule für Allwissen. Den Prüflingen der Grundausbildung wird die schwierigste und letzte Aufgabe gestellt und alle sollen sie gemeinsam lösen.

Der Oberprüfer erscheint höchstpersönlich und in seiner gewohnt unübertrefflich überraschenden Art vor den versammelten Prüflingen. Er öffnet ein verschlossenes Kuvert, nimmt ein Blatt Papier heraus, liest es und verkündet dann die Aufgabe.

»Es wird bald zu regnen beginnen«, sagt er. »Und zwar so stark und anhaltend, dass die ganze Welt überschwemmt wird und selbst die höchsten Berge im Wasser verschwinden. Alles wird untergehn. Unternehmt etwas dagegen.«

Sagt es und verschwindet ebenso unübertrefflich, wie er gekommen ist.

Die Prüflinge, schon ziemlich abgekämpft durch die schweren Prüfungen, machen lange Gesichter. Dann beginnen sie zu raunen und zu murren.

Prüfling 1: »Blöde Aufgabe.«

Prüfling 2: »Saublöde Aufgabe.«

Prüfling 3: »Eine Zumutung.«

Prüfling 4: »Eine Frechheit.«

Prüfling 5: »Ein Witz.«

Prüfling 6: »Wie viel Zeit haben wir?«

Prüfling 7: »Wir weigern uns!«

Prüfling 8: »Ich denk aber doch, die meinen es ernst. Wir

müssen die Aufgabe lösen. Es bleibt uns nichts anderes übrig.«

Prüfling 9: »Was ist noch mal die Aufgabe?«

Prüfling 10: »Die Welt geht unter, ertrinkt, und wir alle mit ihr oder so ähnlich. Ja, ich glaube, so war's.«

Schweigen. Dann:

Prüfling 2: »Selbst der höchste Berg der Welt, der Mount Everest mit seinen 8848 Metern, soll im Wasser versinken? So viel Wasser gibt es überhaupt nicht! Nie im Leben. Wir steigen einfach auf einen sehr hohen Berg und warten, bis das Wasser wieder weg ist.«

Prüfling 7: »Alles ist unter Wasser, hat er doch gesagt!«

Prüfling 6: »Wir... alle Menschen...«

Prüfling 1: »... alle Tiere...«

Prüfling 10: »... alle Pflanzen...«

Prüfling 5: »... einfach alles!«

Prüfling 4: »Wir bauen eine Rakete und fliegen auf einen anderen Planeten.«

Prüfling 8: »Die Erde hat sich eh überholt. Lassen wir sie untergehen. Und fangen wir irgendwo anders neu an.«

Prüfling 3: »Wer wir? Wir zehn etwa oder noch ein paar mehr?«

Prüfling 9. »Ihr gebt die Erde einfach auf? Ist echt egoistisch! Für diese billige Lösung haben wir doch nicht eine so lange Schulzeit hinter uns gebracht. Jetzt ist Allwissen gefragt.«

Schweigen. Dann:

Prüfling 4: »Es regnet also wie verrückt. Alle Schleusen sind offen. Flüsse, Seen und Meere treten über die Ufer. Flutwellen ... die ganze Welt ist bedroht.«

Prüfling 7: »Das ganze Katastrophen-Szenario. Kennen wir doch vom Film.«

Prüfling 1: »Superman gelingt es immer, eine Katastrophe gerade noch rechtzeitig abzuwenden. Immer in letzter Sekunde.«

Prüfling 6: »Ihr schaut zu viel fern. Hollywood kann uns jetzt auch nicht helfen.«

Prüfling 10: »Machen wir es doch wie Noah in der Bibel.«

Prüfling 9: »Ja, lasst uns ein Schiff bauen mit genügend Platz für ein paar Menschen und je ein Paar von jeder Tierart, die es auf der Welt gibt. Und auch für genügend Nahrung. Und dann muss auch was von jeder Pflanzenart mit, auch wenn davon nichts in der Bibel steht. Die Pflanzen überleben doch anders den ›großen Regen‹ nicht. Womöglich kommen auf diese Weise Millionen verschiedener Tiere und Pflanzen zusammen.«

Prüfling 3: »Das ist doch ein Märchen. Das kleine Schiff – und darauf sollen alle Lebewesen dieser Welt Platz haben? Lächerlich!«

Prüfling 7: »Wir müssen es ohne Gott und seine Wunder schaffen.«

Prüfling 2: »Die Schulleitung hat bei dieser Aufgabe bestimmt an die Arche Noah gedacht!«

Prüfling 5: »Wie auch immer. Es ist unsere Prüfung. Wir müssen die Aufgabe theoretisch und praktisch lösen. Also bitte konzentriert euch!«

Prüfling 7: »Hör auf zu befehlen!«

Prüfling 10: »Hört auf zu streiten!«

Prüfling 5: »U-Boote!! Wir müssen U-Boote bauen.«

Prüfling 8: »Für alle? Hunderttausende U-Boote oder noch mehr? Da wird das Meer erst recht überlaufen!«

Prüfling 3: »Gute Vorstellung: U-Boote für Elefanten und Krokodile.«

Prüfling 8: »Ab in die U-Boote. Rette sich, wer kann. Flöhe und Ameisen zuerst! Und immer schön höflich!«

Prüfling 4: »Lasst den Blödsinn. Können wir jetzt anfangen? Die Zeit verrinnt.«

Prüfling 1: »Warum eigentlich soll die ganze Welt untergehen?«

Prüfling 2: »Das spielt jetzt keine Rolle.«

Prüfling 6: »Wieso? Wir müssen doch wissen, warum wir was machen. So haben wir es gelernt.«

Prüfling: 7: »Das gehört jetzt nicht zur Prüfungsaufgabe, die Zeit läuft. Wir müssen handeln.«

Prüfling 4: »Also, ich fasse zusammen: Es regnet, das Wasser steigt, die Welt geht unter. Damit das Leben danach trotzdem weitergeht, müssen wir das Wichtigste retten.«

Prüfling 9: »Wir brauchen gar nicht viel Platz für alles, was mitmuss. Wir brauchen nicht die ganzen Lebewesen und Pflanzen, bloß kleinste Teile von ihnen. Zellen, Kerne, Samen, Eier. Zum Teil tiefgefroren. Und ein schwimmendes Labor. Die ganze Welt komprimiert auf einem Schiff. Das geht. Ganz anders als zu Noahs Zeiten. Molekularbiologie und Gentechnologie, haben wir doch gelernt. Da kennen wir uns mit aus.«

Prüfling 6: »Wie sollen wir denn lückenlos die Zellen von Millionen Arten von Lebewesen und Pflanzen herkriegen? Das ist unmöglich.«

Prüfling 5: »Ich bin für Abwehr der Wolken durch Raketen. Es darf gar nicht erst so viel regnen. Wir zerschießen die Wolken. Wir lassen gar nicht erst zu, dass sie sich zusammenballen.«

Prüfling 7: »Und wenn es doch regnet?«

Prüfling 3: »Ich bin für das schwimmende Labor.«

Prüfling 1: »Was jetzt? Könnt ihr euch mal entscheiden? Raketen oder Gentechnologie?«

Prüfling 8: »Ich bin für die gute alte Arche Noah. Wir bauen ein immenses Schiff oder gar zwei, drei, zehn, zwanzig Schiffe. Eine ganze Flotte. Mit neuester Technologie. So groß wie nie. Schwimmende Kolosse. In der größten Schiffswerft weltweit, wo sonst die Öltanker gebaut werden. Und danach füllen wir die Schiffe auf einer großen Reise einmal rund um die Welt.«

Prüfling 4: »Die Tiere werden sich gegenseitig auffressen.«

Prüfling 7: »Nicht, wenn wir es geschickt genug anstellen. Nach neuesten tierpsychologischen Erkenntnissen.«

Prüfling 1: »Dann regnet es. Und wir gehen jämmerlich unter mit unseren kolossalen Schiffen.«

Prüfling 10: »Technik ist alles. Unsere Schiffe werden schwimmen. Nichts wird sie davon abhalten. Versorgungsschiffe werden die Transportschiffe begleiten und mit Nahrung versorgen. An Computer angeschlossene Futtermaschinen regeln die Ernährung.«

Prüfling 7: »Fleisch fressende Tiere sind ein Problem. Nötigenfalls werden die Tiere mit Medikamenten zahm gehalten. Nichts ist unlösbar. Alles ist machbar.«

Schließlich sind alle Prüflinge so müde, dass sie nicht mehr weiterdenken können. Sie haben erkannt, dass sie zur Lösung der Aufgabe noch viel mehr Informationen benötigen. Jetzt aber legen sie sich erst einmal schlafen.

In den nächsten Tagen macht sich jeder Einzelne von ihnen an seine Spezialaufgabe. Einer reist in die weltgrößte Werft. Einer in ein Biologie- und Gentechniklabor. Einer besucht die Raumfahrtbehörde. Einer ein Zentrum für Ozeanologie. Einer Biologen und Geologen. Einer Geografen. Einer geht ins Kriegsministerium. Einer befragt Psychologen und Philosophen. Einer spricht beim weltweiten Naturschutzverein vor. Einer meldet seinen Besuch bei den Vertretern sämtlicher Weltreligionen an.

Sobald alle zurück sind, kommen sie wieder zusammen. Die Prüflinge beraten und diskutieren. Sie wägen ab, vergleichen und kombinieren, streiten und verwerfen.

Es wird sehr kompliziert, darin sind sich alle einig. Allein bis alle Daten zusammengetragen, die Schiffe oder U-Boote gebaut, alles erforscht und alle benötigten Computerprogramme entwickelt sind, wird es längst zu regnen begonnen haben.

Sie kommen überein: Der große Regen darf gar nicht erst beginnen. Sie müssen sich jetzt voll und ganz darauf konzentrieren, ihn zu verhindern.

Alle beginnen Bücher zu lesen, zum Beispiel über den Regen und wie er entsteht. Lexika werden befragt. Berechnungen angestellt, das Internet wird durchforscht, Experten werden hinzugezogen, Computer mit Daten gefüttert.

Dann steigen alle Prüflinge gemeinsam auf einen hohen Berg zu einer Forschungsstation. Da forschen sie weiter und berechnen und beobachten die Wolken und den Wind.

Als sie gerade alle draußen stehen und ins Weite schauen, kommt einer den Berg zu ihnen hinaufgestiegen. Wie er zu ihnen stößt, sehen sie: Er ist groß, alt und sieht seltsam aus. Wie nicht von dieser Zeit.

»Ich habe von eurer Aufgabe, einen großen Regen zu verhindern, gehört«, sagt der Fremde. Und ob sie wüssten, dass sie genau auf dem Berg stünden, auf dem damals die Arche Noah gelandet sei, am Ende der langen Regenzeit?

Die Prüflinge starren den fremden alten Mann an. Könnte er Noah sein? Noah aus der Bibel? Es kann nicht sein und doch scheint es so. Dass Noah leibhaftig vor ihnen stehen soll, macht sie ganz nervös. Und gleichzeitig glauben sie nicht so recht daran. Eine optische Täuschung, denken die Prüflinge. Hologramm, Fata Morgana. Viele Erklärungen fallen ihnen ein. Sie würden zu gern jetzt gleich und sofort ihre Computer zu diesem Phänomen befragen.

Der alte Mann lächelt.

»Wie kann ich euch helfen?«, fragt er.

Da vergessen die Prüflinge ihre Zweifel, und sie beginnen, dem alten Mann, von dem sie annehmen, dass er Noah ist, Fragen zu stellen. Ihn mit Fragen zu bestürmen. Immer ungestümer.

Wie die Tiere dazu gebracht worden seien, immer schön paarweise anzutreten, und wie er sie in seinem Schiff untergebracht habe? Wie die Tiere den langen Weg zu seinem Schiff hätten finden können? Einen Weg, oft quer durch die ganze Welt. Wie das so schnell habe gehen können? Wieso genau dieses eine Paar? Wie die Auswahl geschehen sei? Gingen Machtkämpfe voraus? Was die Tiere im Schiff drinnen gefressen hätten? Löwen und andere wilde Tiere hätten sich wohl schwerlich mit Heu und Rüben zufrieden gegeben. Ob er ein Beruhigungsmittel oder noch stärkere Drogen verabreicht habe?

Der alte Mann lächelt. »Ich kenne eure Sucht nach Bestätigung, Beweisen, Nachweisen, ich habe von euren Computern und Wissenschaften gehört. Von eurer langen und entbehrungsreichen Ausbildung, die zum Guten dienen soll. All das muss in eurer heutigen Zeit wohl sein. Jetzt wollt ihr genau wissen, wie es sich damals mit der Arche Noah verhielt. Wie das, was in der Bibel steht, zu bewerkstelligen war. Nun, so hört die Geschichte.

Der alte Mann lässt die Prüflinge sich setzen. Er beginnt zu erzählen.*

Dann ist es Zeit für den alten Mann zu gehen. Er verabschiedet sich von den Prüflingen, geht davon und steigt wieder den Berg hinunter.

Die Prüflinge sitzen noch lange da und sinnieren über das, was sie eben erfahren haben.

Als der Oberprüfer unvermittelt vor ihnen steht, besinnen sie sich wieder auf die noch ungelöste Aufgabe. Sie erheben sich schuldbewusst.

»Es ist uns ein bedauerliches Missgeschick passiert«, gibt der Oberprüfer bekannt. »Die Aufgabe, die euch gestellt wurde, war nicht für euch Prüflinge der Grundausbildung bestimmt, sondern für die Absolventen der Meisterklasse. Wir bedauern diese Verwechslung der Kuverts mit Prüfungsfragen außerordentlich. Wie es dazu kommen konnte, wird erst noch geklärt werden müssen. Ich erkläre hiermit, dass ihr alle die Zwischenprüfung bestanden habt. Und jetzt entschuldigt mich bitte. Alle Lehrerinnen und Lehrer werden ab sofort für die Abschlussprüfung der Meisterklasse benötigt.« Sagt es und löst sich in Luft auf.

* Der alte Mann erzählt an dieser Stelle die später folgende Geschichte »Die Idee DES SCHÖPFERS« (S. 49).

Prüfling 7: »Soll das ein Witz sein?«

Prüfling 3: »Wollen die uns verschaukeln?«

Prüfling 2: »Das ist ja das Letzte. Die machen es sich aber einfach.«

Prüfling 4: »So werden wir nie erfahren, wie die Aufgabe zu lösen gewesen wäre?«

Prüfling 8: »Da machen die so einen Fehler, lassen uns für nichts und wieder nichts wie die Verrückten arbeiten ...«

Prüfling 9: »... und entschuldigen sich nicht mal bei uns.«

Prüfling 1: »Vergebens war das nicht. Wir haben durch das Versehen noch mal viel gelernt.«

Prüfling 6: »Immerhin kennen wir jetzt das Geheimnis der Arche Noah.«

Prüfling 2: »Ich glaube, der alte Mann vorhin war gar nicht Noah.«

Prüfling 5: »Sondern?«

Alle blicken Prüfling 2 gespannt an.

Prüfling 2: »DER SCHÖPFER.«

Alle sehen ihn überrascht an. Schauen einander an. Ehrfürchtige Stille macht sich breit. Dann aber:

Prüfling 10: »Wie auch immer. Hauptsache, wir haben den ersten Teil der Ausbildung geschafft.«

Prüfling 5: »Jetzt erst mal richtig Ferien.«

Prüfling 7: »Und feiern. Wir können doch nicht so sang- und klanglos auseinander gehen.«

Prüfling 6 : »Wie kommen wir überhaupt zu unseren Zwischenprüfungsdiplomen?«

Kaum gesagt, segeln auch schon Kuverts vom Himmel. Darin finden die Prüflinge ihre Zwischenprüfungsdiplome. Gleich darauf fällt Manna vom Himmel, die himmlische Speise, bis der ganze Boden davon bedeckt ist. Die Prüflinge essen sich satt, und während sie noch dabei sind, zieht eine dunkle Wolke auf und es beginnt Champagner zu regnen. Wie aus Kübeln. Als hätte die Sintflut begonnen. Die Prüflinge sind in kürzester Zeit ganz durchnässt, auch die

Diplome. Und das Manna wird unansehnlich matschig. Den Prüflingen macht es nichts aus. Sie feiern ausgelassen und noch mal so richtig, ehe sie vorläufig auseinander gehen.

Die Idee DES SCHÖPFERS

Die Geschichte, die die Prüflinge auf dem Berg hörten und die einer von ihnen lange nach Bestehen der Meisterprüfung niederschrieb *(siehe S. 47).*

DER SCHÖPFER musste übergeschnappt sein. Völlig übergeschnappt. Wahrscheinlich überarbeitet. Vom vielen Die-Welt-Überwachen. Noah hätte ihm gern gut zugeredet. Schließlich hatte er als mehrfacher Familienvater starke Nerven. Dass Dreinschlagen bei der Erziehung nichts nützte, wusste er längst. Und ganz aufzugeben war wirklich keine Lösung. Auch er, Noah, war schon versucht gewesen, Reißaus zu nehmen vor all den ständigen Verpflichtungen und Enttäuschungen, die das Leben so mit sich brachte.

Als DER SCHÖPFER ihm sein Vorhaben einflüsterte und das, was er von ihm erwartete, da glaubte Noah zuerst gar nicht, was er vernahm. DER SCHÖPFER, so dachte er sich, versuche sich zur Abwechslung mal als Witze-Erzähler. Und er hatte erst schallend gelacht.

Das Lachen ist ihm jedoch schnell im Hals stecken geblieben. DER SCHÖPFER machte keinen Witz. Es war ihm, im Gegenteil, todernst mit dem, was er Noah mitteilte und befahl.

»Bald werde ich es regnen lassen, und zwar so heftig und

anhaltend, dass die ganze Welt im Wasser versinkt«, flüsterte DER SCHÖPFER in Noahs Herz. »Nur deine Familie soll verschont werden und ein Paar von jeder Tierart, die es auf der Welt gibt. Damit das Leben sich nach dem Regen wieder neu entfalten kann. Dafür baue ein Schiff, das groß genug ist für alle und stark genug, selbst einem sehr langen Regen zu trotzen.« Mehr sagte DER SCHÖPFER nicht.

Tagelang noch fühlte Noah das Flüstern in seinem Herzen. Zuerst als Kitzeln, dann als Kratzen, dann als Schmerz. Der Schmerz rührte auch von der immer größer werdenden Wut her, die Noah gegenüber DEM SCHÖPFER und dem, was er von ihm verlangte, empfand. Kein Vergehen der Menschen konnte so groß und schwerwiegend sein, dass zur Strafe alles Leben ausgelöscht werden musste. Und was hatten denn die Tiere Schlimmes getan? Die konnten doch gar nichts dafür. Und was war mit den Pflanzen? Die würden doch auch alle ersaufen. Wenn schon, musste von jeder Pflanzenart auch etwas mit: Knollen, Samen, Nüsse, was auch immer. Außerdem, was wusste Noah schon von der Welt? Er war noch nicht weit herumgekommen. Er war Ackerbauer, nicht Schiffbauer. Schon gar nicht Seefahrer.

DER SCHÖPFER wäre nicht DER SCHÖPFER gewesen, wenn er nicht ein wachsames Auge auf Noah behalten hätte. Er hatte Noah sein Anliegen eingeflüstert und erst mal abgewartet. Dass Noah Wut empfand, gestand er ihm zu, es war nicht weiter schlimm.

Als Nächstes sandte DER SCHÖPFER Noah einen Traum. Er ließ ihn kreuz und quer über die Kontinente fliegen, immer knapp über der Erdoberfläche, so dass Noah sich alles genau ansehen konnte. Anschließend ließ er ihn auch durch Wälder und Urwälder wandern. Bei Tag und bei Nacht. Damit Noah eine ungefähre Vorstellung von der Menge Tiere bekäme, die auf seinem Schiff Platz finden mussten.

Da verstand Noah DEN SCHÖPFER erst recht nicht mehr. Die Welt war so wunderschön und reichhaltig und der DER

SCHÖPFER wollte sie vernichten? Aus einer Unpässlichkeit, einer üblen Laune, einer Enttäuschung heraus? Aus Überdruss? Und er, Noah, sollte Teil dieses grässlichen Plans sein? Warum gerade er?

»Weil ihr, du und deine Familie, reinen Herzens seid«, antwortete DER SCHÖPFER ungefragt mitten in Noahs Herz.

Noah hätte DEM SCHÖPFER gern ins Gewissen geredet. Nur war dies, das wusste Noah genau, bei einem Schöpfer ein Ding der Unmöglichkeit. Die ganze Sache kam Noah immer seltsamer vor.

Und wenn sich DER SCHÖPFER bloß einen Scherz mit ihm erlaubte? Woher wollte DER SCHÖPFER denn so viel Wasser nehmen, um selbst die höchsten Berge zuzudecken? Es konnte gar nicht sein. Es war unmöglich. Auch für einen Schöpfer.

»Es ist möglich«, flüsterte DER SCHÖPFER in Noahs Herz. »Zweifle nicht. Und zweifle nie, was auch immer kommen wird.«

Noah beriet sich mit seiner Familie. Er erzählte ihr, seinen drei Söhnen und seinen Schwiegertöchtern, was DER SCHÖPFER ihm zugeflüstert und von ihm verlangt hatte. Auch die anderen konnten es zuerst nicht fassen. Sie hätten am liebsten gerufen: »Gar nicht beachten!« oder »Wir tun einfach so, als wenn nichts wäre«. Oder auch: »Das gibt sich schon wieder. Das sind doch nur die Marotten eines alten, gelangweilten Mannes.« Und auch: »Nicht mal DER SCHÖPFER kann sich alles erlauben.« Ihre Gedanken laut auszusprechen, wagten sie aber doch nicht. DER SCHÖPFER war überall zugleich und konnte alles hören.

In einer sehr langen Sitzung begannen sie über das befohlene Vorhaben nachzudenken. Noah erzählte ihnen auch, was ihm DER SCHÖPFER im Traum gezeigt hatte. Dass nämlich die Welt sehr groß war. Für sie, die noch nichts von ihr gesehen hatten, unvorstellbar groß. Und dass sie rund war. Und wunderschön. Und was da alles auf ihr lebte.

Je länger sie nachdachten, umso unmöglicher und verwerflicher erschien ihnen das Ansinnen DES SCHÖPFERS. Und außerdem: Bei der ungeheuren Vielfalt von Tieren und Pflanzen würde ein Schiff nie reichen. Sie, die hier versammelt waren, mussten in die Welt ausschwärmen und überall Schiffe bauen. Zuerst würden sie den Schiffbau erlernen müssen. Und überall Helfer finden, die sie in der Eigenart von Flora und Fauna des jeweiligen Landstrichs unterrichteten. Dann erst, wenn überhaupt, konnte der Versuch gewagt werden, eine möglichst lückenlose Liste von Tieren und Pflanzen zu erstellen. Wie das eine Paar jeder Tiergattung, das als einziges den Regen überleben sollte, zu bestimmen wäre, war noch ein ganz anderes Problem. Oder auch, wie man etwas von jeder Pflanze auf das Schiff bekommen konnte, das nach dem Regen möglichst schnell wieder nachwachsen würde.

So diskutierte und beriet Noahs Familie bis tief in die Nacht. Sie kamen vom Hundertsten ins Tausendste.

Problem um Problem tat sich auf. Zum Beispiel auch das, wo all das Futter für die Tiere hergenommen werden sollte. Ein »langer Regen« konnte sehr lange dauern. Außerdem fraßen Fleisch fressende Tiere nicht plötzlich Heu.

»Die Tiere werden einander gegenseitig auffressen«, sagten sie sehr laut, damit DER SCHÖPFER es auch ja hören konnte, falls er nicht über ihrer langen Sitzung schon eingenickt war.

Und dann fielen ihnen auch all die Tiere ein, die während der langen Fahrt im Bauch des Schiffs auf die Welt kommen würden. Es gab Tiere, die vermehrten sich außergewöhnlich schnell. Und es würde auch kaum zu verhindern sein, dass einige Tiere bereits trächtig das Schiff beträten. Selbst in Noahs Familie würde unweigerlich auf dem Schiff Nachwuchs zu erwarten sein. Bei all der Vermehrung während der Fahrt würde das Schiff erst recht aus den Fugen brechen. Und all die Exkremente, all der Abfall, all der Gestank? Nicht auszudenken.

Noahs Familie wagte es schließlich, sich angesichts der

Dringlichkeit aller Probleme, die sie zu erdrücken drohten, direkt an DEN SCHÖPFER zu wenden.

»Und dann, wenn es endlich so weit ist und die Landung bevorsteht, wie soll das gehen?«, fragten sie. »Zuerst werden die Spitzen der höchsten Berge wieder aus dem Wasser auftauchen. Aber es wird noch mal sehr, sehr lange dauern, bis all das Wasser wieder verdunstet ist. So lange werden wir alle weiterhin im Schiff ausharren müssen. Womöglich monatelang. In dieser ganzen Zeit gilt es, den Bergspitzen auszuweichen. Eine Landung zuoberst auf einem schroffen Berg wäre sinnlos. Wie soll dort oben alles ausgeladen werden? Wir sind keine Bergsteiger. Und die meisten Tiere schon gar nicht. Und wie soll vom Ort der Landung aus alles so schnell wieder in der Welt verteilt, angepflanzt und angesiedelt werden und dann auch noch an der richtigen Stelle? Alle Lebewesen müssen, um zu überleben, ihre gewohnte Umgebung wiederhaben und genügend und geeignete Nahrung finden. Besonders die Tiere des Urwalds werden noch sehr lange sehr arm dran sein. Neue Urwälder wachsen nicht in so kurzer Zeit.«

DER SCHÖPFER war hellhörig geworden. Was die Menschen sich und ihm da vorrechneten und an Überlegungen zusammentrugen, war gewichtig. Er hatte, zugegeben, den ganzen Anfang der Diskussion verschlafen. Hörte nun aber, auch weil er direkt angesprochen war, aufmerksam zu. Konnte es aber doch nicht verhindern, dass er über den ganzen Ausführungen wieder gähnen musste.

Die Menschen hatten Recht, das sah DER SCHÖPFER ein: Eine weltweite Sintflut war ein zu gigantisches Unternehmen, selbst für ihn, DEN SCHÖPFER. Und viel komplizierter, als er sich das vorgestellt hatte.

Noahs Familie war noch lange nicht zu Ende, sondern im Gegenteil gerade erst so richtig in Fahrt gekommen.

»Damit das Unternehmen einigermaßen reibungslos ablaufen kann, musst du sehr viele Wunder bewirken«, wandten sie sich weiter an DEN SCHÖPFER. »Du musst zum Beispiel zuerst mal unzähligen Tierpaaren irgendwo auf der Welt den Befehl zum Aufbruch geben und sie in kurzer Zeit den Weg zur Arche finden lassen. Dann musst du alle Tiere zu Vegetariern machen, um das reibungslose Leben im Schiff zu garantieren. Die Dauer der Sintflut muss auf ein Minimum reduziert werden.«

DEM SCHÖPFER fielen fast die Augen zu. Draußen kündigte sich ein neuer Tag an. Die Vögel begannen bereits wieder zu singen.

Auch wenn Noahs Familie Recht hatte, DER SCHÖPFER brauchte nun seine Ruhe, schließlich war er ein alter Mann. So ließ er auch alle von Noahs Familie sehr müde werden und zu Bett gehen.

Als Noahs Familie am nächsten Tag erwachte, hatte DER SCHÖPFER in allen die Erinnerung an seine unsinnige Idee der Sintflut ausgelöscht.

So ist es tatsächlich nie zu der Sintflut gekommen. Trotzdem aber ließ DER SCHÖPFER es sich nicht nehmen, später, als es zur Niederschrift der Bibel kam, einem Schreiber die Geschichte der Arche Noah zu diktieren. Die Sintflut durfte in der Bibel auf keinen Fall fehlen.

Javier Tomeo

Die wahre Geschichte von Noahs Raben

Ich saß am Fenster, schaute hinaus in den Regen und zerbrach mir den Kopf über die ewigen alten Fragen, auf die ich einfach keine Antwort finde. Eine wahre Sintflut, die da den ganzen Vormittag lang vom Himmel kam, und immer mehr schwarze Wolken türmten sich im Norden auf und ließen befürchten, dass es den ganzen Tag lang so weiterregnen könnte.

Warum nur regnet es ständig von oben nach unten?, fragte ich mich wieder einmal, die Stirn an der Fensterscheibe. Warum nicht umgekehrt? Regnet es so, damit ausgerechnet wir nass werden, wir hier unten, die wir nicht das Glück haben, oben zu leben? Oder regnet es vielleicht von oben nach unten und nicht von unten nach oben, damit die Leute ihre Regenschirme nicht verkehrt herum halten müssen?

Während mir all diese Fragen durch den Kopf gingen, ließ sich ein mächtiger Rabe auf dem Fenstersims nieder und pochte mit dem Schnabel gegen die Fensterscheibe. Ich hätte ihn nicht beachten sollen, denn ich mag sie nicht, diese düsteren Geschöpfe, aber da ich sah, wie verdrießlich er dreinblickte, ließ ich ihn ein und stellte sogar einen Teller mit Weizenkörnern vor ihn hin, auf dass er sich stärken und verlorene Kräfte wiedergewinnen könne.

»Aber glaub ja nicht«, sagte ich, »dass mir dein schlechter Ruf verborgen geblieben ist. Du bist und bleibst ein verfluchter Vogel.«

Der Vogel sah mir traurig in die Augen und antwortete, ich würde ihn schließlich gar nicht genug kennen, um eine so schlechte Meinung von ihm zu haben.

»Mir sind mehr Sachen über deine Sippschaft bekannt, als du denkst. Ihr seid Unheil verkündende Vögel und werdet mit dem Winter und der Nacht in einem Atemzug genannt. In einigen Ländern heißt es, ihr wäret die Sendboten der entfesselten Gewitterstürme, und die Hindus, die in geisterhaften Dingen gut beschlagen sind, versichern, ein Rabe sei der verlorene Schatten eines Toten. Mit euren zu Pulver zermahlenen Knochen färben sich die Grauhaarigen schwarz, und im Sommer plagt euch der Durst, weshalb ihr ständig krächzen müsst.«

»Das sind alles Märchen, die ihr Menschen euch schon vor langer Zeit ausgedacht habt«, bemerkte der Vogel, breitete die Flügel aus und schüttelte das Wasser aus seinen Federn.

»Ihr ernährt euch von toten Tieren und euer abendliches Gekrächz kündigt schlechtes Wetter an. Einst waren eure Federn weiß, aber Apollo hat euch dazu verdammt, schwarz und missmutig umherzufliegen. Willst du immer noch behaupten, ich wisse über euresgleichen nur unvollkommen Bescheid?«

Der Rabe flog auf den Schrank und betrachtete mich von dort aus schweigend, als wolle er mir Zeit zu weiteren ausschweifenden Erklärungen geben.

»Außerdem«, fuhr ich also fort, »kennt ihr Raben genau den Unterschied zwischen fetten und dürren Landstrichen, und in Letzteren fliegt ihr stets zu zweit und nicht in Schwärmen. Das berichtet kein Geringerer als Aristoteles.«

»Auch die Weisen haben sich mehr als einmal geirrt«, seufzte der Rabe, »selbst wenn sie Aristoteles hießen.«

»Nun gut, manchmal hauen auch die klügsten Leute daneben«, gab ich zu, »aber wie denkst du über den schlimmen Streich, den einer deiner Vorfahren Noah während der Sintflut spielte? Ist es nicht so, dass dieser Lump nie zur Arche zurückgekehrt ist, die doch, wie jeder weiß, das Schiff ist, das die Hoffnung auf Wiederherstellung der bunten Vielfalt der Arten in unserer Welt symbolisiert? Ist der Rabe etwa nicht seither lebendiges Symbol der Undankbarkeit?«

»Halt ein!«, krächzte der Rabe, ohne sich von der Höhe meines Schrankes hinwegzubegeben. »Ich glaube, es ist höchste Zeit, dass die Menschen die Wahrheit erfahren. Das mit unserer angeblichen Undankbarkeit ist vollkommener Blödsinn.«

Und damit begann er mir ohne Umschweife die Geschichte von Noah und der Sintflut zu erzählen, die ich schon viele Male aus dem Munde meiner lieben verstorbenen Großmutter zu hören bekommen hatte. Er erzählte von der Schlechtigkeit der Menschen und von der Entscheidung Unseres Herrn, eine Sintflut über die Erde hereinbrechen zu lassen, damit sie alles auslösche und damit es ein für alle Mal ein Ende habe mit den Menschen, ausgenommen Noah und seine Familie, die Er für gerecht befand.

»Gott«, fuhr der Rabe fort, »befahl Noah, aus schweren Holzbalken eine Arche zu bauen und sie von innen mit Pech zu bestreichen, um zu verhindern, dass Wasser hereindrang und sie verfaulen konnte.«

»Die Geschichte kenne ich«, unterbrach ich. »Ich hab sie schon tausend Mal aus dem Mund meiner seligen Großmutter gehört. Gott befahl Noah außerdem, von jeder einzelnen Tierart ein Pärchen mit in die Arche zu nehmen.«

»Das ist nicht ganz korrekt. Das mit dem Pärchen – Männchen und Weibchen – sagt man so dahin. In Wirklichkeit sollte Noah von allen reinen Tieren nur drei Männchen samt ihren Weibchen mitnehmen, und noch ein siebtes, um es nach der Sintflut zu opfern.«

»Und von den unreinen Tieren?«

»Nur je zwei Paare.«

»Du glaubst also wahrhaftig an die Existenz reiner und unreiner Tierarten?«, fragte ich. »Du glaubst also nicht, wie jener Franzose, dass alle Tiere Geschöpfe Gottes sind und einzig das Tierhafte menschlich ist?«

Der Rabe plusterte erneut sein Gefieder, wagte aber nicht, mir zu widersprechen, bestimmt, um nicht weiter meine

Spitzfindigkeit zu reizen. Er krächzte nur leise, wie um sich zu räuspern, und fuhr dann fort, die Sintflut habe vierzig Tage und Nächte gedauert und dass schließlich der Tag gekommen sei, da Noah das Fenster der Arche geöffnet und einen Raben ausgeschickt habe, um zu erkunden, ob die Flut schon zurückgegangen sei.

»Dieser Rabe ist jedoch nie zurückgekehrt«, unterbrach ich. »Er machte sich über die im Wasser schwimmenden Kadaver her und vergaß vor lauter Gefräßigkeit Noah und seine ganze Sippschaft. Findest du vielleicht, dass man stolz sein kann auf solche Vorfahren?«

»Stimmt, der Rabe ist nie zurückgekehrt, ganz im Gegensatz zu der weißen Taube, die Noah danach aussandte. Aber wenn mein Vorfahr nicht mit einem grünen Zweig im Schnabel zurückkehrte, so hat diese Tatsache doch nichts mit seiner freien Entscheidung zu tun. Der arme Vogel verirrte sich in der ungeheuren Weite – es gab viel zu sehen nach so viel Tagen eingesperrt in der Arche – und konnte nicht mehr den Weg zurückfinden. Du solltest einmal die moderne Wissenschaft konsultieren, damit sie dir erklärt, warum.«

»Bitte erklär du's mir«, bat ich. »Erspar mir die Mühen und Unwägbarkeiten einer Irrfahrt durch diese gefährlichen Bücher. Irgendeiner der Kirchenväter hat gesagt, wer sein Wissen vermehrt, vermehrt seine Schmerzen.«

Bevor er antwortete, sprang der Rabe vom Schrank herab und setzte sich auf den Garderobenständer, wahrscheinlich, um in meiner Nähe zu sein.

»Man hat herausgefunden, mein lieber Freund«, sagte er und blickte forschend im ganzen Zimmer umher, »dass die Tauben merkwürdige magnetische Kristalle in ihrem Gehirn tragen, die ihnen erlauben, sich selbst im dicksten Nebel ohne weiteres zurechtzufinden. Für Noahs Taube war es also ein Kinderspiel, den Weg zurück zur Arche zu finden. Wir Raben hingegen verfügen leider nicht über diese wunderbaren Kristalle, die wie ein Kompass funktionieren.«

»Es gibt nur einen einzigen Weg zurück, tausende jedoch, die hinwegführen«, seufzte ich, indem ich mich an den Satz von La Bruyère erinnerte.

Aber anstatt dem schwarzen Vogel seine Sünden zu vergeben und vor allem seinen berühmten Vorfahren von der Sünde der Undankbarkeit freizusprechen, öffnete ich halb das Fenster und bat ihn, dorthin zu fliegen, woher er gekommen sei. Schließlich hatte es, entgegen all meinen Voraussagen, vor ein paar Minuten aufgehört zu regnen.

Aus dem Spanischen von Heinrich v. Berenberg

Georg Lauer

Der Turmbau zu Babel oder Wie der Herr einmal einen ganz schlechten Tag hatte

Einmal hatte der Herr einen ganz schlechten Tag, schlecht geschlafen, schlecht geträumt, mit dem falschen Fuß aufgestanden. Als die leitenden Engel zur kleinen Morgenrunde eintraten, rollte der Frühstücksengel viel sagend mit den Augen, aber das hätte es nicht gebraucht; bis auf den Flur konnte man ihn mit dem Kaffeelöffel in der Tasse klappern hören. Die leitenden Engel wussten Bescheid. Auf ihr »Guten Morgen, Herr!« knallte er, ohne aufzublicken, den Kaffeelöffel auf die Untertasse. »Der Kaffee ist kalt!«

Der Frühstücksengel wippte auf den Zehenspitzen und schaute an die Decke. »Das kommt davon, wenn man eine halbe Ewigkeit …«

»Ich will nicht wissen, wovon das kommt, ich will meinen Kaffee *heiß* – bring frischen!«

»Der Kaffee ist alle«, sagte der Frühstücksengel ungerührt.

»Ich wollte gestern welchen besorgen«, beeilte sich der Einkaufsengel zu erklären. »Es ist nur leider die Haushaltskasse …«

»Schluss!«, unterbrach ihn der Herr und schob dabei die Tasse so energisch von sich, dass ein Teil des Inhalts über die Manschette seines weißen Hemdes schwappte.

Die Mundwinkel des Frühstücksengels zuckten, während der Herr die Hände weit genug unter die Achseln steckte, dass die bekleckerte Manschette nicht mehr zu sehen war.

»Nun«, sagte er mit einem finsteren Blick in die Runde, »irgendetwas Neues von unten?«

»Entschuldigung«, meldete sich vorsichtig der Einkaufsengel. »Vielleicht könnten wir noch kurz über die Finanzen ...«

»Nein!«, fuhr ihm der Herr dazwischen. »Das können wir ganz bestimmt *nicht*. – Nun ...?«, wiederholte er.

»Sie bauen immer noch an dem Turm«, sagte der Beobachterengel. Die Arme des Herrn verschwanden fast bis zu den Ellenbogen in den Achselhöhlen. Seine Augen suchten und fanden den Sabotageengel. »Wolltest du nicht dafür sorgen, dass sie mit dem Unfug aufhören?«

»Ich habe ihnen den Lehm zu schnell trocknen und die Stützbalken einknicken lassen, aber sie geben nicht auf. Ich fürchte ...«

»Fürchte?« Die Stimme des Herrn wurde schneidend. »Es interessiert mich nicht die Bohne, was du fürchtest – mich interessiert, was du zu tun gedenkst. Was du bisher getan hast, reicht ja offensichtlich nicht aus.«

»Sie sind, ich weiß nicht, wie ich es beschreiben soll ... wie die Ameisen«, versuchte der Sabotageengel zu erklären. »Von überall her kommen sie, jeden Tag mehr, ich wusste gar nicht, dass sie schon so viele sind. Wenn ich einem einen Ziegel auf den Kopf fallen lasse, stehen zwei hinter ihm, die für ihn einspringen ...«

»Vielleicht sollte man sie einfach machen lassen«, kam ihm der Versöhnungsengel zur Hilfe. »Ich meine ...«

»Wir sind gespannt«, fiel ihm der Herr ins Wort.

»Ich meine«, fuhr der Versöhnungsengel lächelnd fort, »sie tun im Grunde das, was du ihnen aufgetragen hast: Sie machen sich die Erde untertan.«

»Indem sie einen Turm bis hier herauf bauen?«

»Nun ja, sie *sagen*, dass sie ihn bis in den Himmel bauen wollen, aber du kennst sie doch. Seit du ihnen die Sprache gegeben hast, nehmen sie den Mund gern voll.«

»Kann man wohl sagen«, brummte der Herr.

»Von wem sie das wohl haben«, flüsterte der Frühstücksengel dem Einkaufsengel zu.

»Ich sage nur *Ebenbild*«, flüsterte der Einkaufsengel zurück.

»Die Kollegen vom Innendienst haben ausnahmsweise auch mal eine Idee?« Die Stimme des Herrn ließ die beiden zusammenzucken.

»Wie? Äh, nein«, sagte der Frühstücksengel. Der Einkaufsengel schüttelte den Kopf

»Sonst jemand ... Nein? ... Hätte mich auch gewundert. Halten wir also fest: Die Menschen bauen einen Turm bis in den Himmel, und wir schauen ihnen dabei zu, weil uns nichts dazu einfällt. Vielleicht lassen wir sie in Zukunft überhaupt machen, was sie wollen?«

»Wenn ich mir die Bemerkung erlauben darf«, sagte der Gerichtsengel, »haben wir das schon vor längerer Zeit so beschlossen. Solange sie unten sind, haben sie Willensfreiheit, und hier oben stellen wir sie dann vors Jüngste Gericht.«

»Exakt«, sagte der Strafengel und rieb sich die Hände. Ein eisiger Blick des Herrn ließ ihn innehalten.

»*Solange sie unten sind!* Sie sind aber nicht mehr lange unten, wenn sie in dem Tempo weiterbauen. Beim wievielten Stockwerk sind sie eigentlich – Himmel, muss man euch denn alles aus der Nase ziehen?«

»Augenblick«, sagte der Beobachterengel und lief zum Fenster.

»Beim zweiundzwanzigsten, glaube ich. Im Morgennebel kann man's ein bisschen schwer erkennen.«

»Unsere Statiker sagen, höher als bis zum vierundvierzigsten kommen sie auf keinen ...« Der Architektenengel verstummte, als er sah, wie der Herr sich weit in seinem Sessel zurücklehnte, die Hände hinter dem Kopf faltete und mit leerem Blick an die Decke starrte. Jedermann im Himmel wusste, das bedeutete nichts Gutes. Minuten vergingen in ängstlichem Schweigen, dann fasste sich ausgerechnet der Unglücksengel ein Herz.

»Bitte sehr ...« Er klang immer ein wenig, als ob er beleidigt wäre. »Bitte sehr«, begann er, »ich habe schon am Ende des zwölften Stockwerks vorgeschlagen, dass ich beim dreizehnten …«

»Beim dreizehnten, ja?« Wie vom Katapult geschnellt schoss der Herr nach vorn. »Damit sie noch abergläubischer werden, als sie sowieso schon sind? Hat mir nicht neulich erst jemand erzählt, sie hätten bald mehr Angst vor schwarzen Katzen, die ihnen über den Weg laufen, als vor meinem heiligen Zorn?«

»Ich war das«, sagte der Strafengel. »Übrigens finde ich schon immer, der Kollege …«

»Der Kollege, der Kollege … Du sollst dich nicht um deine Kollegen, sondern um deine Arbeit kümmern! Das gilt für alle hier, Himmelherrschaftszeiten noch mal!«

Die Engel zogen die Köpfe ein. Doch die Sache ging glimpflicher ab, als sie erwartet hatten. Der Herr hielt einen Augenblick inne, dann fuhr er sich mit den Fingern durchs lockige, aber schon etwas schütter werdende Haar und sagte überraschend ruhig: »Gut, hat ja gar keinen Wert, sich aufzuregen.« Und zum Strafengel gewandt: »Von den Gedanken über deinen Kollegen abgesehen: Was geht dir, wenn überhaupt, sonst noch durch den Kopf?«

»Ich könnte … den Blitz ins oberste Stockwerk einschlagen lassen …«

»Und weiter?«

»Warten, bis sie es wieder aufgebaut haben …«

»Und? Meine Güte, das dauert …«

»Wieder den Blitz einschlagen lassen – und immer so weiter.«

Ein leichtes Kopfnicken hier und da ließ den Strafengel hoffen. Aller Augen richteten sich ängstlich gespannt auf den Herrn.

»Gar nicht so blöd«, hörten sie ihn nach einer Weile murmeln. Und dann laut: »Gar nicht so blöd. Ich frage mich nur, warum man so was immer erst aus euch herauskitzeln muss. – Schön, sonst noch jemand eine Idee? Oder eine Meinung zu dem Vorschlag?« Entspannt legte der Herr den linken Arm auf die Tischplatte und tastete, freundlich in die Runde blickend, mit der Rechten nach der Kaffeetasse.

Der Philosophenengel war es, der ihm antwortete. »An sich«, begann er, »kein schlechter Gedanke. Ich frage mich nur, ob wir wollen können, dass die Krone der Schöpfung für den Rest ihres Erdendaseins sinnlos Steine schleppen soll. Im Übrigen ...« Er räusperte sich mit einem kurzen Seitenblick auf den Strafengel. »Im Übrigen erscheint mir die Idee nicht wirklich neu. Ich meine, macht es einen guten Eindruck, wenn unsere Strafen ...«

»Wird das eine Frage oder eine Feststellung?«, fragte der Herr scheinbar ruhig, doch jedermann konnte sehen, wie sich die Fingerknöchel der Hand, mit der er jetzt die Kaffeetasse umfasste, weiß verfärbten.

»Nun, streng genommen ...« Der Blick des Herrn ließ den Philosophenengel verstummen.

Der Strafengel schob sich millimeterweise rückwärts seitwärts hinter den breiten Rücken des Hammerwerferengels. Doch der Herr war schneller.

»Ich höre!«

»Na ja, es gab da einen, den Namen hab ich vergessen, den haben die griechischen Kollegen ...«

»Sysiphos«, rief der Bildungsengel aus der letzten Reihe. »Sohn des Aiolos, dazu verurteilt einen Felsblock den Berg hinaufzurollen, der, oben angekommen, immer wieder hinunterrollt. Wofür er bestraft wurde, liegt im Dunkeln. Ich selbst ...«

Als der Bildungsengel zu sprechen begann, schloss der Herr müde die Augen. Jetzt öffnete er sie einen Spalt und führte, zu unverhofft, als dass ihn jemand davon hätte abhalten können, die Tasse zum Mund und nahm einen großen Schluck. Das darauf folgende Donnerwetter wurde später oft mit dem verglichen, als Eva den Apfel nahm.

»PFUI DEIBEL!«

Der Frühstücksengel konnte sich gerade noch bücken, als

die Tasse geflogen kam. Der Herr spuckte Gift und Galle. »Wo ist mein Mantel, mir reicht's, ich kümmere mich selbst um die Sache!«

»Hängt im Flur«, sagte mit zitternder Stimme der Garderobenengel. Aber da war der Herr schon an den versammelten Engeln vorbei und aus der Tür. Wenig später sahen ihn diejenigen, die einen Platz am Fenster ergattern konnten, nur in Hemd und Hose zwischen die Menschen fahren. Erst liefen die Armen erschrocken durcheinander, später, als der Morgennebel sich lichtete, sah man sie wild gestikulierend beieinander stehen. Es schien Missverständnisse zu geben. Einer brachte Mörtel in einem Ölkrug und sein Gegenüber tippte sich an die Stirn. Um die Mittagszeit bildeten sich Grüppchen, die ein ums andere Mal die Köpfe dorthin wandten, wo ein anderes Grüppchen stand. Vereinzelt kam es zu ungezogenen Gesten. Gegen vier zerstreuten sich die Menschen, immer noch grüppchenweise, in alle Winde. Es war offensichtlich: Der Herr hatte ihnen die Sprache verwirrt.

Wie er ausgerechnet darauf gekommen war, blieb den Engeln ein ewiges Rätsel. Er redete nicht darüber und sie mochten ihn vorsichtshalber nicht fragen. Die Einstellung eines (dringend benötigten) Sprachenengels lehnte er seltsam starrsinnig ab. Und als die Menschen immer höhere Kirchtürme bauten, verlor er darüber kein Wort. Irgendwann erfuhren die Engel, wie die Menschen sich die Geschichte mit dem Turm erklärten. Aber was sollte man dazu sagen?

Torgny Lindgren

Lots Frau

Lots Frau war eine vorwärts strebende und lebensbejahende Person, ein einziges Mal geschah es, dass sie sich umsah, es war gerade in dem Moment, als der Herr Sodom und Gomorra zerstörte. Das tat er, weil dort die Männer in ihrer Sexualität vollständig hemmungslos waren, um jeden Preis wollten sie mit jedem lebenden Wesen schlafen, das überhaupt eine Körperöffnung besaß.

Und Er hatte deutlich gesagt, dass keiner der Flüchtenden sich umdrehen und sehen dürfte, wie Er in Gestalt von Feuer und Erdbeben und Schwefelflammen auf Sodom und Gomorra niederging.

Sie drehte sich nicht gänzlich um, ihre Füße und Beine befanden sich noch in einer Vorwärtsbewegung, nur den Rumpf und den Kopf drehte sie nach hinten. Und der Herr ließ sie in dieser Stellung erstarren oder möglicherweise koagulieren, wodurch sie so wurde, als wäre sie aus Stein gemacht.

»Komm, lass uns gehen«, sagte Lot.

Aber das konnte sie nicht.

Da schlug er sie vorsichtig mit dem Zeigefingerknöchel an, es klang so, als ob man an ein hart gekochtes Ei klopft. Und er trat dicht neben sie und leckte genau dort, wo er auch sonst gern leckte, an ihren Brüsten. Dann streckte er den Anwesenden die Zunge heraus und ließ sie sehen: Sie war ganz weiß geworden.

Auch das Gesinde kostete von ihr. Alle waren sich völlig einig: Salz und sonst nichts.

»Wir könnten sie vielleicht verwenden?«, meinte einer der Köche.

»Sie ist ein Teil der Landschaft und der Natur geworden«, sagten Lots Töchter, »wir wollen sie zurücklassen!«

Jemand wollte sie auf einen Sockel stellen, wie es bei Denkmälern üblich ist.

Aber Lot ließ die Zimmerleute kommen und wies sie zur Arbeit an.

»Man weiß nie, was mit Salzen passieren kann«, sagte er. »Sie kommen und gehen, ihre Erscheinungsformen wechseln mit Wind und Wetter, unter anderen und günstigeren Umständen kann sie etwas ganz anderes und Unvorhersehbares werden.«

Die Zimmerleute mussten ihr also einen Wagen bauen, er hatte vier Räder, die aus einer Terebinthe gesägt waren, und wurde von vier Ochsen gezogen. Sie war schwer, acht Männer mussten sie gemeinsam heben, damit sie bequem lag, schob man hier und da zusammengerollte Schaffelle unter sie.

Dann zogen sie los, Lots ganze Familie und alles Gesinde und die Schafe und das übrige Vieh, sie bewegten sich in Richtung der Berge am Salzmeer. Nachts schlief Lot auf der Ladefläche an der Seite seiner Frau. Wenn niemand ihn sah, rieb er mit seinen Fingerkuppen an bestimmten Stellen von ihr.

Für eine Weile schlugen sie ihr Lager am Weidenbach auf. Da gab es Wasser für die Tiere und saftiges Weideland und sogar Forellen und in den Bäumen Tauben, die man mit Schlingen fangen konnte. Lot ließ über dem Wagen seiner Frau ein Zelt errichten, so dass er mit ihr allein sein konnte, wann immer er es wünschte.

»Du willst doch nicht etwa behaupten, dass du sie immer noch liebst?«, sagten die Töchter. »In ihrem jetzigen Zustand!«

Die Frage machte ihn offensichtlich verlegen, er wand sich und räusperte sich und richtete den Blick zum Horizont über dem Salzmeer. Er rückte den Hüftgürtel und den Lendenschurz zurecht und spuckte die Olivenkerne aus, die er im Mund hatte.

»Ihr müsst trotz allem zugeben«, sagte er schließlich, »dass etwas Großartiges und Erhabenes an ihr ist. Sie ist die Einzige ihres Schlages, es gibt niemanden wie sie.«

Wenn er abends seine Gebete sprach, er wandte sich zur Ebene im Osten, wo der Herr zuletzt sichtbar gewesen war, lagen die Töchter hinter einem Stapel von Ziegenhaarteppichen auf der Lauer und versuchten aufzuschnappen, welche Wünsche er im tiefsten Inneren hegte.

Zur Zeit der sieben überschüssigen Tage, am Abend des zweiten Tages, näherte sich ein großes Gefolge aus Südosten. Lot, der auf die Schlachtbank der Köche geklettert war, konnte seine Leute sogleich beruhigen: »Kamele, Schafe und Esel, von diesen Menschen haben wir nichts zu befürchten.«

Nachdem die erforderlichen Begrüßungen ausgetauscht waren, setzten sich Lot und der fremde Häuptling bei einer Schale Dattelwein zusammen.

Sie einigten sich schnell darüber, dass das Leben überwiegend eine betrübliche Angelegenheit sei. Es gäbe wenig Freuden, die Sorgen nähmen an Umfang und Schwierigkeitsgrad zu. Die Zukunft sei bitter nachtschwarz. Die tot geborenen und missgestalteten Lämmer würden immer zahlreicher.

Es sei ein Trost, sagte Lot, dass man ausnahmsweise mit einem Gleichgesinnten bei einer Schale süßen Weines zusammensitzen könne.

»Ja«, sagte der Fremde. »Aber die grundsätzliche Geborgenheit im Leben, die werden wir niemals wiedergewinnen.«

»Wie wahr«, sagte Lot. »Wie wahr.«

»Die Glieder und Sinne werden auch immer unzuverlässiger«, sagte der Fremde. »Wenn ich morgens in meinem Zelt aufwache, weiß ich nie, wer ich bin.«

»Ich habe beispielsweise eine Art Naturkatastrophe erlebt«, sagte Lot, »kann mich aber nicht mehr erinnern, was eigentlich passiert ist.«

»Und wir sind auf der Flucht«, sagte der andere, »aber keiner von uns kann sich mehr erinnern, wovor wir flüchten.«

»Außerdem«, sagte Lot, »habe ich gewisse Schwierigkeiten mit meiner Frau.«

»Merkwürdig«, sagte der Fremde. »Merkwürdig.«

Sie tranken und plauderten, plauderten und tranken.

Dann nahm Lot den Fremden bei der Hand und führte ihn zum Zelt, in dem seine Frau ruhte. Er hielt eine Öllampe hoch und beleuchtete damit die leicht verdrehte Salzsäule.

»Sie war fünfzehn Jahre alt, als wir uns trafen«, sagte Lot. »Sie hat immer für mich gesungen. ›Möge mein Freund in seinen Lustgarten kommen und seine edlen Früchte essen. Sein Kopf ist das feinste Gold, seine Locken sind Palmbaumrispen.‹«

»Dieses Lied habe ich schon einmal gehört«, sagte der Fremde.

»Sie war es, die es erfunden hat«, sagte Lot. »Sie hat es gedichtet.«

»Sie müssen meine Frau treffen«, sagte der Fremde.

»Es soll mir ein Vergnügen sein«, sagte Lot.

So wanderten sie durch die beiden Lager, die Arme hatten sie sich gegenseitig um die Schultern gelegt, Lots Töchter folgten ihnen im Abstand.

Sie betraten ein Zelt mit Kamelhaarteppichen. Da, auf einem Tafelwagen, lag die Frau. Sie war aus Kupfer.

»Sie haben mein tiefstes Mitgefühl«, sagte Lot.

»Danke«, sagte der andere.

»Diese Sorte von tiefrotem Kupfer ist sehr solide«, sagte Lot. »In ihrem Fall gibt es keine Hoffnung auf eine entscheidende Veränderung. Kupfer ist ein Grundstoff.«

»Dafür bin ich dankbar«, sagte der andere. »Ich darf sie behalten, so lange ich lebe. Eine Kupferfrau ist auf ganz andere

Art beständig als eine Salzfrau. Und einmal im Monat lasse ich sie putzen. Für mich ist sie in erster Linie ein Kunstwerk.«

»In gewisser Weise erinnert sie mich an meine Frau«, sagte Lot.

»Das ist auch mir aufgefallen«, sagte der andere. »Alles deutet darauf hin, dass gerade langhalsige Frauen mit großer Nase in solchen Fällen gefährdeter sind als andere.«

»Wie ist es passiert?«, fragte Lot.

»Es lag am Granatapfelbaum«, sagte der Fremde, der kaum mehr ein Fremder war. »Die Granatapfelbäume sind heilig, und der Herr hat uns verboten, an den Blüten zu riechen.«

»Das war mir nicht bekannt«, sagte Lot.

»Und meine Frau konnte der Versuchung nicht widerstehen. Sie schlich sich zu einem Granatapfelbaum, als ich sie für einen Moment nicht im Blick hatte. Als sie die Nase in eine ungewöhnlich schöne Blütendolde steckte, ist es passiert.«

»Ja«, sagte Lot. »Mit dem Herrn ist wahrlich nicht zu spaßen.«

»Und was ist eigentlich mit Ihrer Frau passiert?«, sagte der andere.

»Es war im Zusammenhang mit dieser Naturkatastrophe, an die ich mich nicht mehr recht erinnern kann. Der Herr hatte uns verboten zuzusehen, während Er und Seine Engel die eigentliche Katastrophe herbeiführten. Aber meine Frau konnte es nicht lassen.«

»Engel?«, sagte der andere.

»Ja«, sagte Lot. »Die engsten Mitarbeiter des Herrn. Sie stehen um Seinen Thron Wache und erledigen Seine Angelegenheiten in der Welt.«

»Davon habe ich noch nie etwas gehört«, sagte der andere.

»Hätte der Herr Seine Engel nicht zur Hilfe«, sagte Lot, »wäre er kaum imstande, allmächtig zu sein.«

»Nein, nein«, sagte der Fremde. »Soviel ich weiß, hat der Herr keine Engel. Verzeihung, wenn ich das sage, aber in meinen Ohren klingt das ganz einfach wie eine Irrlehre.«

Lot hatte es geschafft, das längliche Weinfässchen mitzuschleppen, sie tranken jetzt direkt aus dem offenen Hals.

»Ach«, sagte Lot und wischte sich den Mund ab. »Wenn Er keine Engel hat, was hat Er dann?«

»Er lässt sich von winzig kleinen Körnern oder Samen oder Partikeln bedienen, die im Innersten der Schöpfung wirksam sind. Das weiß doch jeder. Sie sind so klein, dass sie nicht einmal einen Namen haben.«

»Wenn sie keinen Namen haben«, sagte Lot, »dann gibt es sie nicht.«

»Das meiste im Weltall hat noch immer keinen Namen«, sagte der Fremde. »Überall, wo wir herumziehen, deuten wir auf alle möglichen Dinge und sagen: Das soll so heißen und das soll so heißen!«

Lot nahm noch einen Schluck und sagte: »Welcher Art von Offenbarung hat sich der Herr bedient, damit Sie, lieber Freund, erfahren sollen, wie es sich verhält?«

»Offenbarung ist ein sehr starkes Wort«, sagte der andere. »Ich für meinen Teil nehme es ungern in den Mund. Wir haben nach und nach die Zusammenhänge erahnt und die Ganzheit durchschaut. Um irgendwelche ganz klaren Offenbarungen hat es sich nicht gehandelt.«

Mitunter hatte er Schwierigkeiten mit dem Gleichgewicht, er stützte sich am kräftigen Oberschenkelmuskel seiner Frau ab.

»Uns«, sagte Lot, »offenbart sich der Herr ein ums andere Mal. Wir sehen Ihn unter den Bäumen dahinwandeln. Wir hören Seine Stimme von oben aus dem Himmel. In der Form von Feuerflammen verschlingt Er die Tiere, die wir Ihm opfern. Es vergeht kein Tag, ohne dass wir Ihn sehen oder von Ihm hören.«

»Ich kann Sie nur beglückwünschen«, sagte der Fremde.

»Na ja«, sagte Lot. »Manchmal wird es fast zu viel des Guten.«

»Ein einziges Mal«, sagte der Fremde, »haben wir gemeint,

Ihn sprechen zu hören. Es ging also um die Blüte des Granatapfelbaums. Aber auch in diesem Fall kannten wir keine Form der Gewissheit, bis meiner Frau dieses Missgeschick zustieß.«

Jetzt war das Fässchen leer.

»Mir kommt allmählich der Verdacht«, sagte Lot, »dass diese unbestimmte und schwer wahrnehmbare Erscheinung, dieses granatapfelabhängige Schattenbild, das ihr den Herrn nennt, ganz einfach nicht der Herr ist.«

»Natürlich ist Er der Herr«, sagte der andere. »Wäre Er nicht der Herr, warum hätte Er dann das mit meiner Frau gemacht?« Und er deutete auf sie mit einem Finger, der vor Aufregung zitterte.

»Ich muss immer die Wahrheit sagen«, sagte Lot. »Ich darf nicht lügen, das hat der Herr verboten.«

»Damit wollen Sie also gesagt haben, ich sei ein Ketzer und Lügner?«, sagte der andere. Er hatte die Stimme merklich erhoben.

»Sie haben meinen ganzen Wein fast allein ausgetrunken«, sagte Lot. »Sie sollten mich nicht anschreien. Das Einzige, was ich gesagt haben will, ist, dass Ihre Kupferfrau mit an Sicherheit grenzender Wahrscheinlichkeit das Produkt einer Götzenverehrung ist.« Und um seine Worte zu unterstreichen, spuckte er mit einem kräftigen Strahl mitten in ihr Gesicht.

Das war offenbar mehr, als der Fremde vertragen konnte, er stürzte sich auf Lot und fing an, ihn mit den Fäusten zu bearbeiten, er schlug ihm mit den Fäusten gegen Brust und Hals und Oberarme, und er zielte unsichere Tritte gegen Lots Unterleib. Als Lot das leere Weinfässchen von sich geworfen hatte und den Fremden an Armen und Schultern packen wollte, fielen sie beide hin und fingen an, sich unter den Rädern des Tafelwagens hin und her zu rollen und zu wälzen. So machten sie weiter, bis der Schlaf sie übermannte.

Da schlichen sich Lots Töchter herein und lösten sie aus

ihrer Umklammerung, und gemeinsam, die ältere Tochter und die jüngere, schleppten sie Lot nach Hause und legten ihn in dem besonderen Zelt auf die Ladefläche neben seine Frau.

Am nächsten Morgen, nachdem der Fremde seinen Rausch ausgeschlafen hatte, rief er seine Leute zusammen und brach auf, vermutlich in Richtung Soar und zur Heide. Was später aus ihm und seiner Frau wurde, ist unmöglich zu wissen, seine Glaubenslehre wurde nicht aufgezeichnet und seinem Herrn wurde nie eine eigene, selbstständige heilige Urkunde gewidmet.

Auch Lot und seine Leute verließen das Weideland am Weidenbach, sie bewegten sich in nördlicher Richtung an der östlichen Seite des Salzmeers in den Grenzgebieten zu dem Land, das später Moab werden sollte.

Meist blieben sie nur wenige Tage an jedem Lagerplatz. Lot machte es sich zur Gewohnheit, morgens, in der Dämmerung, das Zelttuch nach Osten zu öffnen und seine Frau mit einem kleinen Hebel unter den Schultern abzustützen, so dass die aufgehende Sonne ihr Gesicht beleuchtete.

Er saß oft bei ihr und plauderte. Er sei gar nicht sicher, sagte er, dass das, was ihr zugestoßen war, allein das Werk des Herrn sei. Das Wahrscheinlichste sei, dass viele verschiedene Kräfte zusammengewirkt hätten. Damit hätte er nicht gesagt oder auch nur angedeutet, dass Seine Herrschermacht in gewissen Fällen beschränkt sei, aber in Seiner grenzenlosen Großzügigkeit gäbe Er etwas von Seinem Einfluss ab. Er ließe viele Instanzen und Talente sich vermischen und in verschiedene Richtungen wirken, letztendlich münde doch alles in etwas, das unbestreitbar als Auswirkung Seines Willens bezeichnet werden müsse. Alle lebenden Wesen könnten nie, in keinem Zustand und in keiner Lage, etwas anderes sagen als: Dein Wille geschehe! Dass es nicht Sein Wille sei, der geschah, wäre jedenfalls praktisch unmöglich zu beweisen.

Während er sich auf diese Weise mit ihr unterhielt, strich er ihr über Stirn und Augen.

Eigentlich, sagte er, wisse er ja nicht, was ihr widerfahren sei. Er habe nur seine Vermutungen und Vorstellungen. Sie hätte eine ungünstige Körperbewegung vollzogen und sei schmerzhaft berührt worden, das war das Einzige, was er mit Bestimmtheit sagen könne. Genau genommen sei er dankbar, dass er nicht mehr wisse als das, das Entsetzliche berühre ihn immer unangenehm, er meide es um seines Seelenfriedens willen. Wenn seine Onkel versuchten, ihm von der Sintflut zu erzählen, habe er sich immer die Ohren zugehalten. Und das wisse sie ja: Er schlachte seine Schafe und Lämmer nicht persönlich. Auch dürfe das gebratene Fleisch nicht feucht sein, sie könne sich bestimmt erinnern, wie er mit dem Koch verfahren sei, der hartnäckig darauf bestand, das Fleisch blutig zu servieren: Ihn ließ er auspeitschen und in die Wüste jenseits von Dotan treiben. Ja, man könne ruhig sagen, seine Feinfühligkeit habe ihn daran gehindert, sich bei jenem unglückseligen Vorfall umzudrehen und genau wie sie zu Salz zu werden.

Einige Male, an bestimmten Morgen, bildete er sich ein, er nähme ein leichtes Zittern ihrer Augenlider wahr.

Außerdem sei es leichtsinnig und beschränkt, sagte er, nur von Salz zu reden, als wäre Salz etwas Eindeutiges und Ursprüngliches. Die Welt sei in Wirklichkeit voll von Salzen aller Art. Wenn die Stoffe sich vermischten, entstünden Salze. Kupfervitriol sei ein Salz, ebenso wie Lapis und Kreide und Rost und Grünspan. Sie sei mit anderen Worten zusammengesetzter, als man zunächst meinen könnte. Solange er lebte, sollte keiner sie behandeln dürfen, als wäre sie bloß ein Stück Kochsalz. Er wisse mit Sicherheit, dass Salze entstünden, wenn beispielsweise Verzweiflung sich mit Salzsäure mische, oder Schrecken mit Schwefelsäure. Oder ganz einfach Schrecken mit Verzweiflung. In Hinblick auf Salze sei alles möglich.

Als sie dann die Augen aufschlug, war er überhaupt nicht überrascht. Das sagte er auch zu seinen Töchtern: »Ich habe nichts anderes erwartet.«

Er saß neben ihr, als das Blut in ihrem Körper zu kreisen begann, während sie kraftvoll den Atem einsog. Dann setzte sie sich auf.

»Aber wo sind meine Feigen?«, rief sie.

Sie pflegte immer direkt nach dem Aufwachen drei Feigen zu essen. Es war gut für den Magen.

»Verzeih mir! Bitte verzeih mir!«, sagte Lot und lief sofort los und holte die Feigen.

Während sie noch die Kerne und Schalen kaute, sagte sie: »Was ist das?«

Sie deutete auf den Hang unterhalb von ihnen, wo dichte Flecken von hellgelben Blumen im Morgenlicht schimmerten und leuchteten.

»Ich habe nicht darüber nachgedacht«, sagte Lot. »Aber ich glaube, es ist eine Art Raps.«

Mit dem Nagel des kleinen Fingers säuberte sie ihre Zähne. Im Großen und Ganzen sah sie aus, wie sie es immer getan hatte, bis auf die Falten an der Stirn, alle, die für eine Weile Salzsäulen gewesen sind, haben solche Falten, immer tief, immer drei.

»Eigentlich«, sagte sie und betrachtete den blühenden Hang unterhalb von ihnen, »bin ich es leid, auf diese Weise herumzuziehen. Könnten wir uns nicht zur Ruhe setzen? Wir finden ja doch nicht den Platz, von dem du zu träumen behauptest.«

So blieben sie dort, nahe der Stadt, die später Kir-Heres genannt wurde. Zu einer späteren Jahreszeit ging sie hinunter zu den Wiesen und sammelte Samen, die sie trocknete. Wenn der Frühlingsregen kam, säte sie diese aus, die kleinen Pflanzen verzog sie und setzte sie ins Freiland um, sie düngte mit Schafmist und Ziegenblut und Salzen, die sie von den höher gelegenen Hängen holte. Und Lot begriff gar nichts.

Viel später verbreitete sich das Gerücht, Lot hätte, gerade zu dieser Zeit und in berauschtem Zustand, mit seinen Töchtern Söhne gezeugt, mit der älteren ebenso wie mit der jüngeren. Der eine Sohn sollte Moab sein, der andere Ammon. Aus rein politischen, um nicht zu sagen, geopolitischen Gründen wollten böswillige Kräfte auf diese Weise die Entstehung des Volkes der Moabiter und der Ammoniter erklären.

Es war Literatur, und nichts weiter.

Lots Frau wusste es natürlich besser.

Und ihre Saat trug Frucht. Erst Kohlrüben, später auch Lauch, die wichtigsten Kulturpflanzen der Menschheit. Ohne sie gäbe es tatsächlich keinen Gemüseanbau auf der Welt.

Aus dem Schwedischen von Verena Reichel

John von Düffel

Abraham und Isaak

Abraham war alt. Sehr alt. Neunundneunzig. Er hatte viel erlebt. Lange war er umhergezogen auf der Suche nach gutem Weideland für seine Herden, auf der Suche nach einem friedlichen Ort für sein Zuhause. Er hatte mit angesehen, wie seine Freunde Familien gründeten, Kinder großzogen, wie die Kinder seiner Freunde Kinder bekamen und die Kinder ihrer Kinder erwachsen wurden, junge Männer und Frauen, die Zeit verging. Seine alten Freunde starben, ihre Söhne übernahmen Haus und Hof. Wenn er ihnen begegnete, wunderte er sich, wie alt sie waren. Über siebzig Jahre. Und dann dachte er daran, dass er noch sehr viel älter war. Und kinderlos.

Abraham saß vor seiner Hütte. Die Sonne stand hoch am Himmel. Glutvoll und wärmend schien sie auf seine ausgestreckten Beine und Arme. Abraham schloss die Augen. Er hörte das Geräusch von scheppernden Töpfen und Blechen. In der Hütte kochte seine Frau Sara und buk frisches Brot. Er erinnerte sich noch genau, wie sie als junges Mädchen ausgesehen hatte, an ihre strahlenden Augen und ihr dunkles, blau-schwarzes Haar. Jetzt war auch Sara alt. Ihr Haar war grau und ihre Augen trüb. Manchmal kam es ihm vor, als seien sie nicht mehr wie Mann und Frau, sondern wie zwei uralte Bäume, die ihr Leben lang ganz nah beieinander gestanden hatten, um sich gegenseitig Schatten zu spenden, wenn es heiß war, und sich vor Wind und Regen zu schützen, wenn es stürmte. Diese Bäume kannten jedes Blätterrauschen voneinander. Aber sie trugen keine Früchte. Sie hatten keinen Samen gesät.

Abraham schlug die Augen auf und sah drei Männer auf sich zukommen. Staub wirbelte auf zu ihren Füßen und glitzerte hell in der Sonne. Abraham blinzelte, er konnte die Männer kaum erkennen vor lauter Licht. Man hätte sie für Bettler halten können oder für Reisende, die von Tür zu Tür gingen mit der Bitte um Obdach, doch Abraham wusste, dass dies keine gewöhnlichen Männer waren. Er ging ihnen entgegen und warf sich vor ihnen in den Staub.

»Herr«, flüsterte Abraham, »wenn ich Gnade gefunden habe in deinen Augen, gehe nicht an mir vorüber.« Er wagte nicht aufzuschauen, um zu sehen, ob die Männer stehen blieben und ihn anhörten. Gott prüfte die Menschen auf vielerlei Weise, man konnte nie wissen, in welcher Gestalt er einem begegnete. Aber er war da, das spürte Abraham. Er spürte seine Gegenwart wie einen starken Magnet. Und als dieses Gefühl anhielt, freute sich Abraham: »Seid meine Gäste! Ich will euch Wasser bringen, und Sara, meine Frau, soll euch ein köstliches Mahl bereiten!« Die Männer blieben.

Abraham lief in die Hütte zu Sara und rief:

»Schnell, nimm drei Maß Semmelmehl, knete sie und backe Kuchen!«

Dann lief er zu den Rindern – lange hatte man den alten Abraham nicht mehr so laufen gesehen –, er lief und holte das zarteste und beste Kalb seiner Herde, zog es hinter sich her und führte es zum Schlachtblock. Er mochte dieses Kälbchen sehr, aber es musste sein. Auch wenn es ihm schwer fiel, Abraham spürte, dass er das Richtige tat. Er schlachtete das Kalb und gab es dem Knecht, der es über einem Feuer röstete. Dann lief Abraham, um Butter und Milch für die Männer zu holen, die sich unter einem schattigen Baum niedergelassen hatten. Er brachte ihnen von dem gebratenen Kalb. Aus der Hütte zog der süße Duft vom Kuchen herüber, den Sara gebacken hatte. Die Männer aßen. Abraham sah ihnen schweigend zu.

»Wo ist deine Frau Sara?«, fragte einer der Männer, als er fertig gegessen hatte.

Abraham war ein wenig erschrocken. Er hoffte, dass er keinen Fehler gemacht hatte, und antwortete: »Drinnen in der Hütte.«

Da sagte der Mann: »In einem Jahr will ich wiederkommen, und dann soll Sara, deine Frau, dir einen Sohn geboren haben.«

Das hörte Sara hinter der Tür in der Hütte und dachte: ›So alt, wie ich bin, soll ich noch ein Kind bekommen?‹ Bei dem Gedanken musste sie lachen.

Der Mann, der gesprochen hatte, sah Abraham an. Sein Blick war so fest und durchdringend, dass Abraham ihm nicht standhielt und zu Boden schaute.

»Warum lacht Sara?«, hörte er ihn sagen, und Abraham hatte das Gefühl, diese Stimme würde nicht aus dem Mund eines einzelnen Mannes kommen, sondern von oben aus dem Himmel auf ihn heruntersprechen. »Zweifelt sie daran, dass sie in ihrem Alter einen Sohn gebären wird, wie ich es sage«, dröhnte die Stimme weiter, »sollte dem Herrn etwas unmöglich sein?«

Sara trat aus der Hütte. Auch sie hatte die Stimme gehört und sah Abraham mit gesenktem Kopf bei den Männern unter dem Baum stehen. Sie fürchtete sich auf einmal sehr.

»Ich habe nicht gelacht«, flüsterte sie und schlug die Augen nieder, weil sie sich schämte.

»Du hast gelacht«, sprach die Stimme, »ich aber sage dir, in einem Jahr werde ich wiederkommen, und du, Sara, sollst einen Sohn haben, er soll Isaak heißen.«

Dann brachen die Männer auf und verschwanden in dem Sonnenstaub, aus dem sie gekommen waren.

Ratlos und ein wenig verängstigt blieben die beiden Alten vor ihrer Hütte zurück. Abraham und Sara hatten einander lange nicht berührt. Ihre Haut war runzlig und voller Falten, ihre Hände fleckig und dürr. Abraham legte seinen Arm um Sara, sie zitterte noch immer vor Angst. Erst als er sie an sich drückte, beruhigte sie sich. Und Abraham dachte an die beiden uralten Bäume mit ihren raschelnden Blättern im Wind. Auf einmal kam es ihm vor, als wären sie ein Stück näher zusammengerückt und ihre Äste hätten sich für die Dauer einer Umarmung vereint.

Es geschah, wie die Stimme gesagt hatte. Noch bevor ein Jahr vergangen war, gebar Sara ihrem Mann Abraham einen Sohn. Da war er hundert Jahre alt und sie neunzig. Es war wie ein Wunder. Und Sara lachte und weinte über dieses Kind, so freute sie sich und so groß war zugleich ihre Furcht, alle Welt könnte sie verspotten, die alte Frau mit dem Säugling, diesen verdorrten, herbstkahlen Baum mit einer einzelnen späten Frucht. Aber dann sah sie das Leuchten in Abrahams Augen, wenn er zu ihr in die Hütte kam und das Kind in ihren Armen betrachtete. Sie sah, wie er sich freute, und sie freute sich mit ihm. In dieser Freude vergaßen die beiden, wie alt sie schon waren, sie freuten sich wie ein junges Elternpaar über ihr erstes Kind. Und sie nannten ihren Sohn Isaak, wie die Stimme gesagt hatte.

Isaak war ein kräftiger Junge. Er wuchs von Tag zu Tag, und Abraham, der so viele Jahre erlebt hatte, dass er kaum mehr wusste, wie lange ein einzelnes Jahr dauerte, sah an seinem Sohn Isaak, wie schnell die Zeit verging. Isaak wurde größer, längst war er kein Säugling mehr. Er hatte wache, kluge Augen und lernte schnell. Niemand, das wussten Abraham und Sara inzwischen, würde spotten über dieses Kind. Sie waren stolz auf ihren Sohn und liebten ihn sehr.

Eines Abends trat Abraham vor seine Hütte. Den ganzen Nachmittag über war er mit Isaak bei den Schafen auf der Weide gewesen, wo er ihm gezeigt hatte, wie man aus Weidensträuchern Pfeil und Bogen schnitzt. Jetzt brachte Sara den Jungen ins Bett. Er hörte sie in der Hütte flüstern. Sara erzählte Isaak wie immer eine Gutenachtgeschichte. Ihre

Stimme klang unglaublich zart. Der Sohn, den sie beiden liebten, hatte sie jung gemacht.

Abraham schaute hinauf in den Sternenhimmel. Es war eine klare Nacht. Die Sterne leuchteten zahllos und hell. Je länger Abraham in den Himmel schaute, desto mehr Sterne entdeckte er in seiner grenzenlosen Tiefe. Auf einmal spürte er wieder die Gegenwart seines Herrn. Stark und unaufhaltsam zog der Magnet an ihm. Abraham zitterte. So nah, so unmittelbar hatte er seine Macht noch nie gespürt.

»Abraham«, sprach die Stimme, die sich wie eine riesige Glocke auf ihn niedersenkte, »Abraham, nimm Isaak, deinen einzigen Sohn, den du lieb hast, und gehe mit ihm in das Land Morija drei Tage von hier und opfere ihn dort zum Brandopfer auf einem Berg, den ich dir zeigen werde.«

Abraham war starr vor Schrecken. Er wusste, dass es keinen Sinn hatte, sich die Ohren zuzuhalten, die Stimme würde durch seine Hände hindurchsprechen. Er wusste, dass es sinnlos war zu fliehen, wegzulaufen irgendwohin. Die Stimme würde ihn überall finden. Und er wusste, dass sie ihm nicht antworten würde, wenn er jetzt fragte, obwohl er viele Fragen hatte, quälende Fragen: Warum? Warum hatte Gott ihm diesen Sohn geschenkt, Isaak, den er liebte, wenn er ihn jetzt wieder aus seinem Herzen reißen musste, um ihn zu opfern wie irgendein junges Kalb oder Schaf? Warum hatte Gott ihm eine so große Freude bereitet, wenn er ihn jetzt in noch tiefere Trauer stürzte? Was hatte er getan? Doch Abraham wagte es nicht, diese Fragen auszusprechen, und die Stimme über ihm schwieg.

Abraham fand keine Ruhe. Ziellos streifte er über die Weiden unter dem stummen, sternklaren Himmel. Seine Kälber und Schafe schliefen dicht aneinander gedrängt. Gelegentlich nahm eines der Tiere seine Witterung auf, hob kurz den Kopf und schlief dann beruhigt wieder ein. Alles schien friedlich. Die Herden wurden von keinem Feind bedroht. Und doch hätte Abraham nur zu gern seinen gesamten Besitz hergegeben, sein Heim und all seine Tiere geopfert, wenn er nur Isaak hätte behalten können. Denn ohne ihn, seinen einzigen Sohn, dem all das einmal gehören sollte, erschien ihm die Welt sinnlos und leer. Er hatte an den Dingen keine Freude mehr.

Spät kehrte Abraham in dieser Nacht zu seiner Hütte zurück. Leise trat er ein und legte sich neben Sara, die schon zu Bett gegangen war. Er wusste, er würde heute Nacht kein Auge zutun können vor Kummer. Auch Sara an seiner Seite lag noch wach. Sie bewegte sich nicht, aber er spürte ihre Wachheit wie eine Frage. Er wagte es nicht, ihr von seinem Kummer zu erzählen. Sie lagen die ganze Nacht wach nebeneinander und sprachen kein Wort.

Am nächsten Morgen stand Abraham mit den ersten Sonnenstrahlen auf. Er gürtete seinen Esel und spaltete Feuerholz, weckte zwei seiner Knechte und auch Isaak, seinen einzigen Sohn, der mit ihm kommen sollte auf eine Reise in das Land Morija drei Tage von hier. Abraham ließ ihn auf dem Esel reiten, während er mit den Knechten zu Fuß neben ihm herging. Isaak saß hoch im Sattel und winkte Sara, die bei der Hütte stand und ein weißes Tuch schwenkte. Jetzt, da sie sich kaum noch sahen, konnte sie die Tränen nicht länger zurückhalten. Sie hatte Angst, ihren Sohn nie wiederzusehen. Aber sie wusste auch, dass es nichts gab, was Abraham davon abhalten konnte, Isaak mit sich zu nehmen. Lange stand sie bei der Hütte und winkte, selbst dann noch, als Abraham, Isaak und die Knechte längst im Sonnenstaub verschwunden waren.

Drei Tage waren sie unterwegs. Am ersten Tag hatte Abraham seinem Sohn Isaak und den Knechten noch erzählt, wie sich dieser Fluss nannte, den sie gerade überquerten und was auf jenen Hügeln geschehen war, die sich in der Ferne erhoben. Mehr als hundert Jahre hatte Abraham schon ins Land gehen sehen und so kannte er viele Geschichten. Doch am zweiten Tag sagte er immer weniger. Und am dritten Tag schwieg

Abraham ganz. Seine Schritte wurden langsamer und immer kürzer. Fast meinten die Knechte, er würde nur noch auf der Stelle treten. Doch als sie aufschauten, sahen sie das Land Morija vor sich liegen, und Abraham erblickte den Berg, von dem die Stimme gesprochen hatte.

Lange blieb Abraham stehen und schaute zum Gipfel des Berges empor. Dann hob er Isaak vom Sattel und befahl den Knechten:

»Bleibt ihr hier mit dem Esel. Ich werde allein mit dem Jungen auf den Berg hinaufsteigen, und wenn wir dort oben zu Gott gebetet haben, wollen wir wieder zu euch herunterkommen.«

Mit diesen Worten nahm Abraham das Feuerholz für das Brandopfer und legte es Isaak auf die Schultern. Er selbst nahm das Schlachtermesser und eine brennende Fackel. Und so machten sich Vater und Sohn auf den Weg.

Der Fußpfad den Berg hinauf war steil und beschwerlich. Abraham ging mit der Fackel voran und Isaak folgte ihm mit dem Feuerholz auf den Schultern. Die Last, die er auf dem Rücken trug, drückte ihn fast zu Boden, aber Isaak biss die Zähne zusammen und ließ sich nichts anmerken. Er wollte ein guter Sohn sein. Als sie die Hälfte des Weges zurückgelegt hatten, rief er:

»Vater!«

Abraham drehte sich nach ihm um.

»Sieh doch, mein Vater«, sprach Isaak weiter, »hier haben wir Feuer und Holz, wo aber ist das Schaf zum Brandopfer?« Dabei blinzelte Isaak ihn mit seinen wachen, klugen Augen an, die er so liebte.

Gerne hätte Abraham seinen Sohn in die Arme genommen und auf der Stelle kehrt gemacht. Doch stattdessen wandte er sich wieder dem Berg zu und sagte:

»Warte nur ab, mein Sohn, bis wir oben auf dem Gipfel sind, Gott wird sich ein Schaf zum Brandopfer ausersehen.«

So stiegen sie immer höher und höher. Sie hatten schon fast

den Gipfel erreicht, als Isaak noch einmal stehen blieb und fragte:

»Vater, mein Vater, jetzt sind wir bald da und haben nur Feuer und Holz, wo aber ist das Schaf zum Brandopfer?«

Abraham spürte die hellen wachsamen Augen seines Sohnes im Nacken, und er wagte es nicht, sich noch einmal umzuschauen, nur zu gern hätte er dem Befehl seines Herrn nicht gehorcht und einfach kehrtgemacht.

»Mein Sohn«, sagte er mit fester Stimme, während ihm Tränen über die runzligen Wangen liefen, »warte nur ab, bis wir ganz oben auf dem Gipfel sind, Gott wird sich ein Schaf zum Brandopfer ausersehen.«

So kamen sie an die Spitze des Berges zu der Stätte, von der die Stimme gesprochen hatte. Und Abraham kniete nieder, betete und baute dort einen Altar. Sorgfältig schichtete er das Feuerholz aufeinander, während Isaak neben ihm stand und ihm aufmerksam zuschaute. Genauso hatte er seinem Vater zugeschaut, als er ihm zeigte, wie man aus Weidensträuchern Pfeil und Bogen schnitzt. Er merkte sich jeden Handgriff. Und Abraham ließ sich viel Zeit, so als wolle er Isaak beibringen, wie man einen Altar errichtet und das Feuerholz zum Brandopfer aufschichtet.

Schließlich legte Abraham die letzten Holzscheite übereinander, und es war, als hätte er eine kleine Burg oder Hütte aus Holz gebaut, um Isaak eine Freude zu machen. Noch einmal kamen ihm Zweifel an dem Befehl seines Herrn und all die Fragen nach dem Warum stiegen in ihm auf: Warum das töten, was man liebt? Er spürte, wie Isaak ihn ansah mit seinen wachen, klugen Augen, die er so vermissen würde, und wie ein Echo hörte er die Stimme seines Sohnes fragen:

»Vater, mein Vater, sieh doch, nun ist alles bereit, Feuer und Holz, wo aber ist das Schaf zum Brandopfer?«

Doch die Stimme des Herrn war mächtiger. Abraham musste ihr gehorchen. Der Magnet zog an ihm mit unglaublicher Kraft und ließ ihn erzittern. Und obwohl er seinem Sohn kein

Haar krümmen wollte, spürte Abraham, dass er das Richtige tat. Also fesselte er Isaak, der es geschehen ließ, als sei auch dies etwas, das sein Vater ihm zeigen wollte. Er merkte sich jeden Handgriff, während er seinen Vater mit ernsten, aufmerksamen Augen ansah. Als Isaak an Armen und Beinen gefesselt war, fasste ihn Abraham, hob ihn auf und legte ihn oben auf den Altar und das Feuerholz. Dann streckte er die Hand aus und zückte das Messer, um seinen Sohn zu schlachten.

Da rief ein Engel vom Himmel herab:

»Abraham! Abraham!«

Und seine Stimme hallte wie ein gewaltiger Schrei durch das Gebirge, so dass Abraham mit erhobenem Messer innehielt. Er hatte die Stimme seines Herrn erkannt.

»Abraham«, dröhnte die Stimme noch einmal, tiefer jetzt, »lege deine Hand nicht an den Jungen und tu ihm nichts, denn nun weiß ich, dass du Gott fürchtest und deinen einzigen Sohn nicht verschont hast um meinetwillen!«

Abraham ließ das Messer sinken. Die Stimme seines Herrn war wie ein warmer Regen über ihm. Alle Anspannung löste sich. Und Tränen liefen ihm über die Wangen, strömend und unstillbar wie Blut aus einer offenen Wunde. Er nahm seinen Sohn Isaak in die Arme, strich ihm übers Haar und löste seine Fesseln. Da hörte er plötzlich ein Rascheln im Laub. Er schaute auf und sah einen prächtigen Widder hinter einem Strauch.

»Sieh doch, mein Sohn«, sagte Abraham leise zu Isaak, »da ist das Schaf zum Brandopfer.«

Weithin sah man den Rauch ihres Feuers wie eine gerade Säule zum Himmel steigen.

Einar Kárason

Jakob und Esau

Mir ist bewusst, dass es heute das letzte Mal in meinem Leben sein könnte, dass ich mich schlafen lege. Mein Bruder Esau ist mit vierhundert schwer bewaffneten Männern auf dem Weg hierher; ich weiß, dass er kommt, um Rache zu nehmen, und er hat mir nichts Gutes zu vergelten. Ich habe keine Möglichkeit, mich gegen die Übermacht seiner Kräfte zu verteidigen, ich kann nur beten und darauf vertrauen, dass Der Herr mir gnädig sein werde, denn Esau wird es kaum sein.

Die Erfahrung hat mich gelehrt, dass das Leben aller Menschen sich um Betrug und Verrat dreht. Es wäre mir schlechter ergangen im Leben, wenn ich nicht stets bereit gewesen wäre, andere hinters Licht zu führen und mich selbst gegen alle möglichen Finten und Intrigen zu wehren. Doch wenn ich nun zurückblicke auf meinen Lebensweg und darüber nachdenke, wie übel ich meinem Bruder Esau mitgespielt habe, und das von früher Kindheit an, dann kann ich seinen Zorn nur zu gut verstehen, die Gründe dafür, dass er mit einem ganzen Heer bewaffneter Männer auf dem Weg hierher ist, zweifellos in der Absicht, uns alle abzustechen wie Schlachtvieh.

Ich hatte mich zuvor hinter ein Zelt zurückgezogen und brachte Dem Herrn meine Gebete dar – von ihm habe ich nie anderes erfahren als Lauterkeit und Rechtschaffenheit. Ich fühle die Angst bei allen meinen Leuten, Frauen und Kindern und Arbeitsvolk; selbst die Herden sind unruhig. Alle spüren, dass etwas Unheimliches in der Luft liegt, obwohl hier in der

Wüste Friede herrscht und die Nachmittagsschatten langsam länger werden. Ich muss versuchen, selbst einen ruhigen Eindruck zu machen. Ich rufe meine besten Hirten zusammen, ganz als ob wir das Vorgehen für den nächsten Tag planen wollten, und welche Strecke wir am besten wählen sollten im Hinblick auf Wasserstellen und Übernachtungsplätze. Es waren sieben an der Zahl, alles verlässliche und tapfere Männer, die ich schon lange kannte. Wir hocken uns im Kreis nieder; eine Weile sagt niemand ein Wort. Schließlich beginne ich zu sprechen:

»Ich will ehrlich zu euch sein; wahrscheinlich steht uns allen der nahe Tod bevor. Ihr seid meine besten Männer, und ich möchte euch bitten, die Beherrschung zu bewahren, um nicht die Frauen und Kinder zu ängstigen. Esau ist auf dem Weg hierher, und mit einem solchen Heeresaufgebot, dass es für uns kein Entrinnen gibt. Das Einzige, was ich versuchen kann, ist, seinen Zorn etwas zu besänftigen, obwohl ich es für sehr unwahrscheinlich halte, dass dieser Plan gelingt.«

Es fiel mir schwer zu sprechen, da meine Stimme so zitterte, aber ich versuchte, mir nichts anmerken zu lassen. Ich hielt den Blick unverwandt auf die beiden, die mir am nächsten saßen; sie starrten regungslos zu Boden, aber ich sah, wie sie erblassten und ihnen der Schweiß an den Schläfen ausbrach.

Dann befahl ich dem, der die Schafe versorgte, zweihundert der besten Muttertiere und die zwanzig schönsten Hammel zu nehmen, Esau damit entgegenzuziehen und ihm diese Herde mit vielen guten Worten als Geschenk von mir zu übergeben; er solle Esau meinen Herrn nennen und mich seinen Diener. Genauso schickte ich den Zweiten mit zweihundert Ziegen und zwanzig Widdern los, der Dritte zog mit dreißig Kamelstuten und Fohlen davon, der Vierte mit vierzig Kühen und zehn Stieren, und zum Schluss sandte ich meinen Verwalter mit zwanzig Eseln und zehn Eselfohlen. Ich befahl ihnen, Abstand zwischen den Herden zu halten, so dass die Geschenke eines nach dem anderen eintrafen, und allen befahl ich, vor Esau auf die Knie zu fallen und ihm die gleichen Schmeicheleien von mir vorzutragen.

Als die Wüstenstaubwolke, die die letzte Herde aufwirbelte, am Horizont verschwunden war, ließ ich den Blick über die Zelte und über die stark verringerten Tierbestände schweifen. Aber als einziger Gedanke kam mir in den Sinn, dass das Blutbad nur um diese Menge kleiner ausfallen würde, sobald Esaus Truppen uns erreichten, so wenig glaubte ich daran, dass diese »Geschenke« seinen Zorn besänftigen würden. Ich rief meine beiden Frauen, die Mägde und die Kinderschar zusammen und befahl allen, sich schlafen zu legen; ich sagte ihnen, dass wir am nächsten Tag eine lange Strecke vor uns hätten. Dabei sah ich in die unverzagten und fröhlichen Gesichter meiner jüngsten Kinder und dachte: Wenn sie wüssten ...

Ruhe senkt sich über die Zelte; jene, die nicht schlafen, tun wenigstens so, als wenn sie es täten, darunter auch ich. Aber ich fühle, dass ich in dieser Nacht kein Auge zutun werde ...

Ich sage das nicht zu meiner Entschuldigung, aber mein Bruder Esau ist ein Mann von der Art, mit dem man leicht sein Spiel treiben kann; so war er schon immer, seit dem Augenblick, als wir Zwillingsbrüder geboren wurden im Haus meiner Eltern hier im Land Kanaan. Denn obwohl er zuerst geboren wurde, war der Abstand zwischen uns so kurz, dass meine Mutter stets behauptete, ich hätte Esau an der Ferse festgehalten, als wir auf die Welt kamen.

Eigentlich ist es nicht erstaunlich, dass Esau als Erster kam, denn er konnte noch nie stillhalten, nie auf etwas warten. Von Geburt an war er der frohe Lebensgenießer, groß und kräftig, mit roter Haut und rotem Haar. An allen Herausforderungen musste er seine Kräfte erproben, alles musste er sehen, alles untersuchen. Unsere ganze Kindheit verging damit, dass er weiter hinaus auf die Felder, weiter hinaus in die Wildnis gehen, die Felsen höher hinaufklettern wollte. Er ist die Art Mann, der nie friert, der diese Empfindung nicht einmal kennt, der Hunger und Durst ertragen kann, ohne dass dies Einfluss hätte auf seine Kraft oder seine Stimmung; wenn er auch frisst und säuft wie ein ganzes Heer, sobald er dann wieder an Nahrung kommt. Ich dagegen war nur ein gewöhnliches Kind, das heißt, ich empfand Kälte, mir ging es schlecht, wenn ich nichts zu essen bekam, ich hatte Angst vor der Dunkelheit, in der Höhe wurde es mir schnell schwindlig, und wenn wir zu weit von zu Hause weggingen, lebte ich nur in der Furcht, dass wir den Weg zu Mama zurück nicht finden könnten. »Komm doch! – Beeil dich! – Das ist gar nicht schwer!« Das waren die Rufe meines Bruders, die meine ganze Kindheit lang auf mich einprasselten. Und ich versuchte, ihm zu folgen, denn oft waren wir so hoch oder so weit gekommen, dass ich zwar eigentlich lieber nach Hause zurückgekehrt wäre und nur die Angst, ihn auch noch zu verlieren, überwog. Doch am Ende trennten sich unsere Wege, ich hörte auf, ihm auf allen diesen abenteuerlichen Ausflügen nachzurennen, blieb zu Hause, vollkommen glücklich, und leistete unserer Mutter Gesellschaft, und zweifellos war auch er froh, mich nicht länger mitschleifen zu müssen; ich fiel ihm nur zur Last.

Unsere Mutter – sie hieß Rebekka – war froh, mich zu Hause zu haben. Sie erzählte mir Märchen und Geschichten und gab mir Denkaufgaben und Rätsel auf. Wir verstanden uns sehr gut. Isaak, unser Vater, schätzte dagegen Esau viel mehr, schließlich war Esau mit seiner ganzen, unerschöpflichen Lebenskraft auch wirklich die Art Sohn, die alle Väter sich wünschen. Außerdem war Esau schon in jungen Jahren ein sehr geschickter Jäger und nichts schätzte unser Vater mehr als wohl zubereitetes Wildbret. Wenn einmal wieder ein Festessen veranstaltet wurde mit all den Leckereien, die

Esau von der Jagd nach Hause brachte, dann sagte unser Vater oft:

»Ja, es ist ein großes Gottesgeschenk, einen Sohn zu haben, der einem solch köstliches Essen bringt!«

Aber das ist so eine Sache mit diesen lebenslustigen Draufgängern wie meinem Bruder Esau, sie sind oft ein bisschen einfach in der Denkungsart. Vielleicht verhält es sich so mit Leuten, die glauben, sie hätten nichts zu fürchten, dass sie auch nicht lernen, sich in Acht zu nehmen. Die Furchtlosen sind oft auch ein bisschen arglos. Jedenfalls fiel es mir sehr leicht, meinem großen Bruder, der sich in der endlosen Bewunderung unseres Vaters sonnte, alle möglichen bösen Streiche zu spielen. Ich log ihm die Hucke voll von merkwürdigen Vögeln, die ich angeblich gesehen hatte, ließ ihn ganze Tage lang in den Himmel starren, am besten direkt in die Sonne, ich ließ ihn tief hinuntertauchen in Seen und Quellen nach wundersamen Fischen, Steinlawinen auslösen und tiefe Gräben ausheben, wo ich ihm sagte, dass Schätze vergraben lägen, und obwohl er nie etwas fand, schien es ihm nie einzufallen, dass ich ihn zum Narren halten könnte. Es war gleichgültig, wie müde er war, wenn er fand, dass ich eine gute Idee vorbrachte oder etwas Interessantes zu sagen hatte, dann war er ganz Ohr, war selbst mitten in der Nacht sofort hellwach und schon auf die Füße gesprungen, mit Messer und Speer bewaffnet und voller Heldenmut auf dem Weg nach draußen, um zu suchen, zu graben, sich ins Wasser zu stürzen. Und obwohl nur das Spaß machte, ging es mir auch manchmal auf die Nerven, wie leicht man ihn hereinlegen konnte, wie gering der Widerstand war, und die Streiche wurde immer abgefeimter und bösartiger. Da geschah es eines Tages, als er von der Jagd nach Hause kam, sonnenverbrannt und schmutzig und befleckt vom Blut seiner Beute, die er am Eingang auf die Erde warf, dass er mit seiner donnernden Stimme rief, er sei wirklich am Verhungern, er müsse sofort etwas zu Essen haben! Wahrscheinlich hatte er einmal wieder lange Zeit keine Nahrung zu sich genommen, ohne es zu bemerken, bis er jetzt nach Hause gekommen und Essensgeruch im Haus geschnuppert hatte; denn der Zufall wollte es, dass ich mir genau in diesem Augenblick ein armseliges Bohnengericht aufgewärmt hatte, das ich eben mit einer Scheibe Brot in mich hineinschlabbern wollte.

»Willst du das?«, fragte ich und hielt ihm den Teller hin, wie er so rot und kraftstrotzend dastand und nach Essen jammerte.

»Ja, mir ist es gleich, was es ist!«, sagte er und wollte mir den Teller aus den Händen reißen; aber natürlich war er so ein Mann, für den fleischloses Essen nur Luft ist. Und Bohnenpampe, pfui!

»Immer mit der Ruhe!«, sagte ich. »Du musst dafür bezahlen.«

»Was auch immer!«, donnerte Esau. »Siehst du nicht, dass ich vor Hunger sterbe?«

»Ich muss das Erstgeborenenrecht bekommen«, sagte ich, »dann kannst du das Essen haben.«

Das Recht des Erstgeborenen; das war alles, was er mir voraushatte, allein dadurch, dass er zuerst auf die Welt gekommen war. Der älteste Sohn bekommt alles; den Titel des Vaters und seinen Landbesitz, beispielsweise, und ich hoffte nicht im Ernst, dass Esau auf diesen Vorschlag eingehen würde.

»Jaja, nimm es, mich schert das Erstgeborenenrecht nicht, halb tot vor Hunger«, sagte Esau, und wollte mir den Teller wegreißen.

Aber ich war von Habgier ergriffen, ich hatte ihn so lange darum beneidet, zuerst geboren worden zu sein, dass ich zwei Arbeiter herbeirief, die gerade vorübergingen, und ihnen befahl, den Eid zu bezeugen, den ich Esau mir schwören ließ. Und erst dann erlaubte ich Esau, den Bohneneintopf und das Stück Brot zu verschlingen.

Diese Neuigkeit verbreitete sich schnell, und bald war es in aller Munde, dass ich Esau hinterhältig dazu gebracht hatte, mir das Erstgeborenenrecht für einen Teller Bohnen abzutreten. Das brachte mir natürlich nicht gerade Achtung oder Ansehen ein, aber schlimmer war es doch für Esau. Er wurde von der Dienerschaft und den Nachbarn mit Hohn und Verachtung gestraft, und besonders schwer war es für meinen Vater. Er fand, Esau habe ihm so große Schande bereitet, dass er lange Zeit brauchte, ihm dafür zu vergeben, zumal Isaak, unser Vater, nun langsam altersschwach wurde, denn er war schon in vorgerücktem Alter gewesen, als wir Brüder auf die Welt kamen, und zweifellos hatte er sich bereits darauf vorbereitet, Esau als seinen Erben einzusetzen; als Oberhaupt der Familie. Er war abweisend und kurz angebunden Esau gegenüber, der langsam verstand, wie übel ich ihm mitgespielt hatte. Er begann, mir aus dem Weg zu gehen, wurde geradezu menschenscheu – die meiste Zeit verbrachte er in der Wildnis.

Dann wurde unser Vater krank. Er war damals bereits blind, und als ihm klar war, dass er bald sterben würde, rief er Esau zu sich. Er tastete ihn von oben bis unten ab, um sich sicher zu sein, dass er es war, und sagte:

»Esau, mein Sohn, nun bleibt mir nur kurze Zeit zu leben. Nimm Pfeil und Bogen und geh und jage etwas Wild für mich und bereite mir daraus ein köstliches Mahl. Dann will ich dich segnen, bevor ich sterbe.«

Und Esau brach sofort auf; ich sah es seinem Gesicht an, als er sich den Köcher umhängte, wie aufgewühlt er war von den Worten meines Vaters. Sie verhießen, dass ihm vergeben worden war; der Segen bedeutete, dass er trotz der Schande, die er sich selbst, unserem Vater und den Traditionen unseres Stammes zugefügt hatte, der auserwählte Sohn sein würde, der den Vatersegen als Erbe erhielt. Dann legte sich mein Vater wieder zurück, er war jetzt innerlich etwas ruhiger, tat, als ob ich nicht existierte und auch nicht das Abkommen, das Esau und ich um den Bohneneintopf geschlossen hatten.

Meine Mutter sah, was geschah, und eigentlich hatte sie die Idee zum dem, was als Nächstes geschah. Während Esau noch auf der Jagd war, schlachteten wir ein Zicklein, und davon bereitete unsere Mutter die köstlichste Mahlzeit zu. Währenddessen zog ich etwas von Esaus Kleidern an und wickelte mir Lammfell um die Hände und den Hals, da ich glatte Haut hatte, Esau dagegen stark behaart war. Dann ging ich mit dem Essen zu unserem Vater und sagte:

»Mein Vater, ich bin dein erstgeborener Sohn Esau. Setz dich nun auf und iss von meinem Wildbret, damit deine Seele mich segne.«

Vielleicht war es etwas an meiner Sprechweise, das das Misstrauen meines Vaters geweckt hatte, denn er befühlte meine Hände und meinen Hals und roch an meinen Kleidern. Aber dann war er überzeugt, und nachdem er das Gericht gegessen hatte, das meine Mutter zubereitet hatte, und von dem besten Wein getrunken hatte, den wir besaßen, küsste er mich und sagte:

»Gott gebe dir Regen und fruchtbare Erde, und Korn und Wein im Überfluss. Völker sollen dir dienen und Heerscharen dir gehorchen. Du sollst Herr über deine Brüder sein und die Söhne deiner Mutter sollen dir gehorchen. Verflucht sei jeder, der dich verflucht, doch gesegnet sei jeder, der dich segnet!«

Und als Esau von der Jagd nach Hause kam mit dem Wildbret für unseren Vater, war alles schon vorbei. Als er hörte, was geschehen war, lief er weinend zu unserem Vater hinein, der nun im Sterben lag, und bat darum, auch seinen Segen zu bekommen. Aber unser Vater sagte mit tonloser Stimme, er habe verfügt, dass ich Herr über meine Brüder sein solle, und das könne nicht zurückgenommen werden: »Deinem Bruder wirst du dienen«, sagte er.

Aber da wurde Esau von heftigem Zorn ergriffen und verkündete, dass er mich, sobald unser Vater den Geist aufgegeben habe, töten wolle, Und als mir das zu Ohren kam, schlich ich mich im Schutze der Nacht davon, wohl wissend, dass ich von da an nur meines Lebens sicher sein könnte, wenn Esau und ich uns nie wieder begegneten.

Habe ich nicht vorhin gesagt, dass sich das Leben aller Menschen um Täuschung und Betrug dreht? Ich bin jedenfalls den ganzen Weg bis nach Mesopotamien geflohen, und mein Dasein hier hat immer nur darin bestanden, mich gegen Fallen und Listen zu wehren.

Ich bekam Arbeit bei einem Verwandten von mir, der Laban heißt, und der hatte eine schöne Tochter mit Namen Rahel. Und wir trafen eine Vereinbarung, nach der ich sieben Jahre ohne Lohn bei ihm arbeiten sollte, und dann würde er mir Rahel zur Frau geben. Er hatte noch eine zweite Tochter, Lea, mit ungeheuer matten Augen; Rahel dagegen hatte eine gute Figur und ein schönes Gesicht. Und nachdem ich sieben Jahre für ihn geschuftet hatte, sollte im Dunkel der Nacht das Hochzeitsgelöbnis ausgesprochen werden, und da drehte er mir Lea statt Rahel an. Und ich musste noch einmal sieben Jahre für ihn schuften, um auch Rahel zu bekommen.

Der Segen meines Vaters kam mir tatsächlich auf verschiedene Weise zugute, nicht zuletzt als Kindersegen. Es entstand ein regelrechter Wettkampf zwischen meinen Ehefrauen, welche von ihnen mir mehr Kinder schenken könnte, und sogar ihre Mägde und Dienerinnen wurden in diesem Kampf mit eingesetzt; daher habe ich eine große Menge schöner und viel versprechender Kinder. Aber Laban, mein Schwiegervater, versuchte von Anfang an immer nur, mich hereinzulegen und zu täuschen. Ich hatte mich zwanzig Jahre lang um seinen gesamten Viehbestand gekümmert, ihn vergrößert, ja vervielfacht, aber er versuchte trotzdem, mich hereinzulegen, so dass ich alle Anrechte auf das Vieh abtreten sollte. Aber dieses Mal durchschaute ich ihn, und indem ich seine eigenen Tricks anwandte, gelang es mir, ihm seinen gesamten

Besitz abzuluchsen. Und diese Geschichte endete vor kurzem in völliger Feindschaft, und daher bin ich geflohen und gerade wieder in mein Heimatland gekommen, wo mein Bruder Esau ein mächtiger Mann mit einer großen Zahl von Untertanen geworden ist. In meiner Verzweiflung sandte ich Unterhändler zu ihm und bat ihn um Gnade, aber er reagierte damit, ein voll bewaffnetes Heer aufzustellen, und diese Truppen sind nun auf dem Weg hierher; in Kürze kann ich sicher das Hufgetrappel seiner Kriegerschar hören, wenn ich das Ohr auf die Erde lege.

Ich fühle, dass ich diese Nacht keinen Schlaf finden werde. Leise stehe ich auf und stoße einen meiner Hirten an, er fährt aus seinem Schlummer auf und sieht mich mit fragenden Augen an.

»Komm, ich brauche jemanden, mit dem ich ringen kann«, sage ich, »sonst kann ich nicht schlafen.«

Und wir gehen ein Stück von den Zelten weg und beginnen zu ringen; der Mann ist wendig und erstaunlich standfest, und obwohl wir die ganze Nacht kämpfen, gelingt es keinem von uns, den anderen zu Fall zu bringen. Aber er wird immer wütender, und als schon der Morgen graut, verliert er die Beherrschung und versetzt mir einen Schlag gegen die Hüfte. Ich gehe unter großen Schmerzen zu Boden, aber in diesem Augenblick höre ich schweren Hufschlag, und als ich Richtung Osten blicke, sehe ich das Heer in einer Staubwolke herannahen, und die Waffen glühen in der Morgenröte.

Ich humpele der Schar entgegen, und als ich sehe, dass der Vorderste sein Pferd antreibt und mir im Galopp entgegenkommt, knie ich mich nieder, senke den Kopf und erwarte mein Schicksal.

Meine nächste Erinnerung ist, dass ein Pferd neben mir zum Stehen kommt, und dann höre ich die altbekannte Stimme meines Bruders:

»Jakob! Bist du es, mein lieber Jakob?!«

Ich sah auf, sprachlos vor Erstaunen, hatte die kalte Schwertklinge an meinem Hals erwartet; Esau sprang vom Pferd und landete mit schwerem Aufprall auf beiden Füßen; noch größer und breiter, als er gewesen war, sonnengebräunt und bärtig, und mit einem aufrichtig glücklichen Lächeln, das über sein ganzes Gesicht strahlte. Und als sich unsere Augen trafen, da umfasste er mich und hob mich auf wie eine Feder, ich hatte gar keine Zeit, auf den Schmerz in meiner Hüfte zu achten. Er küsste mich wieder und wieder auf beide Wangen und rief:

»Bist du gekommen! Bist du endlich gekommen, mein lieber Bruder!«

Dann ging er zu meinen Frauen hinüber, die mit der Kinderschar herankamen, und er hob jedes von ihnen hoch und küsste beide Frauen überschwänglich und sagte dann zu mir, mit Tränen in den Augen:

»Das ist ja unfasslich, dass ich all diese wunderschönen Nichten und Neffen haben soll!«

»Bist du denn nicht böse?«, brachte ich schließlich stöhnend hervor. »Hast du vielleicht meine Geschenke erhalten?«

»Meinst du die Tiere?«, rief er und lachte fröhlich. »Ich dachte schon, ich würde langsam den Verstand verlieren, Mann, die ganze Nacht hielten mich irgendwelche Leute an und wollten mir ganze Herden schenken. Ich bat die Guten nur, sich wieder hinzulegen; ich besitze weit mehr Vieh, als ich brauche!«

»Und bist du nicht böse«, sagte ich, und konnte kaum das Lachen unterdrücken vor Aufregung und Erleichterung.

»Böse!«, sagte Esau, »böse auf dich, lieber Bruder, für mich ist das der glücklichste Moment meines Lebens, dich wiedersehen zu dürfen.«

»Aber ich habe dir übel mitgespielt ...«, sagte ich.

»Das ist vergessen und begraben«, sagte Esau. »Ich bin ja nie ein Ausbund an Gescheitheit gewesen, wie du weißt, aber ich kann doch verzeihen! Und das bedeutet auch sehr viel, nicht wahr, lieber Bruder?«

»Doch«, rief ich, »doch, das ist wahr!« obwohl mir diese Idee in Wahrheit vollkommen fremd war.

Aus dem Isländischen von
Maria-Claudia Tomany

Hermann Schulz

Joseph Christoph Hüskens und seine Schwestern

Mutter und Vater

Sie war keine Schönheit, was im bäuerlichen Dorf Buschkamp am Niederrhein nicht als Makel galt. Vorzüge wie Fleiß, Treue und Beständigkeit schätzte man auf den Höfen und den Feldern mit den schweren Böden und den schwermütigen Weiden. Die junge Christiane Federmann war freundlich zu jedermann und deshalb beliebt. Aus noch einem anderen Grund konnte sie mit Wohlwollen und sogar Mitgefühl rechnen: Sie war elternlos aufgewachsen. Im Alter von zehn Jahren hatte die staatliche Vormundschaft sie in den Haushalt des Bauern Bongers gegeben.

Von der Zeit ihrer Kindheit wusste man nichts; es interessierte auch niemanden, und der Bauer behandelte sie nicht schlecht.

Als aus dem Kind erkennbar eine junge Frau wurde, stellte ihr der verheiratete Bongers nach. Für Christiane aber kam eine Liebschaft ohne Zukunftsaussicht nicht infrage. Auch wegen ihrer Frömmigkeit erlaubte sie sich keine leichtfertigen Abenteuer.

Sie hatte gerade das achtzehnte Lebensjahr erreicht, da machte ihr ein angesehener Mann aus Buschkamp einen Heiratsantrag. Es war der um zwanzig Jahre ältere Witwer und Pferdehändler Johann Jakob Hüskens. Er hielt mit seinem Gespann vor dem Waldstück, wo sie an einer Kartoffelmiete arbeitete. Er stieg ab und fragte sie ohne Umschweife. Es traf sie wie aus heiterem Himmel, denn er hatte weder um sie geworben noch war ein Getändel vorausgegangen.

Christiane Federmann betrachtete, auf die Mistgabel gestützt, einen Augenblick lang den Mann, um die Folgen ihrer Entscheidung abzuwägen. Dann willigte sie ein.

Hüskens war ihr zugetan, und Christiane hatte beschlossen, ihm eine gute Ehefrau zu sein. Von Beginn an widmete sie sich energisch dem Ausbau der eigenen Landwirtschaft, die Hüskens nur nebenher betrieben hatte. Sie war geschickt und tüchtig und hartnäckig bei der Durchsetzung ihrer Ziele. Nach nur vier Jahren standen sechsundvierzig Kühe im Stall, Ackerland und ein Stück Wald wurden dazugekauft. Bald war die Unabhängigkeit von den manchmal unsicheren Einnahmen aus dem Pferdehandel erreicht. Wohlstand zog ein. Christiane blieb rastlos tätig, das Erreichte zu sichern und auszubauen.

In acht Jahren gebar sie dem bis dahin kinderlosen Witwer vier Töchter. Dorothea, die älteste, war ein ruhiges, manchmal zu Jähzorn neigendes Wesen; Renata entwickelte sich ungezügelt und war leichtfertig mit dem Mundwerk; Rahel zeigte früh musische Begabung und liebte die Musik. Gertrud, die jüngste, wurde der ältesten Schwester ähnlich und war eine begeisterte Bäuerin. Ganz selbstverständlich folgten sie ihrer Mutter bei allen Arbeiten mit Disziplin und Fleiß.

Drei Jahre nach der letzten Geburt war Christiane wieder schwanger.

Trotz des sichtbaren Wohlstandes und der vielen Alltagsaufgaben wurde Johann Jakob manchmal von Unruhe befallen. Fehlte seiner Ehe etwas? Er grübelte und legte sich die Dinge zurecht, wie Menschen vom Lande das zu tun pflegen. Christiane gab ihm Sicherheit und Ansehen. Er war stolz auf ihre Tüchtigkeit, sah glücklich auf die heranwachsenden Töchter. Er verehrte seine Frau auch wegen ihrer Frömmigkeit. Vielleicht würde bald ein Sohn und Erbe geboren werden.

»Du liebst mich nicht«, sagte er eines Nachts in die Dunkelheit hinein, »du bist mir eine gute Frau. Aber du liebst mich nicht.« Da sie nicht antwortete, drehte er sich zur Seite und lag schlaflos bis zum Morgen.

Sie standen sich am nächsten Tag verlegen im Stall gegenüber, wo Christiane die Arbeiten von Handwerkern überwachte, die den Ausbau der Stallungen betrieben.

»Du hast mir etwas gesagt, in der vergangenen Nacht«, sagte sie leise, denn niemand sollte Zeuge werden. »Ich tue alles, um dich zu lieben, Johann Jakob. Du bist der Mann, den Gott mir gegeben hat. Ich werde dir bald das fünfte Kind schenken. Gott gibt uns sichtbar seinen Segen, wie er Jakobs Familie gesegnet hat. Wir werden in diesem Jahr eine noch reichere Ernte haben. Hast du dich jemals beschweren können über mich?«

»Ich bin nicht der Jakob der Bibel mit seinen vielen Weibern. Ich habe nur dich. Und du liebst mich nicht, wie es sein sollte. Was soll ich nur tun?«, stammelte er. Sie sah ihn bedauernd an und streichelte schweigend sein Gesicht.

Was war es, das ihn zur Verzweiflung brachte? Hatte sie nicht zugesagt, sich alle Mühe zu geben, ihn zu lieben? Sogar Gott und Erzvater Jakob hatte sie zu Zeugen angerufen. Was verlangte er eigentlich?

Der sonst so ausgeglichene Mann verfiel in Schwermut. Er verbarg es, so gut er konnte, und zeigte Christiane seine Liebe auf jede nur denkbare Weise. Aber mehr als sparsame Bereitschaft im Bett und Ansehen vor der Welt erhielt er nicht zurück.

Der Sohn

Ein Junge wurde geboren. Sie nannten ihn Joseph Christoph und lange schien es, als sei mit dem Kind ein guter Geist in die Familie eingekehrt. Der Vater schöpfte Hoffnung auch für seine Ehe, denn das Dasein hatte einen neuen Sinn. Aber ein

Stachel blieb in seiner Seele. Christiane und ihre Kinder mussten bald auf seine Einnahmen verzichten. Johann Jakob wurde krank. Vergeblich suchten die Ärzte nach den Ursachen. Zu seiner Schwermut, die er nicht länger verbergen konnte, kam eine rätselhafte körperliche Hinfälligkeit und er konnte dem Pferdehandel nicht mehr nachgehen. Wochenlang lag er allein im Halbdunkel des Schlafzimmers. Manchmal bat er, die Wiege mit seinem Sohn neben sein Krankenlager zu stellen. Abends setzte sich Rahel zu ihm und spielte auf ihrer Flöte die Lieder, die er liebte. Sie konnten ihn nicht mehr aufheitern.

Als Joseph Christoph ins dritte Schuljahr kam, starb der Vater.

Christiane legte wenige Jahre nach dem Tod ihres Mannes alle Verantwortung für den Hof in die Hände ihrer Töchter und kümmerte sich um ihren Sohn. Dorothea verschob ihre geplante Verlobung und übernahm ganz selbstverständlich die Führung.

Joseph Christoph wuchs zu einem schönen Jungen heran. Er hatte lockiges, engelgleiches Haar, eine schlanke kräftige Gestalt und ein hübsches Gesicht. Er war sichtbar der Liebling der Mutter und seine Schwestern widmeten ihm alle Aufmerksamkeit, ja, sie vergötterten den Knaben geradezu.

Christiane sorgte dafür, dass er die besten Schulen und Lehrer und alle möglichen Förderungen erhielt. Zu Arbeiten auf dem Hof wurde er nicht herangezogen.

Mit dem Auto, das Christiane anschaffte, fuhr sie ihn zu Ausstellungen, Konzerten und Vorträgen, die sie für seine Entwicklung für wichtig erachtete. Man sah Mutter und Sohn manchmal wochenlang nicht auf dem Hof.

Der schöne kluge Bruder war liebenswürdig und weich, zeigte aber bald eine Neigung, mit seinen Schwestern herablassend umzugehen.

Die Vorzugsstellung, die er bei seiner Mutter genoss, erwartete er auch von ihnen. Zugleich brach er bei jedem kritischen Wort, das sie ihm sagten, in Jähzorn oder Tränen aus. Er brüskierte sie durch seinen Hochmut, umschmeichelte sie aber zugleich auf unangenehme, manchmal erpresserische Weise.

Zuerst erklärten sie es sich mit kindlichem Unverstand, den man bei Jungen allgemein vermutete. Aber es wurde ärgerlich.

Die Zuneigung der vier Schwestern wechselte bald zu Abneigung und Empörung. Es kam zu immer neuen Provokationen; er spielte sich als der eigentliche Herr des Hofes auf. Sein unverschämtes Verhalten war ihnen zuwider und ließ sie die liebenswerten Seiten seines Charakters bald vergessen.

Die Sorge um ihn und seine Karriere war einziger Lebensinhalt der Mutter. Ihr Verhalten mochten die Schwestern nicht kritisieren, denn sie war eine Frau, der man nicht widersprach. Den Kontakt zu ihrem Bruder aber beschränkten sie schließlich auf das Notwendigste.

Die vier jungen Frauen waren erleichtert, als Joseph Christoph sein Studium begann. In den Semesterferien allerdings war sein Benehmen jedes Mal empörender. Er begutachtete mit anmaßenden Bemerkungen ihre Arbeit und kritisierte Dinge, von denen er nichts verstand.

Schlimmer noch: Er wusste überraschend viel von Landwirtschaft, neuen Anbaumethoden und technischen Geräten und prahlte mit seinen Kenntnissen ohne jede Bescheidenheit. Das Glück schien ihm in den Schoß zu fallen. Was er anfasste, gelang. Pfarrer und Bürgermeister zogen ihn zu Beratungen in schwierigen Angelegenheiten heran. Und Joseph Christoph hielt sich mit seinem Stolz über solche Auszeichnungen nicht zurück.

Schließlich gingen die Schwestern ihm ganz aus dem Weg. Sie sprachen unter sich nur noch verächtlich von ihm. Der Neid auf die Liebe der Mutter, die ganz auf ihn gerichtet zu sein schien, verstärkte noch ihre Abneigung.

Als er sich eines Tages, während sie auf nassem Boden schwere Rüben auf die Karre luden, in eleganter Kleidung dazustellte, von seinen Erfolgen erzählte und dass er vorhabe, bald den Hof und alle Geschäfte nach modernsten Methoden zu führen, richtete sich Renata plötzlich auf und drohte ihm mit der Rübenforke:

»Halt endlich dein Maul! Es wäre besser, du würdest für immer verschwinden! Wir haben die Nase voll von dir, du elender Wichtigtuer! Geh zum Teufel, wenn der Freude an dir hat!«

Ohne sichtbar berührt zu sein, sah er seine Schwestern mit einem ironischen Lächeln an.

»Wie ihr wollt. Ihr werdet schon sehen!«, sagte er und ging.

Natürlich erfuhr die Mutter von diesem Zwischenfall. Sie zog wortlos ihre eigene Konsequenz und kaufte Joseph Christoph in der Landeshauptstadt eine prächtige Wohnung. Um solche Ausgaben bewältigen zu können, nahm sie alles Geld vom Konto, verkaufte fünfzehn Kühe und ein Stück Ackerland. Als Dorothea ihre Mutter vorsichtig zur Rede stellte, erhielt sie kurz angebunden den Bescheid:

»Den Hof überschreibe ich euch. Ihr kommt allein zurecht. Joseph Christoph braucht mich jetzt.«

Gegen alle Einwände ihrer Töchter stellte sie sich taub. Sie wisse, was sie tue. Der Hof sei schließlich ihr Eigentum und aller Wohlstand sei ihr Verdienst. Schließlich sagte sie barsch, ohne aufzublicken:

»Wenn ihr fleißig arbeitet und auf Gott vertraut, wie ich es euch gelehrt habe, ist das Wenige, das ich mir nehme, bald vergessen!« Dann stieg sie mit ihrem Sohn in den Wagen. Das Letzte, was die Schwestern für lange Zeit von ihrem Bruder sahen, waren seine schwarzen blank polierten Schuhe, als er in das Auto stieg.

Die vier Schwestern litten unter der Entfremdung von der Mutter. Sie kam selten und immer nur für kurze Zeit auf den Hof. Dann sprach sie vom Aufstieg ihres Sohnes. Er habe schon jetzt eine führende Position, bald würde man die Landwirtschaft und diese Schinderei nicht mehr brauchen. Sie alle könnten in die Stadt ziehen und in Wohlstand leben. Die Schwestern versuchten, ihre Ohren zu verschließen, sagten aber um des Friedens willen nichts dazu.

Wenn sie unter sich waren, machten sie umso ehrgeizigere Pläne für den Hof. Die Aussicht, in der Abhängigkeit ihres unerträglichen Bruders leben zu müssen, war für sie eine Bedrohung! Was hatten sie mit ihm zu tun? War er überhaupt ihr richtiger Bruder? Er war der einzige Schönling, der Einzige mit blonden Haaren in der Familie – stammten sie überhaupt vom gleichen Vater? Gedanken und Gefühle der Abneigung verwirrten sich. Ihrer Erleichterung, ihn nicht mehr sehen zu müssen, standen ihre Ängste und böse Verdächtigungen gegenüber.

Entschlossen, allen Angriffen zu trotzen, wurden sie zu einer verschworenen Gemeinschaft. Um ganz für den Hof da zu sein, löste Renata ihre Verbindung zu einem Schmied des Nachbardorfes. Das Regiment führte ganz selbstverständlich Dorothea. Sie war es auch, die jetzt an Sonntagen in der Kirche auf dem Platz ihrer Mutter saß.

Unter den Händen der Schwestern blühte der Hof auf. Die Ausgaben für Joseph Christoph waren in wenigen Jahren wettgemacht.

Da kam die Mutter zurück. Etwas musste geschehen sein. Sie war schweigsam und auch in ihrem Äußeren verändert. Sie sagte nichts über die Gründe ihrer Niedergeschlagenheit und irrte wie ein Schatten teilnahmslos durch Haus und Stallungen. Sie verlor kein Wort über Joseph Christoph. Die Töchter sorgten sich um die Mutter, fühlten aber doch Genugtuung. Nach drei Monaten erkrankte sie an einer schweren Lungenentzündung. Die Genesung ging nur langsam voran, Christiane wurde nie wieder recht gesund, widmete sich ihren christlichen Versammlungen und zog sich zur religiösen Versenkung in ihre Räume zurück. Sie war eine gebrochene Frau. Mit ihrer Rückkehr schien das letzte Band zum Bruder gerissen zu sein. »Er hat sie auf dem Gewissen – wenn er überhaupt ein Gewissen haben sollte!«, sagte Renata. Darin waren sich die Schwestern einig.

Die Prüfung

Sechs Jahre später ereigneten sich in kurzen Zeitabständen mehrere Unglücksfälle.

Die Ernte wurde durch Unwetter vernichtet. Neu dazugekaufte Kühe hatten die Seuche in die Ställe getragen. Aber das Unglück hatte noch kein Ende. Die Scheune mit teuren, zum Teil noch unbezahlten landwirtschaftlichen Geräten brannte ab. Eine Nacht lang hockten die vier Frauen mit Wassereimern und nassen Tüchern auf dem Dach der Stallungen. Sie standen im Morgengrauen mit übernächtigten Gesichtern vor den Trümmern. Der Hofhund hatte den Schwanz eingezogen, als spüre er den Hauch des Untergangs.

Zu ihrem Entsetzen stellten sie fest, dass Anwesen und Viehbestand nur gering versichert waren und sie kaum einen Ausgleich für die Verluste zu erwarten hatten.

Ein Viehhändler, der in jenen Tagen des Unglücks durchs Dorf reiste, kaufte ihnen die Kadaver ab. Er versprach, bald wieder vorzusprechen. Er plane, in größerem Stil mit Vieh und Gerät zu handeln. Er sei im Gespräch mit einem international arbeitenden Unternehmen zum Wohle landwirtschaftlicher Betriebe.

Die Erlöse aus dem Verkauf der Kadaver halfen den Schwestern über einige Monate. Aber die Bank verlangte für die aufgenommenen Kredite regelmäßige Zahlungen – oder den Verkauf des Hofes. Die Lage schien aussichtslos.

Da kam ein Anruf. Eine Männerstimme verlangte Dorothea zu sprechen.

»Ihr seid in Schwierigkeiten? Sagt mir, wie viel ihr braucht. Der Hof soll erhalten bleiben!«

»Bist du es?«, fragte Dorothea. Das Blut schoss ihr ins Gesicht und ihre Hände zitterten. Sie hatte die Stimme ihres Bruders erkannt.

»Ich kann euch gern helfen. Ich will es so. Für uns alle und für unsere Mutter.«

»Gib mir deine Nummer. Ich ruf dich zurück«, sagte sie, notierte eine Zahlenreihe auf einem Zettel und legte auf.

Sie beriet sich, ohne der Mutter ein Wort zu sagen, mit ihren Schwestern. Rahel und Gertrud waren es, die vorsichtig in Erwägung zogen, das Angebot anzunehmen, vielleicht eine Versöhnung zu versuchen. Renata und Dorothea lehnten empört jeglichen Kontakt ab. Ja, sie stellten offen die Frage, ob er nicht vielleicht die Finger im Spiel habe bei einigen der Unglücksfälle. Das sei ihm zuzutrauen! Vor den Augen ihrer Schwestern zerriss Renata den Zettel mit der Telefonnummer.

Nach diesem Anruf flammte Hass auf den Bruder auf. Hatte nicht alles Unglück mit ihm begonnen, hatte er sie nicht um die Liebe der Mutter betrogen, sie in Schwermut gestürzt und Unmengen Geld verschleudert, das man jetzt brauchte? Der Wunsch, es diesem Großmaul zu zeigen, setzte in den Frauen Kräfte frei. Sie arbeiteten Tag und Nacht. Sie verkauften einen Teil ihres Viehs, um die Schuldentilgung aufzubringen.

Vergeblich. Der einstmals stolze Hof stand am Rande des Ruins. Renata verdingte sich als Magd. Rahel suchte sich Arbeit in der Stadt. Dorothea und Gertrud blieben auf dem Hof. Sie bissen die Zähne zusammen und arbeiteten. Bald sah man sie nur noch gebückt wie alte Frauen über ihren Hof schleichen.

Ein halbes Jahr später fuhr der Viehhändler mit einem eleganten Wagen vor. Er habe nun eine feste Anstellung, kaufe und verkaufe im Auftrag seiner Firma alles, was mit Landwirtschaft zu tun habe.

Dorothea beschied ihn an der Haustür:

»Danke für Ihr Kommen. Wir hatten viel Unglück und wissen nicht einmal, ob wir den Hof halten können.«

Der Mann sah sich nachdenklich um.

»Das ist doch kein Problem. Alle Welt kennt Sie, Ihre Ehrbarkeit und Tüchtigkeit. Sie können über mich verfügen, Frau Hüskens. Die Zinsen sind gering, wir können über langfristige Kredite reden. Sie selbst und der Hof reichen als Sicherheit allemal.« Er lächelte ihr aufmunternd zu.

Für die Schwestern war es wie ein Wunder, so als hätten sich in der Not die Kornkammern Ägyptens geöffnet. Sie unterschrieben günstige Verträge, kauften neues Vieh, betrieben den Aufbau der Scheune, bestellten die zur Arbeit notwendigen Landmaschinen. Endlich strahlte auf ihren Gesichtern wieder Zuversicht. Renata und Rahel kehrten zurück. Man sah die vier Frauen von Morgengrauen bis zum Abend auf Hof und Feldern arbeiten. Sie schlossen angemessene Versicherungen ab und waren guter Dinge; der neue Start würde ihnen bald erlauben, wieder schuldenfrei zu sein.

Nur Dorothea betrachtete die veränderte Lage insgeheim mit Sorge. Sie wachte über die Verträge und versuchte den Überblick zu behalten. Aber die Versuchung, sich den täglichen Aufgaben zu widmen und die Bedrohung der Schuldenlast zu verdrängen, war stärker als ihre Umsicht.

Der freundliche Händler kam alle halbe Jahre und erkundigte sich nach dem Gang der Dinge. Er war gern gesehen. Nie sprach er von den Schuldgeldern, interessierte sich für alle Belange des Hofes und wurde zu einem rechten Freund.

Ein Brief von Joseph Christoph traf ein. Das Schreiben war kurz.

»Liebe Schwestern«, schrieb er, »es ist zu viel geschehen, als dass wir schweigend darüber hinweggehen sollten. Auch wenn unser Vater tot ist und unsere Mutter in ihrer Traumwelt lebt, sind es doch unsere Eltern. Nur gemeinsam werden wir erfahren, wer wir sind. Ich wünschte mir, dass wir das Schweigen brechen.

Es bittet Euch Euer Joseph Christoph.«

Im Überschwang der augenblicklichen Erfolge machten sie sich über den Brief lustig.

»Er kündigt sich an wie ein hoher Herr«, höhnte Renata unter dem Gelächter der anderen. »Er will uns zeigen, wer wir sind! Nun, wir wissen, wer er ist. Und das reicht ...«

Bald sprachen sie nicht mehr über ihren Bruder, aber jede dachte für sich insgeheim an ihn wie an einen bedrückenden Traum. Sein Anruf mit dem anmaßend vorgetragenen Angebot und sein rätselhafter Brief waren nicht in Vergessenheit geraten. Doch die Entwicklung auf dem Hof stellte alle zufrieden und man hatte schon mit Rückzahlungen begonnen; darauf hatte Dorothea bestanden.

Die Abrechnung

Im fünften Jahr nach dem Neubeginn, an einem Winterabend, fühlte sich Dorothea unruhig. Sie suchte, als ihre Schwestern und die Mutter schon zu Bett gegangen waren, alle Verträge und Bankunterlagen zusammen. Sie sortierte die Papiere, breitete sie auf dem großen Wohnzimmertisch aus und begann zu rechnen.

Die Kredite waren bei verschiedenen Banken, mit Sicherungsverpflichtung der Firma des Händlers, aufgenommen. Einige Gelder waren ihm direkt durch Lieferung von Schweinen, Kühen, Dünger, Saatgut und den Landmaschinen geschuldet. Zu minimalen Zinsen, die er jeweils stundete. Und Ackerland war gekauft worden, um die alte Größe wieder zu erreichen. Dorothea wünschte sich Klarheit und begann alles zusammenzurechnen. Es war nicht einfach für sie, die Höhe der Schuld zu ermitteln, denn die Papiere sprachen kompliziert von Überschreibungen und Bürgschaften, die sie nicht recht deuten und in Zahlen umsetzen konnte.

In ihr rumorte Misstrauen gegen das Leben, das sie jetzt führten und das scheinbar so problemlos lief. Während sie über die Papiere gebeugt saß, verlor sie den Rest ihrer Zuversicht. Weit nach Mitternacht hatte sie eine abschließende Zahl auf dem Papier stehen. Sie starrte darauf, als wäre es eine magische Schrift an der Wand.

Wenn alles richtig gerechnet war, dann gehörte ihnen der Hof schon nicht mehr. Es war, als wankte der Boden unter ihr.

Sie versammelte am nächsten Tag ihre Schwestern um sich.

»Ich muss mit euch sprechen«, sagte sie ernst.

Als die Zahlen auf dem Tisch lagen, fuhr allen der Schreck über die Höhe der Schulden in die Glieder. Es folgte auf dem Fuße ein Gefühl der Dankbarkeit für den Händler, der sie so gut versorgt hatte. Ihm habe man immer vertrauen können, von Anfang an.

Die Älteste schwieg und wartete. Sie kannte ihre Schwestern, sie würden nach diesem Überschwang der Dankbarkeit einen Schritt weiterdenken. Im Raum stand die Frage: Warum tut er das?

»Ich fahre zu ihm«, sagte Dorothea, »gleich heute.«

»Was willst du ihm sagen?«, fragte Renata.

»Warum er uns ohne richtige Sicherheiten so viel Geld gegeben hat.« Sie ging in ihr Schlafzimmer, um die Arbeitskleidung mit einem dunklen Jackenkleid zu tauschen, das sie nur für den Kirchgang trug. Die Schwestern folgten mit ihren Bedenken, man solle doch schlafende Hunde nicht wecken, es gebe keinen Grund, die Sache aufzurühren, es sei ja alles schriftlich geregelt und man würde schon eine Lösung finden.

»Vielleicht hat er ja persönliche Absichten mit dir! Überleg doch mal!«

Sie ließ sich nicht von ihrem Vorhaben abbringen.

Sie traf den Mann in einem modernen Hochhaus der Firma CH-Farming-Corporation in der Landeshauptstadt an. CH-FC sei eine angesehene Schweizer Firma, die weltweit tätig sei, hatte er ihr einmal wie nebenbei gesagt.

Obwohl sie unangemeldet kam, wurde sie mit ausnehmender Höflichkeit empfangen. Man bot ihr Kaffee an und Gebäck. Ihr Wohltäter, den sie nur als bescheidenen Händler kannte, bekleidete hier zu ihrem Erstaunen den Rang eines Geschäftsführers. Der Blick aus dem Fenster seines Büros im zwölften Stockwerk bot eine wunderbare Sicht auf den Rhein.

Als sie mit ihm allein war, legte sie das Papier mit ihren Ausrechnungen auf den Tisch.

»Ich habe alles zusammengezählt. Der Schuldenberg ist riesig«, sagte sie.

Der Mann auf der anderen Seite des Schreibtisches schien kaum beeindruckt und lächelte begütigend.

»Aber ich bitte Sie, gnädige Frau! Das ist eine normale Kreditangelegenheit. Was ist Ihre Sorge, Frau Hüskens?«, fragte er.

»Reden Sie doch keinen Unsinn. Niemand gibt ohne Grund auf einen Hof solche Kredite. Ich möchte wissen, warum so etwas bei uns möglich ist?«

Der Mann wurde leicht verlegen. Aber seine Stimme war fest.

»Wir kennen Sie ja! Vier tüchtige Frauen, das ist überall bekannt... Natürlich haben wir das gut durchdacht! Da sehe ich für unser Haus kein Risiko, gnädige Frau.«

Sie spürte heftig die Versuchung, die Sache auf sich beruhen zu lassen, sich mit seinen Erklärungen zufrieden zu geben. Aber in ihrem Innern meldete sich unüberhörbar eine Warnung.

»Es gibt so etwas wie Geschäftsstrategie«, fuhr der Mann beruhigend fort, »warum rühren Sie daran? Ich bin nicht befugt, solche Interna offen zu legen, das müssen Sie verstehen. Sie können sicher sein, dass alles in Ordnung ist. Niemand will Ihnen den Hof wegnehmen, glauben Sie mir! Man will nur Ihr Bestes!«

»Wer will unser Bestes? Und warum?«, fragte sie hartnäckig und verbarg kaum ihre Erregung.

»Wir sind ein international arbeitendes Unternehmen, da fallen solche Summen gar nicht ins Gewicht!«

»Warum haben Sie uns mit Geld überschüttet?«, fragte Dorothea scharf. »Wir werden dieser Sklaverei in zwanzig Jahren nicht entkommen.«

»Reicht es Ihnen, wenn ich sage, dass Sie einen Gönner haben?«, fragte er und seine Hände fuhren nervös über die Schreibtischplatte. »Lassen Sie die Sache doch auf sich beruhen …«

Dorothea Hüskens starrte vor sich hin. Das Blut pochte in ihren Schläfen. Der Gedanke, der sie seit der vorigen Nacht quälte, ließ sie erkalten. Sie strich sich eine Haarsträhne aus der Stirn und blickte auf.

»Ist das Geld von ihm?«, fragte sie.

Der Mann sah vor sich auf die Tischplatte. »Aber er ist doch Ihr Bruder!«, sagte er.

Dorothea stand auf und griff nach ihrem Mantel. Gedanken rasten wild durch ihren Kopf. Sie würden alles verkaufen, das Land, das Vieh, die Maschinen, die neuen Dachziegel auf der Scheune, vielleicht sogar den Hof. Er will uns alles nehmen! Aber er wird sich wundern, dachte sie. An solche Gedanken klammerte sie sich inmitten von Hilflosigkeit, Entsetzen und Panik.

Die vier Schwestern saßen bleich um den Küchentisch herum. Dorothea hatte sich noch nicht umgezogen und blickte, die Handtasche auf den Knien, vor sich hin. Da öffnete sich die Tür und ihre Mutter kam herein. Sie stützte sich mit einer Hand auf einen Stock, den sie wegen ihrer Hinfälligkeit immer benutzte.

»Ich habe alles mitgehört«, sagte sie. Ihre Augen und ihre Stimme waren klar wie lange nicht mehr.

»Geh besser wieder ins Wohnzimmer«, sagte Renata.

»Nein!« Ihre Stimme war sicher und fest. »Dorothea, du gehst zu ihm. Er hat seine Hand ausgestreckt, also nehmt sie an. Er ist euer Bruder!«

»Er hat uns betrogen«, antwortete Dorothea heftig, »wir sitzen in seiner Falle!«

»Du kennst ihn nicht. Versuch ihn zu verstehen«, sagte sie. »Es ist traurig genug, dass ich ihn nie verstanden habe. Also geh zu ihm.«

»Ich werde dir noch einmal gehorchen«, sagte Dorothea, »aber ich nehme meinen Zorn mit!«

Der Bittsteller

Joseph Christoph setzte sich ihr gegenüber. Sie beobachtete ihn misstrauisch, aber auch neugierig aus den Augenwinkeln. Sein Gesicht war erwachsen und männlich, sein Blick ruhig und abwartend.

»Gut, dass du gekommen bist«, sagte er. »Es ist Zeit, dass wir miteinander reden.«

Dorothea spürte Sorge angesichts der Sicherheit, die von ihm ausging, dieser Auseinandersetzung nicht gewachsen zu sein. Sie wappnete sich.

»Du bekommst dein Geld zurück. Wir verkaufen alles!«, presste sie hervor, ohne sich der Lächerlichkeit ihres Angebotes bewusst zu sein. »Wir haben dich nicht angebettelt. Wir sind gottesfürchtig wie unsere Mutter, aber wir kommen nicht wie Jakobs Söhne als Bettler zu Pharaos Statthalter.«

»Willst du mich wie unsere Mutter mit der Bibel erschlagen?«, antwortete er ruhig.

»Du erschlägst uns mit deinem elenden Geld! Mich wundert nicht, dass dir Gottes Wort nichts bedeutet!«, entgegnete sie heftig.

»Die Geschichte, von der du sprichst, handelt nicht von Gott, sondern von Menschen und ihren Irrtümern. Reden wir also über unsere Angelegenheiten.« Er hielt inne und Dorothea sah, dass hinter der äußerlichen Ruhe sein Gemüt bewegt war.

»Ich komme nicht als Bittstellerin, sondern weil unsere Mutter es verlangt hat!«, sagte sie unsicher.

»Du verstehst mich nicht. Der Bittsteller bin ich!«

»Mach dich nicht auch noch lustig über uns«, entgegnete sie.

»Versuch doch einmal, nicht an Macht und Geld zu denken! Ich habe euch gebeten, meine Hilfe anzunehmen, mit mir zu sprechen. Ich habe es stammelnd vorgetragen wie ein Notleidender. Ihr habt mich schweigend in eurem verhärteten Stolz abgewiesen«, sagte er.

»Es hat ja Gründe gegeben ...« Ihre Stimme war jetzt brüchig. Seine Worte verwirrten sie. Was meinte er? Warum sah er sie so eindringlich an und stellte die Geschichte auf den Kopf?

»Gründe, einen Bruder in die Sklaverei zu schicken, findet man leicht.«

Er lächelte. Dorothea betrachtete ihn heimlich, aber anderes als Trauer konnte sie in seinen Augen nicht erkennen.

»Du meinst meine lächerliche Sonderstellung?«, fuhr er leise fort. »Könnt ihr das nicht verzeihen? Ich war ja noch so jung. Und Sklave dieser Frau, die unsere Mutter war.«

»Das nennst du Sklaverei? Alles hat sie dir in den Hintern geschoben!« Sie lachte bitter, aber auch erleichtert, die Angriffsfläche gefunden zu haben. Er blieb ernst, als er antwortete, aber in seiner Stimme war Erregung.

»Verdammt! Wenn es dir darum geht, nimm alles Geld, das ich habe. Wolltet ihr sie jemals hören, meine Geschichte mit unserer Mutter? Vielleicht ist es ja auch eure Geschichte ...«

Dorothea nahm noch einmal einen verzweifelten Anlauf.

»Du hast uns ihre Liebe gestohlen!«

»Welche Art von Liebe ist das? Für sie galten nur Erfolg und Reichtum! Sie hat sich an mich gehängt, weil ihre Töchter ihr schon sicher waren. Sie hat auf mich gesetzt wie auf ein Rennpferd, das Gewinne bringen soll. Als ich sie durchschaut habe, ist sie wortlos gegangen. Da brach alles in ihr zusammen ...!«

Er schwieg.

Sie sah ihn an. Ihr dämmerte, dass er einen Vorhang aufgerissen, eine Wahrheit ausgesprochen hatte, die sie aber noch nicht recht verstand. Dass diese Wahrheit bitter war und ihr auf unerklärliche Weise den Boden ihres Hasses wegzog. Sie brachte noch kein Wort über die Lippen, aber ihre Gesichtszüge und ihr Blick veränderten sich.

Er fuhr fort.

»Das schnürt mir die Kehle zu ... Den Vater haben wir verloren. Meine Schwestern habe ich verloren, ihr euren Bruder. Die Mutter gefangen in ihren tragischen Ketten. Warum? Habt ihr je darüber getrauert? – Noch können wir der Sklaverei Ägyptens entkommen! Schlimm genug, dass unsere Eltern darin untergegangen sind. – Kann man das eine Heilsgeschichte nennen?«

Sie antwortete nicht sofort. Sie suchte nach Worten, die ihren Gefühlen gerecht wurden.

»Vielleicht doch«, sagte sie leise. »Ohne Mutter säße ich nicht hier.«

Er nickte nachdenklich, lächelte und sah in ihre Augen.

»Du hast Recht. Manche Umwege, wenn sie über Ägypten führen, sind schwer zu verstehen. – Meinst du, ich hätte alles dies hier angestrebt?« Er wies auf ein Foto an der Wand mit dem riesigen Industriegelände und den protzigen Buchstaben CH-FC. »War es euer Lebensziel, wie angekettete Sklavinnen auf einem Hof zu arbeiten, eigene Träume ein Leben lang zu verleugnen? Wo ist denn deine Liebe geblieben? Wo Rahels Musik? Wo Renatas Leidenschaft? Gertrud, die wunderbare Bäuerin, unter der Knute ihrer Schwestern?! – Wir sind die Opfer, während unsere Mutter vom Segen auf Jakobs Geschlecht faselte – und nur das Geld meinte. Noch können wir die Ketten durchbrechen. Aber wir können es nur gemeinsam.«

Sie betrachteten sich, offen und neugierig, erregt von diesem Licht, das auf ihr Leben fiel. In Dorotheas Innern zerbröckelte eine Wand, und sie spürte in sich eine Kraft, die sie noch nicht kannte. Sie sah ihn an und erkannte in dem Mann, der vor ihr saß, ihren Bruder.

»Meinst du, wir können es?«, fragte sie schüchtern.

Er stand auf »Sicher. Aber nicht ohne unsere Mutter. Komm, wir gehen!«

Tilman Spengler

Der Dornbusch brannte im Feuer, aber der Dornbusch ward nicht verzehrt

Vor dem Abend, als der Engel des Herrn den Hirten Moses aus einem brennenden Dornbusch anredet, hat sich auf und um den Berg Horeb nichts Außergewöhnliches angekündigt. Horeb gilt als ein heiliger Berg. Jetro, dem die Schafe gehören, ist Priester, der höchste Priester in diesem Land Midian, und er legt Wert darauf, dass auch seine Tiere die Verbindung zum Höheren finden. Moses hält das für übertrieben, doch Aufbegehren will er dagegen nicht. Zumal der Berg abgeschieden in der Wüste liegt, hier mithin Ruhe herrscht, wenn man einmal das Blöken der Herde und das scheppernde Gebimmel ihrer Glöcklein beim Aufstieg überhört.

Manchmal bildet sich Moses ein, er könne vom Berg bis nach Ägypten sehen.

»Bei den Jebusitern«, hat die magere Köchin seines Schwiegervaters am Vormittag gerufen und dabei die Hände in die Hüften gestemmt, »bei den Jebusitern fließt Milch in Flüssen. Das muss man sich einmal vorstellen. In Flüssen. Mal strömt die Milch, mal staut sie sich. Manchmal rinnt sie sogar in Bächen. Kann man das von Ägypten sagen?«

»Und bei den Perizitern ist es genauso«, hat ihre jüngere Schwester mit lispelnder Stimme hinzugefügt, »Kuhmilch, Schafsmilch, Eselsmilch.«

»Keine Ziegenmilch?«

»Selbstverständlich Ziegenmilch. Fette Ziegenmilch. Wolfsmilch, Kamelmilch, Löwenmilch, Drachenmilch, alles fließt da.«

»Aber es gibt dort, bei den Perizitern und den Jebusitern und den Chiwitern und den Chittitern, von denen Ihr gestern erzählt habt, also gibt es dort auch Wölfe, Löwen und Drachen?«

»Nein, nur deren Milch. Und natürlich Honig. Fließt gerade keine Milch, dann fließt Honig. Hier fließt Milch, dort fließt Honig.«

»Bienenhonig?«

»Nein, Kuhhonig, Schafshonig oder Drachenhonig. Wir sind ja nicht in Ägypten.«

Darauf kreischen die Frauen vor Vergnügen. Die Geschichte ist nicht neu, die magere Köchin und ihre jüngere Schwester tragen sie in nur gering wechselnden Fassungen vor, seitdem sie zum Haushalt gezählt werden.

Irgendwer hat die Schwestern aus Ägypten nach Midian gebracht. Das war, lange bevor Moses für seinen Schwiegervater Jetro die Schafe hütete.

Wenn die Söhne Israels abends in Ägypten über die Ägypter fluchen, über die Quälerei, die Ausbeutung, die Dummheit ihrer »Fronvögte«, dann dauert es nie lange, bis einer der Söhne den anderen Söhnen von den Chiwitern erzählte. Oder den Chittitern. Bisweilen auch von den Jebusitern. Bei denen geht es stets prachtvoll zu. Weiber mit Gold- oder Silberschmuck und den aufregendsten Gewändern. Keine Spur von Fron, keine Qual, kein Spott. Jeder Mann sein eigener Vogt. Regen und Sonne in genau dem notwendigen Abstand voneinander. Wo genau die Heimat der Chiwiter, Chittiter oder Jebusiter liegt, kann allerdings niemand so recht angeben.

Ihren Frauen erzählen die Söhne Israels später im Bett die Geschichte von Milch und Honig. Dann schlafen sie mit ihnen oder verprügeln sie oder drehen sich achtlos zur Seite und träumen von den Weibern der Chiwiter. Oder den Chittiterinnen. Oder denen aus Jebus.

Moses tut sich schwer mit Wundern. Einmal ist er seinem Gemüt nach ein Mann des Zweifels, zum anderen gibt es einfach zu viele Wunder in Ägypten. Recht besehen ist ihm Ägypten auch deshalb unerträglich gewesen, überlegt Moses an jenem Tag auf dem Berg Horeb, weil einem an jeder Straßenecke, auf jedem Marktplatz, in jeder noch so kleinen Oase beständig Wunder aufgedrängt werden. Wunder der Liebe, Wunder der Gesundung, Wunder der Geldvermehrung. Und kein Wunder ohne deutlich sichtbare Zeichen: Eine gefährliche Schlange wird zu einem harmlosen Stock, ein harmloser Stock zu einer gefährlichen Schlange. Ein Fischauge verschwindet im Mund des Zauberers und taucht, nur einen Wimpernschlag später, auf seiner verschwitzten Handfläche als große Perle auf. Im Frühjahr regnet es glitschige Kröten oder glitschige Frösche oder glitschige Eidechsen, bald darauf mannstolle Heuschrecken. Torkelnde Schildkröten gebären im Herbst schillernde Skarabäer, gepanzerte Feldmäuse paaren sich im Winter mit nackten Katzen, stillen im Frühsommer deren Kinder.

Alles so überdeutlich. Alles so vulgär.

Für Moses ist es ein Wunder, wie geduldig und wie eng sich Schafe in einer Herde führen lassen, ganz gleich wohin der Weg führt, und es ist ihm ein Wunder, wie sie später beim Weiden einen so sorgfältigen Abstand voneinander halten. So als habe sie ein Gott just an diesen Platz gestellt und jeden ihrer Nachbarn an einen anderen. Wie die Sterne am Nachthimmel.

Mehr Wunder hat er sich nie gewünscht.

Es gibt zwei Pfade, die auf den Gipfel des Horeb führen; beide sind steinig und man muss Acht geben, nicht auf giftige Schlangen zu treten oder einen Skorpion zu reizen. Moses nimmt den gewundenen, weniger steilen Aufstieg. Sein Bruder Aaron läuft immer den direkten Weg, aber Aaron hat auch keine Schwierigkeiten mit dem Atmen. Moses dagegen gerät leicht ins Keuchen, seitdem ihm damals in Ägypten ein

Büttel die Nase platt gehauen hat. Ein Büttel oder ein Besoffener oder irgendjemand sonst, der stärker ist und Streit sucht. Seither kriegt Moses nur durch den Mund Luft und ist noch wortkarger geworden, als er es unter den Ägyptern war. Selbst die anderen Schafhirten halten ihn für verschlossen.

Von allen menschlichen Sinneswahrnehmungen ist der Geruch der empfindlichste, aber auch der langsamste. Das Riechvermögen eines Mannes, dem die Nase platt geschlagen wurde, ist naturgemäß besonders eingeschränkt. Man kann Moses keinen Vorwurf machen, dass er das Feuer auf dem Berg nicht gerochen hat, bevor er es sah. Dornbüsche setzen beim Verbrennen bestimmte Öle frei, die nach Schwefel riechen. Die Schafe wittern das und werden unruhig, so als ob sie die Bedrohung durch gierige Raubtiere spürten. Sie bleiben plötzlich stehen, springen hoch, wenden auf den Hinterläufen, stoßen dem Nachbarn in die Flanken, stieben in wilder Flucht aus der Herde. Die unerklärliche Erregung seiner Schafe überträgt sich auf den Hirten. Moses ahnt, dass ihm etwas Außergewöhnliches bevorsteht, vielleicht ein Erdbeben oder ein Sandsturm oder eine Sonnenfinsternis. Oder alles drei gleichzeitig.

Als er den brennenden Dornbusch sieht, ist Moses daher zunächst einmal erleichtert. Einen brennenden Dornbusch, der sich nicht verzehrt, hat er noch nie gesehen, doch ihm gefällt das Bild. Es ist eher schlicht, doch es erregt Aufmerksamkeit. Keines dieser spektakulären Wunder, kein Strom von Milch oder Honig, wie bei den Chiwitern, Chittitern, Perizitern oder denen aus Jebus. Kein Erdbeben, Sandsturm und keine Sonnenfinsternis. Die Schafe, die gerade davongelaufen sind, denkt Moses, werden sich nicht weit entfernen und sie werden bald zurückkommen. Kein Schaf behält lange seine Panik, weil irgendwo in der Wüste ein Dornbusch brennt, der sich dabei nicht verzehrt. Schafe können unterscheiden.

Er solle sich die Schuhe ausziehen, ist die erste Aufforderung des HERRN, der aus dem Busch zu ihm spricht, an Moses.

Darüber wird Moses noch seinen Kindeskindern berichten. »Ich traf also den HERRN«, wird er sagen«, und der HERR ...«

»Was war das Erste, was der HERR zu dir sagte«, werden die Kinder und die Kindeskinder artig fragen.

»Moses, zieh dir die Schuhe aus«, wird Moses antworten.

Und den Kindern und den Kindeskindern werden, immer wenn sie an den HERRN denken, die Schuhe von Moses nicht aus dem Kopf gehen. Vielleicht waren es besonders hässliche oder zerlumpte oder brüchige Schuhe, vielleicht waren sie auch zu prachtvoll, zu elegant, zu ausgefallen für einen einfachen Schäfer, aber dass der HERR als Erstes seine Aufmerksamkeit einem einfachen Kleidungsstück zuwandte ...

»Der Boden war heilig«, wird Moses später erklären.

Das befriedigt die Neugier der wenigsten Kinder.

Ob er den nächsten Sätzen, die aus dem brennenden Dornbusch kommen, besondere Aufmerksamkeit schenkt, erzählt Moses später in leicht voneinander abweichenden Versionen. Das liegt daran, dass er immer unaufmerksam, fast störrisch wird, wenn von Wundern mit Milch und Honig die Rede ist. Oder von Kanaanitern, Amoritern, zu schweigen von Perizitern, Chittitern und Chiwitern.

Wie alle klugen und wortkargen Menschen hasst Moses Wiederholungen. Manchmal spricht in seinen Erinnerungen übrigens der Engel des HERRN aus dem Gebüsch zu ihm, manchmal der HERR selbst.

Vielleicht erklärt das die Abweichungen. Aufgemerkt hat Moses, als der HERR ihm SEINEN Namen nennt.

»Ich bin der, der ich bin«, spricht der HERR über sich.

Das gefällt Moses, weil es so einfach klingt. Andere Götter nehmen in ihren Namen stets üppigste Attribute für sich in Anspruch. Schwelgen in Superlativen, die den sich so Benennenden klein und modisch machen. Dagegen tönt »Ich bin, der ich bin« schmucklos überzeugend. Besser wäre vielleicht nur noch gewesen: »Ich bin« oder schlicht »Ich«.

Der HERR erklärt dem Hirten Moses, er müsse die Söhne Israels aus Ägypten führen, weil, wie ER sagt, »deren Geschrei zu Mir gedrungen ist«. Erneut behagt Moses die karge Wortwahl. Ihm behagt auch, dass der HERR die meisten seiner Einwände vorwegnimmt. Nein, er muss sich nicht fürchten, in Ägypten verfolgt zu werden, seine Feinde dort sind alle gestorben. Ja, der Pharao wird Schwierigkeiten machen, doch bald zum Einlenken gezwungen werden. Nein, die Söhne Israels werden ihm glauben, dass der Gott Abrahams, der Gott Isaaks und der Gott Jakobs aus ihm spreche.

Und wenn nicht?

Dann eben mit Zeichen. Mit ganz einfachen Zeichen überzeugen. Nur die Wunder der kleinsten Münze, unkomplizierte Wunder, wie sie jeder Anfänger beherrscht: der Hirtenstab, der zur Schlange wird, die zum Hirtenstab wird. Die Hand, mal voller Aussatz, mal rein wie Schnee. Das Nilwasser zu Blut und wieder zurück, wie gesagt, alles so unaufwändig wie möglich. Je einfacher, desto überzeugender. Bis an den Rand des Nicht-Zeichens. Wie dieser brennende Dornbusch, der sich nicht verzehrt. »Ich habe noch nie einen brennenden Dornbusch gesehen, der sich nicht verzehrt«, sagt Moses.

Darüber lacht der HERR.

Aber wenn doch geredet werden muss? Wenn die Kinder Israels nur zu bewegen sind, weil ihnen wieder von Chittitern und Amoritern und Milch und Honig und erregenden Weibern erzählt wird? Wenn sie für ihren Antrieb feurige Zungen brauchen? Wie soll er, der bekannt schweigsame, der nachhaltig unbekannte Moses den Söhnen Israels klar machen, dass »das Geschrei« jetzt ein Ende hat, und – unter dem Vorwand, ein paar Tage, nicht einmal eine Woche lang, in die Wüste zu ziehen – dem Pharao ein ganzes Volk aus seiner Herrschaft stehlen?

Oder Wunder vollbringen, wie sie kolossaler, farbenprächtiger, unglaubwürdiger, dröhnender noch kein Traum fabriziert hat?

Gut, es gibt Aaron, den Bruder, den begnadeten Redner, die begnadete Silberstimme, der dröhnende Bass, der noch dem Teufel das Ohr abquatscht. Aaron, der Zauberer, der in jedem Ärmel zwei Dutzend Würfel verborgen hat, der jederzeit Liter von Nilwasser schlucken und Fontänen von Blut spucken kann, dem es gleichgültig zu sein scheint, ob er einen feindlichen Hund, einen Geier oder einen Löwen mit seinem Stock oder mit einer Schlange vertreibt.

Doch das ist Aaron, überlegt Moses, als er die Herde seines Schwiegervaters wieder in den Pferch gebracht hat. Tatsächlich fehlt kein einziges Tier. Aber Aaron hat noch nie einen brennenden Dornbusch gesehen. Und wenn ihm der HERR erschienen wäre, wüssten wir das längst. Sogar wenn der HERR einen anderen Namen trüge als »Ich bin, der ich bin«.

»Moses hat seine Schuhe in der Wüste verloren«, ruft die magere Köchin.

»Immer lässt er alles liegen«, lispelt die Schwester.

»Er ist barfuß durch die Wüste gelaufen und hat sich nicht verletzt«, rufen die Kinder, die ihm später beim Waschen zugeschaut haben. »Wenn das kein Wunder ist.«

»Als wäre er durch Milch und Honig gewatet«, rufen die, die von den Chittitern träumen, dem Sitz der Periziter, den Garderoben der Kanaaniterinnen und den Frauen aus Jebus.

Der Dornbusch brennt noch genau sieben Jahre, bevor er beginnt, sich zu verzehren.

Bernd Schroeder

Die Frösche

1

Aaron nimmt seinen Stab in die Hand, streckt den Arm aus, zeigt zum Nil, dreht sich mit dem Lauf des Flusses um seine eigene Achse und schwenkt den Arm mit dem Stab über das Ufer, die Felder, die Höhlen, die Hütten, die Häuser und den stattlichen, in der Sonne glitzernden, sich über alles erhebenden Palast des Pharao. Dann lässt er den Stab sinken, seufzt, sieht angestrengt und traurig aus, nicht wie ein Hexenmeister. Aaron, mit seinem Stab. Mose hat längst die Augen geschlossen. Er will nicht hinsehen, will nicht wahrnehmen, was unweigerlich, das glaubt inzwischen auch er, geschehen wird. Und es geschieht.

Immer noch öffnet Mose die Augen nicht. Er hört das Geschrei der Menschen, die gerade noch friedlich im Nil getrunken, sich gewaschen, geschwatzt, Wasser für die Menschen und die Tiere geschöpft haben, er hört die Schritte der Weglaufenden und ihre angstvollen Schreie, er nimmt ein seltsames Blubbern wahr, in das sich das Schluchzen des Aaron mischt.

Was tust du, o HERR?, denkt Mose.

2

Was hat der Herr mit mir vor?, fragte sich Mose schon früh. Er hat ihn vor den Ägyptern, die alle neugeborenen hebräischen Söhne töten wollten, gerettet. Er hat ihn, im Schilf versteckt, ausgerechnet von der Tochter des Pharao finden lassen. Schicksal oder eine Laune des Zufalls? Berechnung oder Bestimmung? Ist er ein Auserwählter? Mit feinen Sitten, vollen Tellern und einem Hass gegen die Juden, die man sich als Sklaven hielt, wuchs Mose bei Hofe auf. Schon früh erfuhr er aber, dass er einer von denen war, ein Findelkind, eine Spielerei für die sich langweilende Tochter des Pharao. Schon als Jugendlichen zog es ihn zu seinen Brüdern und Schwestern hin. Immer öfter mischte er sich heimlich unter sie, wollte er so sein wie sie, mit ihnen leben, deren Älteste von einem HERRN erzählten, der mächtiger als alle Herren der Welt sei.

Als ein Ägypter vor seinen Augen einen Juden misshandelte, erschlug Mose den Ägypter.

Nun musste Mose fliehen.

3

Mose öffnet die Augen. Aaron liegt zusammengesunken am Boden. Er weint. Es ist zu viel, er fasst es nicht. Der Nil, der vor ein paar Tagen noch Blut war, hat sich geöffnet und aus ihm steigen Frösche, Millionen von grünen, warzigen, schleimig blubbernden Fröschen. Eine langsam sich vorwärts wälzende Armee, eine Schaum vor sich herschiebende, nicht enden wollende Invasion. Wie die heiße Lava eines ausgebrochenen Vulkans die Hügel hinunterkriecht, geschoben von immer mehr nachfolgender Lavamasse, so nehmen die unzähligen Frösche das Ufer in Besitz. Sie erdrücken alles, was sich ihnen entgegenstellt. Mütter, die ihre Kinder schützen wollen, werden zu Boden gerissen und ersticken unter den Fröschen, Fliehende werden eingeholt, denn die Frösche sind schnell. Und sie werden immer mehr. Sie kommen aus allen Wasserquellen und Brunnen, sie reißen Bäume und Büsche mit sich, sie sind wie eine gewaltige Überschwemmung. Noch sieht man nicht, was sie hinterlassen. Da ist noch kein

Ende, denn der Nil spuckt immer wieder Frösche ans Ufer. Deren millionenfaches Quaken wird zum donnernden Lärm, zu drohendem Getöse, so dass denen, die noch gar nicht von der Invasion erreicht sind, schon die Trommelfelle platzen.

Mose und Aaron, von den Fröschen verschont, stehen wie auf einer kleinen Insel im Meer der sich fortbewegenden Leiber. Die haben jetzt die Höhlen und Hütten erreicht, in denen die Hebräer wohnen. Sie bleiben verschont wie auch die Sklavenarbeiter, die unter der Peitsche ägyptischer Aufseher aus Stroh und Lehm Ziegel für den neuen Palast des Pharao fertigen. Wie die Aufseher sonst nach den Arbeitern schlagen, so schlagen sie jetzt nach den Fröschen. Doch die kriechen an den Stöcken und Peitschen hoch, über die Hände der Aufseher, über ihren ganzen Körper, in ihre von Angst aufgerissenen Münder, um sie niederzudrücken und zu ersticken. Die Hebräer aber bleiben unversehrt, und sie preisen den HERRN, von dem Mose ihnen gesagt hat, dass er sein Volk Israel von der Unterjochung befreien werde und dass er der wahre HERR sei.

Mose, der unbeweglich dasteht, seinen Bruder Aaron tröstet, mit ihm dieses Werk der Zerstörung betrachtet, versteht die Taten des HERRN nicht immer. Warum, fragt er sich, bestraft der HERR das ägyptische Volk, die Frauen und Kinder, die Greise, die einfachen Menschen, die nicht besser leben als die Juden? Warum bestraft er nicht nur den Pharao, der sich weigert, das Volk Israel ziehen zu lassen?

4

Mose floh, und das war gut so, denn die Ägypter trachteten nach seinem Leben. Er sah jetzt andere Länder, andere Menschen, Menschen, die friedlich miteinander umgingen, was er gar nicht kannte. Im Lande Midian erfuhr Mose die Gastfreundschaft eines Priesters. Er heiratete Zippora, eine der sieben Töchter des Priesters, gründete eine eigene Familie und hütete fortan friedlich die Schafherden seines Schwiegervaters Jethros. Und oft dachte Mose, wenn es denn diesen HERRN gibt, der hinter allem steht, der alles lenkt, leitet und sieht, dann will ich ihm danken, denn er hat es gut mit mir gemeint. Mose, am Hof erzogen, liebte das einfache Leben. Und er war glücklich.

Doch der HERR, dachte Mose, scheint einem das Glück nicht umsonst zu geben. Alles hat seinen Preis. Eines Tages erschien der HERR Mose in einem brennenden Dornbusch und sagte ihm, dass er ihn auserwählt habe, das Volk Israel aus der Tyrannei der Ägypter zu befreien. Er solle hingehen zu den Ältesten und ihnen sagen, dass sich der HERR ihres Schicksals angenommen habe, und er solle zum Pharao gehen, damit er die Juden ziehen lasse in ein Land, wo Milch und Honig fließen, in ein gelobtes Land.

Mose zauderte sehr.

Wer bin ich, sagte er, dass du mich auswählst? Ich kann doch nicht mit den Ältesten reden. Und schon gar nicht mit dem Pharao. Das Reden ist meine Sache nicht. Nimm Aaron, meinen Bruder. Der kann reden! Dem ist im Reden so schnell keiner gewachsen. Und er wohnt ohnehin am Nil.

Doch der HERR ließ nicht mit sich handeln. Ich werde dich reden lehren. Und Aaron wird mit einem Stab vor den Ältesten und dem Pharao Wunder tun, die sie von meiner Macht überzeugen werden. Geh also hin.

Was sollte Mose tun?

Er nahm seine Familie mit und machte sich auf den Weg.

Er gehorchte.

Das verlangte der HERR.

Das verlangen alle Herren, dachte Mose.

5

Ägypten ist nicht mehr Ägypten. Das Land ist kein Land mehr, der Nil ist kein Fluss, die Stadt keine Stadt mehr. Die Frösche ersticken alles Leben, ob Mensch, ob Tier. Eine klebrige, grün schillernde, zähe Masse schiebt und stülpt sich über alles. Frösche kriechen über Frösche, türmen sich auf, werden zu tonnenschweren Lasten, drücken Hütten und Häuser ein und kennen keinen Halt. Unaufhaltsam nähert sich die tödliche Walze dem Palast. Schon suchen die Frösche die Günstlinge des Pharao, die Unterwürfigen, die Handlanger heim, die in den reichen stattlichen Häusern wohnen. Während sie den Pharao angesichts des Todes verfluchen, kriechen ihnen die Frösche in die Eingeweide, oder die Mauern der Häuser, die unter dem Gewicht der Frösche einstürzen, erschlagen sie.

Der Pharao ruft alle verfügbaren jüdischen Sklaven zu sich und umstellt zum Schutz gegen die drohende Invasion des Schreckens seinen Palast. Mann an Mann stehen sie da, eine lebende Mauer. Andere verschmieren alle Türen und Fenster mit Lehm, dichten den Palast so ab, dass nach menschlichem Ermessen kein Frosch eindringen kann.

Wollen wir doch einmal sehen, denkt der Pharao, wie weit es mit der Androhung jenes HERRN her ist.

Der Pharao trotzt.

Und doch hat er Angst.

Doch das darf er nicht zeigen.

6

Angst hatten die Juden samt ihren Ältesten auch. Zu sehr hatte der Pharao jeden bestraft, der gegen die Unterdrückung aufmucken wollte. Und jetzt kamen diese beiden Brüder daher und redeten von diesem HERRN und von Befreiung und

Erlösung. Was konnte man davon glauben? Wie mächtig würde der HERR gegenüber dem Pharao sein? Dass der HERR Mose und Aaron Wunder tun ließ, die wirkliche Wunder waren und nicht die Tricks der ägyptischen Zauberer bei Hofe, das überzeugte die Ältesten von der Aufgabe des Mose. Und, so dachten sie, das würde auch den Pharao überzeugen müssen. Sie waren nicht mehr verzagt, sondern voller Hoffnung.

Also gingen Mose und Aaron zum Pharao.

Der sah nun überhaupt keinen Grund, das Volk Israel ziehen zu lassen. Warum? Das waren billige Arbeitskräfte, die die Arbeiten verrichteten, die den Ägyptern zu mühsam waren. Man brauchte sie. Und wenn die aber solche Flausen im Kopf hätten von Auswandern und einem HERRN dienen und für ihn ein Fest in der Wüste feiern, dann müsste man sie eben härter rannehmen, mehr arbeiten lassen, strenger behandeln. Das ordnete er unverzüglich an. Und er sagte Mose und Aaron, dass er nicht daran denke, ihrem HERRN, von dem sie da faselten, zu gehorchen.

Da tat Aaron, wie ihn der HERR geheißen, und warf seinen Stab auf den Boden und es wurde eine Schlange daraus. Der Pharao lachte und rief seine Zauberer. Die warfen ihre Zauberstäbe auf den Boden und es wurden Schlangen daraus, und der Pharao lachte. Mose sah, was der Pharao nicht sah, dass die Zauberer nämlich heimlich die Schlangen aus versteckten Kisten holten. Und der Pharao sah auch nicht, dass die Schlange, die aus Aarons Stab geworden war, die Stäbe seiner Zauberer auffraß. Der Pharao sah nur, was er sehen wollte.

Mose ahnte Schlimmes.

Und es kam Schlimmes:

Ägyptens Wasser wurde zu Blut. Und das war die erste Plage des HERRN, mit der er den Starrsinn des Pharao bestrafte.

7

Ägypten ist ein tosender Brei. Eine schleimige, brodelnde, laut quakende Masse überzieht das Land. Die Frösche nähern sich dem Palast. Sie reißen die Mauern ein, mähen die Gärten nieder, und aus den Brunnen kommen neue Frösche dazu. Sie schieben sich die Stufen des Palastes hinauf, auf die zur Mauer aufgestellten jüdischen Sklaven zu. Und ohne diese auch nur zu verletzen, schieben sie sich durch sie hindurch wie durch eine unsichtbare Wand, als seien sie Luft, um sich der hinter den Sklaven stehenden, zitternden, nur noch schwach ums Überleben kämpfenden Palastwächter zu bemächtigen.

Hinter zahlreichen dicken Mauern sitzt der Pharao in seinen Gemächern, umgeben von seinem Hofstaat. Noch lacht er laut. Das hilft gegen die Angst. Man sagt ihm, dass der HERR, jener HERR, Frösche geschickt hat. Das findet der Pharao lustig. Was draußen wirklich los ist, dass sein Volk von den Fröschen niedergewalzt wird, dass es kein Volk, keine Häuser, kein Land mehr gibt, das erzählt man ihm nicht.

So, erst hat dieser HERR Wasser zu Blut gemacht, das konnten seine Zauberer auch. Jetzt also Frösche! Er lässt die Zauberer kommen.

»Zaubert mir unverzüglich Frösche!«, befiehlt er. Und die Zauberer, doch schon verzagt, veranstalten ihren Hokuspokus, murmeln unverständliche Formeln vor sich hin und fuchteln mit ihren neuen Zauberstäben herum, um Zeit zu gewinnen. Während sie das Blut noch mittels Blut von Hammeln aus Schläuchen herbeimogeln konnten, sehen sie sich jetzt außerstande, Frösche zu produzieren. Schon wird der Pharao ungeduldig. Doch da bersten die Wände, springen die abgedichteten Türen und Fenster auf, stürzen Mauern ein und unzählige Frösche brechen in die Gemächer herein.

Der Pharao, alle Angst vergessend, klatscht vor Begeisterung in die Hände und preist seine Zauberer. Dass diese

Frösche die Frösche der zweiten Plage des HERRN sind, sieht er in seiner kindlichen Freude nicht. Er lacht und lacht und lacht Tränen, die seine Wangen herunterlaufen. Die Höflinge und die Zauberer wollen noch höflich mitlachen, da kriechen schon die Frösche an ihnen hoch und über sie und in ihre vom Lachen geöffneten Münder. Der Pharao erkennt, dass die Zauberer diese Frösche nicht zurückzaubern können. Wieder weint er, jetzt vor Todesangst. Und aus seinen Tränen werden Frösche, die sich zu den anderen gesellen, die den Thron bereits erklommen haben. Schon haben sie seinen ganzen Körper bedeckt und lassen sich nicht abschütteln. Und so viele Frösche die jüdischen Sklaven von ihm nehmen, so viele entstehen aus seinen Tränen neu.

Da ruft der Pharao nach Hilfe.

Und nach Mose und Aaron.

8

Es ist ein grauenhafter Anblick, der sich den beiden auf dem Weg zum Palast bietet. Ganz Ägypten ist zu Fröschen geworden. Da ist kein Leben mehr, denn auch die Hebräer, verschont von der Plage, sind aus der Stadt geflohen, um das Elend nicht mit ansehen zu müssen. Den Weg zum Palast, die Stufen empor, durch die mannigfaltigen Gärten, durch die Gemächer säumen Frösche, die alles Lebende und alle tote Materie unter sich begraben haben. Da ist keine Blume, kein Grashalm, keine Mücke, kein Stein. Und am Ende des Weges zappelt der Pharao, hilflos wie ein geplagtes Kind um seine Rettung flehend.

Sagt eurem HERRN, er soll die Frösche von mir und meinem Hofstaat und von meinem Volk nehmen, dann mögen die Juden getrost mit euch von dannen ziehen und ihrem HERRN opfern, röchelt er. Er bittet und bettelt, und Mose tut er fast Leid. Und doch ahnt Mose, was kommen wird.

Und der HERR nimmt die Frösche von den Ägyptern. Die Kadaver aber liegen überall herum. Man kehrt sie zu großen Haufen zusammen. Die stinken zum Himmel.

Zum Pharao stinken sie nicht.

Neue Zauberer zaubern ihm wohlriechendere Düfte.

Er hat wieder gute Luft.

9

Mose ahnt es.

Du wirst sehen, sagt er zu Aaron, unsere Mission ist noch lange nicht zu Ende. So leicht ergibt sich ein Herr wie der Pharao unserem HERRN nicht. Wenn er wieder Luft zum Atmen hat, widersetzt er sich allen Forderungen. Was schert es ihn, dass das Volk darunter mehr zu leiden hat als er.

So kommt es.

Die Zauberer zaubern Winde, die den Gestank der Froschleiber zu den Hütten der Armen treiben, die jüdischen Sklaven richten die Gemächer und die Gärten wieder her, und der Pharao gefällt sich in seiner Einzigartigkeit und Stärke.

Nein, er wird das Volk Israel nicht ziehen lassen. Er braucht es. Jetzt, da sein eigenes Volk durch die Plagen jenes HERRN so dezimiert worden ist, umso mehr.

Schon gibt es Zweifler bei Hofe, die warnen. Selbst die Zauberer zaudern. Doch der Pharao hört nicht auf sie.

Sein Herz verhärtet sich.

Da zeigt der HERR, wer der HERR ist, der wahre HERR.

Aarons Stab macht aus Staub und Sand Ägyptens Stechmücken, die dritte Plage.

Das ist Gottes Finger, sagen selbst die Zauberer. Der Pharao hört nicht auf sie.

Sein Herz verhärtet sich.

Den Stechmücken folgen die Stechfliegen.

Den Stechfliegen die Viehpest.

Der Viehpest die Blattern.
Den Blattern der Hagel.
Dem Hagel die Heuschrecken.
Den Heuschrecken eine totale Finsternis.
Und das ist die neunte Plage.
Aber das Herz des Pharao bleibt verhärtet.
Er lässt das Volk Israel nicht ziehen.
Da schickt der HERR die zehnte Plage:

Alle ägyptischen Erstgeborenen sterben. Bald gibt es kein Haus, in dem nicht ein Toter ist. Ägypten schreit auf und hebt die Fäuste wider den Pharao. Der ruft Mose und Aaron zu sich und verkündet, dass er das Volk Israel ziehen lassen wird.

Und Mose führt die Kinder Israels mit all ihrem Hab und Gut aus Ägyptenland.

Schar um Schar.

10

Wenn der HERR doch der HERR über alle Herren ist, warum hat er das Herz des Pharao überhaupt verhärtet?, fragt sich Mose. Warum hat er ihn nicht milde und sanftmütig gestimmt? Warum tut der HERR, was andere Herren auch tun? Als Mose geboren wurde, sollte er nach dem Willen des damaligen Pharao getötet werden, wie alle jüdischen Erstgeborenen. Jetzt hat der HERR die ägyptischen Erstgeborenen getötet. Und so, denkt Mose, wird es immer weitergehen. Die Herren zeigen ihre Macht und das Volk leidet.

Mose zweifelt manchmal am HERRN.

Das kann ich gut verstehen.

Ivan Klíma

Über das Goldene Kalb

Schon als kleiner Junge habe ich mich gewundert, warum Moses und Gott der Herr sich wegen der Statue eines Kalbes so sehr erzürnten. Warum wollte der Herrgott die Israeliten deswegen vernichten, und warum rief Moses seine Getreuen auf, jene zu erschlagen, die vor dem Kalb aus Gold frohlockten? Ebenso verwunderlich fand ich, dass jemand vor einem kleinen Stier herumhopst – selbst wenn er aus Gold ist – und dann noch behauptet, dies sei sein Gott.

All dies ist natürlich zu einer anderen Zeit geschehen, wie ihr wisst. Versucht aber trotzdem einmal, euch eine Welt vorzustellen, in der es keine Hochhäuser gab, in der keine Autos fuhren, in der die Menschen kein Telefon und keine Elektrizität kannten, also auch kein Radio und kein Fernsehen, in der sie keine Maschinen kannten und erst recht keine Computer. Sie beackerten die Erde mit hölzernen Pflügen und viele konnten noch nicht einmal dies; sie zogen einfach von Ort zu Ort und lebten von den Früchten wilder Bäume und dem Fleisch der Tiere, die sie fingen. Die meisten von ihnen waren so arm, dass sie nicht wussten, ob sie am nächsten Tag etwas zu essen haben würden. Und über die Welt um sich herum wussten sie auch nur wenig. Sie wussten nicht, dass die Erde rund ist. Sie hatten keine Ahnung, dass weit hinter dem Meer, das sie kannten, irgendein Amerika lag. Sie hatten Angst vor Krankheiten, weil sie nicht wussten, was sie hervorrief. Wurde jemand krank, so glaubten sie, böse Geister seien in ihn eingedrungen. Auch vor Stürmen hatten sie Angst, weil sie sich diese nicht erklären konnten. Wenn es stürmte, dann dachten sie, dunkle Mächte oder Götter wären zornig. Und sie hatten Angst vor Heuschrecken, die herbeiflogen und mit einem Mal die ganze Ernte auffraßen, sie hatten Angst vor Schlangen, Insekten und Raubtieren, vor deren Angriffen sie sich nur mit Lanzen oder Pfeil und Bogen wehren konnten. Sie fürchteten sich davor, dass eines Morgens die Sonne nicht mehr aufgehen könnte, aber ebenso davor, dass sie zu stark schiene oder zu wenig wärmte. In Zeiten der Dürre sorgten sie sich, dass es nie wieder regnen könnte, in Zeiten anhaltenden Regens, dass es nie wieder aufhören würde zu regnen und das Wasser die Erde überschwemmen könnte, wie damals bei der großen Sintflut. Sie wussten wenig über die Welt, dennoch hatten sie verstanden, dass es ohne die Sonne kein Leben gab, dass es ohne Wasser kein Leben gab, also auch nicht ohne Regen oder Sturm; sie wussten, dass sie sterben würden, wenn auf ihren Feldern nichts gedieh oder wenn ihre Tiere verendeten. Und sie verstanden etwas von den Tieren, die sie fingen, aber besonders von jenen, die sie züchteten: Pferde, Kamele, Esel, vor allem aber Kühe.

Heute rufen sich die Dummköpfe zu: »Du Kuh!« oder »Du Ochse!« und halten das für ein Schimpfwort. In jenen Zeiten aber bedeuteten Kühe für alle Völker die Hoffnung, dass sie nicht Hungers starben. Die Menschen beteten deshalb die Kühe an und verehrten sie. Bis heute werden beispielsweise in Indien Kühe als heilig betrachtet und niemand darf sie töten. Das gefällt mir, man sollte keine Geschöpfe töten, die uns so viel geben, wir sollten überhaupt keine Tiere töten, wenn sie uns keinen Schaden zufügen.

Damals verehrten die Völker, die Moses und sein Volk umgaben, alle möglichen Götter und Götzen: Sie beteten zur Sonne, zum Mond, sie beteten zum Gott des Sturmes und des Windes und zur Göttin der Ernte. Und weil sie sich diese Götter irgendwie vorstellen wollten, gaben sie ihnen eine Gestalt. Manchmal die eines Pferdes, manchmal die eines Löwen, manche Gestalten waren auch halb Mensch, halb Pferd und sehr häufig hatten sie die Gestalt einer Kuh, denn dies war unter allen Tieren das wichtigste. Zu diesen Göttern beteten die Menschen, sie riefen sie an, baten um Hilfe und um Schutz, und sie brachten ihnen Opfer dar, damit sie ihnen gewogen waren. Die Israeliten sahen das überall um sich herum und es erschien ihnen ganz natürlich. Auch wenn schon Abraham und seine Nachkommen ebenso wie Moses sie etwas anderes gelehrt hatten: Über den Tieren und den Menschen, über der Erde und der Sonne steht eine einzige Macht, ein einziger Herrscher – und das ist Gott. Es war merkwürdig, dass dieser Herrscher im Gegensatz zu allen anderen Herrschern nicht begreifbar war, dass dieser Gott im Gegensatz zu allen anderen Göttern nicht sichtbar war, und dennoch sollten sie ihn ehren und ihm gehorchen. Er befahl den Menschen, ihn zu lieben, er befahl ihnen, sich von der Arbeit auszuruhen und an diesem Tag an ihn zu denken, er befahl ihnen, die Eltern zu ehren. Sie sollten nicht töten, stehlen, lügen oder jemandem etwas neiden. Das war merkwürdig: jemandem zu gehorchen, der sich nicht sehen oder begreifen lässt. Solange Moses bei ihnen war, konnten sich die Israeliten sagen, dass er sie aus der ägyptischen Sklaverei hinausgeführt hatte. Doch als sie ihn verloren hatten, fühlten sie sich auf einmal sehr verlassen und allein. Wer sollte sie jetzt beschützen, wer sollte sie führen? Es kam ihnen so vor, als seien sie schlechter dran als alle anderen Völker. Und so beeilten sie sich, einen Menschen oder wenigstens ein Ding zu finden, an das sie sich um Schutz, um Hilfe, um Fürsprache wenden konnten. Und so kamen sie auf das Goldene Kalb. Warum golden? Gold ist beständig, es ist schön. Was aus Gold war, erschien mächtig. Bis heute gibt es in den Kirchen viele goldene Dinge, und was nicht aus Gold ist, ist zumindest vergoldet.

Ihr findet das immer noch merkwürdig und vor allem furchtbar altmodisch? Wer würde heute schon eine Kuh verehren? Wir vergessen oft, dass die Milch, die wir in der Packung kaufen, oder der Käse, der so schön in buntem Stanniol verpackt ist, etwas mit den Kühen auf der Wiese zu tun haben. Denn viele von uns haben noch nie eine lebendige Kuh gesehen.

Doch in dieser Geschichte geht es gar nicht um das, was da auf einen Sockel gestellt wurde, um das die Menschen herumtanzten und vor dem sie sich verneigten. Es ging vielmehr darum, dass die Menschen überhaupt vor einer Figur tanzten und sich vor ihr verbeugten.

Ich erinnere mich daran, wie in meiner Kindheit große Teile der Welt von zwei räuberischen und verbrecherischen Männern beherrscht wurden. Diese beiden hassten sich, aber beide herrschten auf gleiche Weise. Überall in den Reichen, in denen sie die Gewalt ausübten, mussten ihre Bilder hängen und ihre Statuen stehen und die Menschen mussten sich davor verbeugen. Die beiden Männern hielten sich für allwissend, allmächtig und deshalb sollten ihnen alle gehorchen. Wer dies tat, den beschützten und belohnten sie, wer dies ablehnte, den ließen sie umbringen. Und sehr viele Menschen glaubten ihnen, verbeugten sich vor ihnen und waren bereit, ihren Befehlen zu gehorchen. Doch von all dem, was die Männer versprachen, erfüllten sie nur die eine Hälfte. Sie brachten so viele Menschen um wie kein Sturm, kein Raubtier, keine Krankheit zuvor. Nicht einmal Hungersnöte hatten je zuvor so viele Menschenleben gekostet. Am Ende blieben zerstörte Städte und Kinder ohne Eltern zurück. Und Eltern, deren Kinder umgebracht worden waren. Am Ende hinterließen diese beiden niederträchtigen Herrscher nur Not und verzweifelte Menschen, die nicht fassen konnten, vor wem sie sich da verbeugt hatten, wen sie gerühmt und wie einen Gott verehrt hatten.

Eine Statue, was immer sie auch darstellen mag, ist immer nur ein Ding. Auch heute gibt es viele Menschen, die bestimmte Dinge für das Wichtigste in ihrem Leben halten. Ihnen widmen sie all ihre Sorge und Liebe und Zeit. Das kann ein Haus sein, ein Auto oder ein Computer, ein Fernseher, ein Walkman oder sogar ein Fußball. Sie haben das Gefühl, dass sie ohne diese geliebten Dinge nicht leben oder glücklich sein könnten.

Das erinnert mich an ein orientalisches Märchen, das ich vor langer Zeit von meinem Vater gehört habe. Es erzählt die Geschichte eines Prinzen, der sehr reich war. Er hatte alles, was man sich nur denken kann, und trotzdem war er immer traurig und unglücklich. Er hatte Angst vor der Dunkelheit, vor Mücken, vor Spinnen und Fledermäusen und Gewittern. Sein Vater, der König, gab also den Befehl, im Palast und in den Gärten Lichter aufzuhängen, die Mücken zu fangen, die Spinnen und Fledermäuse zu vertreiben und während eines jeden Gewitters die Vorhänge zuzuziehen. Und er lud Narren, Gaukler, Musiker, Sänger, Tänzer und Tänzerinnen in das Schloss ein, damit sie den Prinzen aufheitern. Er lud edle Gäste ein, die dem Prinzen die verschiedensten Geschenke brachten: kostbare Tiere, Rätselspiele, mit Diamanten verzierte Kleider und Hemden aus feinster Seide, Schuhe aus Krokodilleder, Spielkästen und Kuckucksuhren. All dies sollte den Prinzen erfreuen, aber es freute ihn nicht. Der König rief nun Ärzte und weise Männer herbei, die ihm raten sollten, was der unglückliche Prinz tun müsse, um glücklich zu werden. Die weisen Männer empfahlen die verschiedensten Dinge: Tee aus Heilkräutern, lange Spaziergänge, Turnübungen, ja, einer empfahl sogar, er solle auf Bäume klettern wie ein Affe. Doch nichts half dem Prinzen, im Gegenteil, er wurde immer trauriger und hatte bald sogar schon vor dem Wind, vor Katzen, Hunden und Pferden Angst. Da rief der König von weit, weit her einen sehr alten und sehr berühmten weisen Mann. Der kam auf einem alten und vielleicht sogar weisen Esel herbei. Er ließ den Prinzen herbeirufen, sah ihn ohne von seinem Esel zu steigen an und sagte: »Dieser unglückliche Jüngling hat zwar alles, was man sich wünschen kann, aber es erfreut ihn nicht. Das Einzige, was ihm helfen kann, ist das Hemd eines glücklichen Menschen, und diesen Menschen muss er auf der Erde finden.«

Als der Prinz das hörte, zitterte er vor lauter Furcht, dass er in die Welt hinausmüsse, wo es jeden Abend dunkel wurde, wo die Mücken flogen, die Spinnen ihre Netze spannen, wo die Fledermäuse flogen, die Blitze einschlugen, wilde Hunde herumliefen und die Winde heulten.

»Hab keine Angst«, sagte sein Vater, der König. »Es ist ganz leicht, einen glücklichen Menschen zu finden, und dann kehrst du ins Schloß zurück und wirst dich deines Lebens freuen.«

Doch der König irrte sich. Es war gar nicht so leicht, einen glücklichen Menschen zu finden. Der Prinz zog von Schloss zu Schloss, er irrte durch Kirchen und große Städte, er fragte reiche Fürsten, Kaufleute, Reisende und Handwerker, Soldaten und Seemänner, schließlich fragte er sogar Wanderschauspieler, ob sie glücklich seien. Doch keiner war glücklich, die Reisenden sagten, ihnen täten die Beine weh, den Handwerkern schmerzten die Hände, der reiche Fürst beschwerte sich, dass ihn seine Leibeigenen ärgerten, die Soldaten hatten schlechte Träume, die Seeleute litten unter Zahnschmerzen oder Schnupfen, die Kaufleute hatten Angst davor, dass sie nachts von Dieben überfallen werden könnten. Und die Wanderschauspieler? Sie erzählten, dass sie manchmal von den Zuschauern ausgepfiffen wurden, ja, dass sie manchmal sogar aus dem Theater und der Stadt hinausgeworfen wurden; alles entschieden kein Grund für sie, glücklich zu sein. Und so zog der Prinz weiter und weiter durch die Welt, er hatte die Hoffnung schon verloren, einen glücklichen Menschen auf der Welt zu finden. Und da er des vielen Wanderns schon ganz müde war, entschloss er sich, nach Hause zurückzukehren. Wenn er schon traurig war, dann lieber daheim im Schloss seines Vaters als auf Reisen. Und als er auf dem Heimweg war und auf einem staubigen Weg zwischen Feldern ging, sah er einen jungen Burschen, der nur ein Stück Tuch um die Hüften gewickelt hatte, das Feld pflügte und dabei sang. Einen solchen Menschen hatte er noch nicht gefragt, er ging also zu ihm hin und stellte ihm jene Frage, die er schon so oft wiederholt hatte.

»Aber ja«, antwortete der Pflüger, »ich bin glücklich. Wenn ich mit dem Pflügen fertig bin, dann freue ich mich, dass ich meine Arbeit beendet habe. Ich gehe nach Hause, dort warten meine Frau und die Kinder, die ich liebe, auf mich. Dann essen wir gemeinsam und es wird uns gut gehen und wir freuen uns auf den nächsten Tag. Morgens wache ich auf und sehe, dass die Sonne aufgegangen ist und ich lebendig bin, und auch darüber kann ich mich freuen.«

Der Prinz strahlte. »Mein lieber Mann«, sagte er, »ich habe eine Bitte an dich. Verkauf mir dein Hemd.«

»Das geht nicht«, sagte der Mann.

»Ich gebe dir so viel Gold dafür, wie das Hemd wiegt. Ich gebe dir so viel Gold, wie du willst«, versuchte ihn der Prinz zu überreden.

»Ich würde dir das Hemd geben, auch umsonst«, sagte der Mann, »aber ich habe keines. Wozu brauche ich ein Hemd? Am Tag scheint die Sonne und nachts decke ich mich mit der Pferdedecke zu.«

Ich wollte wissen, wie die Geschichte des Prinzen ausgeht, aber das Märchen war zu Ende. Doch ich habe verstanden, dass jemand, der kein Hemd hat, glücklicher sein kann als ein Prinz, der alles hat, was er sich wünscht. Wahrscheinlich hat auch der Prinz verstanden, dass nur derjenige glücklich ist, der sich einfach darüber freuen kann, dass er lebt.

Und genauso war es mit dem Goldenen Kalb. Es brachte den Menschen, die um es herumtanzten, die es anbeteten, kein Glück, das ist sicher. Und als Moses ihretwegen in Zorn geriet, da zürnte er ihnen vor allem wegen ihrer Dummheit, wegen der Einfalt, mit der sie all ihre Hoffnung in ein Stück bearbeitetes Gold setzten statt in einen Gott, den sie weder sehen noch verstehen konnten und der keinem Tier und keiner Sache ähnelte.

Jetzt fragt ihr euch vielleicht noch, so wie ich mich damals fragte, ob es gerecht war, diese auf Abwege geratenen Menschen, die vor dem Goldenen Kalb gebetet hatten, umzubringen.

In jenen, lang vergangenen Zeiten hat man es so gemacht. Heute aber wissen wir, dass man sich irren kann, dass man etwas tun kann, was töricht oder dumm erscheint, und doch gibt es, so lange man lebt, immer auch die Hoffnung, dass man klüger wird. Einer der Propheten des alten Israel hat das sehr schön gesagt:

> Ja, wer noch all den Lebenden zugesellt ist, für den ist noch Hoffnung. Denn: Ein lebender Hund ist besser als ein Löwe, der tot ist. (Prediger 9,4)

Ein kluger Mensch wird nie Dinge vergöttern, seien es nun Statuen, Autos oder Computer. Ein kluger Mensch weiß auch, dass er nicht das Recht hat, einen anderen Menschen umzubringen, schließlich ist dies eines der wichtigsten göttlichen Gebote und menschlichen Gesetze.

Aus dem Tschechischen von Anja Tippner

István Eörsi

Bileams Esel

Irgendwann einmal hatte ich meinen eigenen Namen, doch niemand erinnert sich mehr an ihn. Nicht einmal ich selbst. Das heißt, wenn ich mir sehr den Kopf zerbräche, würde er mir einfallen. Doch vergeblich fiele er mir ein, denn heute bedeutet er rein gar nichts mehr. Nach meinem einstigen Herrn, Beors Sohn, nennt man mich Bileams Esel. So kennen mich viele wegen der Geschichte, die ich gleich erzählen werde. Daraus wird jeder ersehen können, wie ungerecht die Welt ist. Ihn hätte man nach mir benennen müssen, denn mit Blindheit geschlagene Propheten trotteten zu allen Zeiten durch die Welt, doch eine sehende Eselin gab es außer mir keine. Nachdem aber die Namen von den Menschen gegeben werden, bleibt einem Esel nur zu hoffen, dass man seine Person mit dem Namen eines Menschen verbindet.

Schon wieder bin ich ins Schwätzen gekommen: Das ist mein altes Laster. Meiner Geschichte bin ich vorausgeeilt und habe damit bereits ein Missverständnis verursacht. Einen mit Blindheit geschlagenen Propheten nannte ich Bileam, das heißt, ich ließ ihn von vornherein in einem schlechten Licht erscheinen. Einige werden vielleicht gar glauben, dass ich seinen gewaltsamen Tod gutheißen würde. Denn ein paar Monate nach unserer Geschichte töteten ihn die israelitischen Krieger. Auch das hätte ich nicht ausplaudern müssen, doch wenn es schon aus meinem Maul gerutscht ist, dann will ich es weitererzählen. Sie beschuldigten ihn, dass er auf Befehl Balaks, des Königs der Moabiter, mit duftenden Blumen geschmückte, bezaubernde Moabiter-Mädchen zu ihren Zelten geführt hätte. So hätte er erreichen wollen, dass die Krieger anstelle des unablässigen Kampfes die Körper und Geist einlullende Glückseligkeit wählten. Nur dass mein Herr nie etwas auf Balaks Befehl tat. Der König war ein klein gewachsener, dicker Mensch, der Reptilien, ja sogar Eselsfleisch verzehrte, was meiner unvoreingenommenen Meinung nach eine unverzeihliche Sünde darstellte.

Die israelitischen Krieger tollten, wie bewaffnete junge Männer im Allgemeinen, auch ohne prophetische Hilfe freudigst mit den Mädchen der von ihnen bezwungenen und eroberten Völker herum. Nur dass diese tanzkundigen Geschöpfe nicht allein kamen, sondern ihre Götter und ihre wunderbar geschnitzten und bemalten Götzenbilder mitbrachten. Eine Cousine von mir weidete eben ganz in der Nähe, und sie erzählte mir, wie der Führer der Israeliten, ein weißbärtiger, gedrungener Greis, als er davon erfuhr, zu den Zelten raste und in irrsinnigem Zorn aufbrüllte, so dass Schaum seine fransigen Lippen bedeckte. Mit schwer rollender Zunge beschuldigte er die Krieger, dass sie sich auf Einwirkung der sichtbaren Götzenbilder bereits von ihrem unsichtbaren Jehova abgewandt hätten. Er forderte eine sofortige und exemplarische Bestrafung, während sich die zwei eigentümlichen Wülste auf seiner Stirn rot verfärbten. Mit einem Schlag umstellten bis auf die Zähne bewaffnete Priester die Zelte, um jeden der jungen Männer, den ihre Schwerter erreichten, niederzumetzeln. In diesem Augenblick tauchte ich mit Bileam aus der Richtung des Waldes kommend auf. »Er hat die Mädchen zu unseren Zelten geführt!«, schrie einer der halb nackten Soldaten. Und schon stürzte die Menge auf uns zu, zog meinen Herrn von mir herunter, erdolchte ihn und zerriss ihn in Stücke. Auch ich wurde in dem großen Gedränge an meinem linken Hinterknöchel verletzt, ein jeder kann es sehen, bis heute hinke ich ein wenig.

Jetzt bemerke ich: Mit der Geschichte, die ich versprach, habe ich noch nicht einmal begonnen. Wir Esel sind nun einmal so. Jeder Stängel und jede Distel vermag uns vom geraden Weg abzubringen. Doch macht das was aus? Warum sollen wir nicht von Zeit zu Zeit nach hinten oder nach vorn blicken, und warum sollen wir dann nicht im saftstrotzenden Gras und zwischen den wohlschmeckenden Sträuchern beidseits des Weges hin und her trotten? Warum soll ich gerade das erzählen, was zu erzählen ich mir vornahm, wenn sich bei mir inzwischen das Gefühl einstellt, dass alles zu unserer Geschichte gehört, was irgendwann mit uns geschehen ist? Aus meiner Geschichte geht Bileam unversehrt hervor, und ich verspreche im Voraus, dass sie jene nicht enttäuschen wird, die sich ein glückliches Ende wünschen. Doch würde ich nicht darauf schwören, dass dieser günstige Ausgang nichts mit der späteren Tragödie zu tun hätte. Bileam hatte, ähnlich wie die meisten Seher, schwache Augen, deshalb richtete er seinen Blick nach innen. Wenn sein Auge genügend scharf gewesen wäre und nach außen gespäht hätte, hätten wir uns in diesem furchtbar gefährlichen Augenblick nicht aus dem Wald bewegt.

Wir wohnten in Pethor, einer kleinen Stadt am Ufer des Euphrats, hier empfingen wir die Gesandten von König Balak. Der König hatte nämlich erfahren, dass die anrückenden Krieger Israels auf Befehl ihres Gottes jedes Volk, das ihnen in den Weg kam, niedermetzelten und nicht einmal die Säuglinge verschonten. Er bat also meinen Herrn, der im Rufe eines erstklassigen Propheten stand, ihn zu besuchen und in seinem Beisein die Eindringlinge zu verfluchen. Bileam holte Gottes Ratschlag ein und ließ daraufhin dem König mitteilen, dass er jenes Volk selbst dann nicht verfluchen würde, wenn dieser ihm sein Haus, voll mit Silber und Gold, schenkte. Dabei wusste er natürlich, dass ihn die Israeliten, falls er den großen Fluch aussprechen sollte, töten würden, sobald sie seiner habhaft würden, während er sich, sollte er es nicht tun, der Rache des lebensverdrossenen und launischen Balak auslieferte.

Neue Gesandte kamen, und wieder neue, mit immer reicheren Geschenken und immer glänzenderen Versprechen. Bileam gab aber nicht nach, bis zu dem Augenblick, als es dem einen Gesandten entfuhr, dass, wenn er nicht zum König ginge, der König ihn holen käme. Dieser Drohung ist es zuzuschreiben, dass mein Herr noch einmal um Gottes Rat nachsuchte. Dieser erwies ihm in der Nacht die Gnade eines Besuchs und gestattete ihm, den König aufzusuchen, allerdings unter der Bedingung, dass er zu ihm nur das sagen dürfe, was ihm der Allmächtige in den Mund legen würde. Mein Herr zog daraus erneut die Schlussfolgerung, dass er sich, ob er sich nun auf den Weg machte oder nicht, in Todesgefahr begab. Er entschied sich für die Abreise, in der Hoffnung, dass ihm, wenn er genügend langsam in Richtung Moab trottete, vielleicht irgendeine geistreiche Ausflucht einfiele oder dass eventuell Jehovas Krieger das Volk Balaks aus dem Kreise der Erdbewohner ausmerzten, bevor er dort einträfe.

Es mag sich die Frage stellen, woher ich als Esel wissen konnte, was ein Prophet fühlte und dachte. Als Antwort verrate ich, dass mein Herr ungeheuer viel redete, während er auf meinem Rücken saß. Seine Profession, das Prophetentum, verdammte ihn zu großer Einsamkeit und mit dem Klang seiner Stimme wollte er ihr vielleicht abhelfen. In Gedanken herumschweifend sprach er mit sich selbst, auf die Wahl seiner Worte achtete er nicht, weil ihm nie in den Sinn gekommen wäre, dass ich ihn verstehen könnte. Anfangs verstand ich ihn tatsächlich nicht, doch die sich wiederholenden Wörter und Betonungen, weiters die sie begleitenden Gebärden erhellten mir langsam die Bedeutung des einen oder anderen Wortes, und das Nebeneinander schon bekannter Wörter erschloss mir den Sinn weiterer Lautgruppen. Ich hingegen verriet mich nicht, weil ich Angst davor hatte, sein Vertrauen auf die Probe zu stellen. Auch befürchtete ich, dass er für meine verständigen Ohren nicht mehr reden würde, wo doch die Zeit in der Wüste beim Hören seiner Grübeleien schneller verging.

Bileam war ein kleiner, leichter Mann, gutmütig und anspruchslos. Fremde Hirten hänselten ihn oft damit, dass er mir gliche. Er senkte dann sein Haupt und bedankte sich für die Anerkennung. »Ich schade niemandem«, sagte er, »doch mein Esel ist darüber hinaus auch noch unschuldig.« Ohne Zwang zur Widerborstigkeit trottete ich mit ihm durch die sengende Wüste, weil er mich nur zu außergewöhnlichen Anlässen schlug und weil er mich weiden ließ. Unsere Reise nach Moab erfüllte mich jedoch vom ersten Augenblick an mit irritierenden Empfindungen. Noch nie war es vorgekommen, dass er nicht einmal zu reden anhub, einen halben Tag lang. Dann jedoch presste er lediglich Wortbrocken aus sich heraus. »Und wenn doch nicht?«, fragte er, und dann: »Und falls er?« Später sagte er schließlich einen ganzen Satz: »Im Maul der Katze langweilt sich die Maus nicht.« Dann schlief er unerwartet ein, was ich wahrnahm, indem er auf mich plumpste und mit seinem Bart meinen Hals kitzelte. Noch seltsamer war, dass er in seinem Traum noch gesprächiger wurde. »Er sagte, dass ich gehen möge, doch was, wenn er dachte, ich möge bleiben?« Diesen Satz drehte er auch noch um und fügte dann hinzu: »Wenn wir das Wort Gottes nicht genügend schnell in uns hineinschlürfen, dann wird es uns in der Hitze noch sauer.« Daraufhin wiederholte er den Namen Jehovas, in wechselnder Betonung und Lautstärke. Schließlich erklärte er: »Armer Bileam, seine Nase würde ihn nach Norden führen, sein Auge nach Süden, sein Ohr nach Westen und sein Verstand nach Osten, doch sein Schicksal führt ihn immer tiefer und tiefer hinein.« Dieser Ausspruch überraschte mich dermaßen, dass ich über einen Maulwurfshügel stolperte, woraufhin er hochschreckte und mir entgegen seiner Gewohnheit mit dem Stock auf den Kopf schlug.

Ich trottete weiter, noch unruhiger. Nicht der Hieb tat weh, sondern der Umstand, dass er mich wegen einer solchen Nichtigkeit schlug. Ein Esel möge nicht zu empfindlich sein, denn das nimmt ihm niemand ab. Eben deshalb fühlte ich mich nicht beleidigt, sondern quälende Sorge erfasste mich, seinetwegen. Er musste in großen Schwierigkeiten stecken, wenn er ein geringfügiges Vergehen dermaßen ahndete. Ich ging inmitten eines weiten Feldes, auf einem schnurgeraden Weg, und mit pochendem Herzen wartete ich darauf, dass er wieder zu sprechen beginnen würde. Er aber schwieg, nur sein Gehuste verriet, dass er nicht schlief. Senkrecht brannte die Sonne auf uns herab, kein Lebewesen weit und breit, selbst der heiße Wind war eingeschlummert, keine Bewegung, kein Geräusch. Plötzlich bemerkte ich, wie sich meine beiden Ohren nach vorn richteten und dann zurückfielen. Wie sich mein Schweif in die Höhe krümmte. Die Luft vibrierte auf irritierende Weise. Der Geruch von brennendem Öl, Blut und Weihrauch schlug mir in die Nüstern. Vor mir auf dem Weg formierte sich eine Wolke, um sich dann, ebenso schnell, wie sie kam, wieder zu zerstreuen, und ich erblickte einen goldgeflügelten Engel, mindestens doppelt so groß wie selbst der größte Mensch, wie er mit seinem strahlenden Schwert zum Schlag ausholte. Ich schreckte zurück, begann dann zu rennen, weg vom Weg, nach rechts, ins weite Feld hinein, in Richtung einer fernen Baumgruppe. Wenn ich's bis dorthin schaffe, dachte ich mir, dann sind wir vielleicht gerettet. »Was tust du?«, brüllte mein Herr, »Wo zum Kuckuck galoppierst du hin?« Und er packte meine Ohren und riss sie nach hinten. Ich hingegen rannte schreiend weiter. Mein Herr schlug mich mit der Faust in die rechte Seite. »Was zum Teufel ist in dich gefahren?« Mit einem Ruck drehte ich meinen Kopf nach hinten, in Richtung der Erscheinung, und sah, dass an der Stelle bloß ein wenig Staub hochgewirbelt war, sonst nichts. Ich blieb stehen. Geträumt konnte ich nicht haben, denn in meinen Nüstern hielt sich noch der sonderbare Geruch. Auch Bileam sah sich um, stieg dann von mir ab und führte mich zurück auf den Weg. »Du hast Glück, dass du schon vorhin eins auf deinen Kürbis bekommen hast, denn jetzt würdest du nicht mit einem einzigen Hieb davonkommen«, sagte er.

Ich trottete weiter, es wurde Nachmittag. Bileam hatte mein unerwarteter Galopp wachgerüttelt. Ein feiner Mensch war mein Herr, das heißt einer, der die Ursache bei sich selbst suchte, wenn er etwas nicht verstand. Darüber hinaus war er auch noch eitel, das heißt, dass er sich nicht damit abfand, wenn er etwas nicht verstand. Nachdem er keinen klügeren Menschen als sich selbst kannte, betrachtete er es als seine Aufgabe, jedes Geheimnis, auf das er stieß, zu entschlüsseln. »Wovor wolltest du davonlaufen?«, fragte er. »Du bist ein großer Esel«, murmelte er später, »denn du begreifst nicht einmal so viel, dass du vor einer wirklichen Gefahr ohnehin nicht davonlaufen kannst.« Dann sagte er nach langem Schweigen: »Und falls meine Eselin etwas weiß?« Ungewollt nickte ich kurz, worauf Bileam antwortete: »Na also!« Er stieg umständlich von mir ab und sah mir in die Augen. »Weißt du etwas?« Ich schloss meine Augen, weil ich ihm nicht zu verstehen geben wollte, dass ich seine Rede verstünde. »Zuvor hast du genickt.« Ich nahm meine ganze Kraft zusammen, um mich nicht zu verraten. »Es kann natürlich auch sein«, sagte er, »dass das Nicken bei den Eseln etwas anderes bedeutet. Nachdem wir Menschen sind, wissen wir, was der Mensch weiß. Wenn wir noch dazu Propheten sind, dann wissen wir auch, was Gott weiß. Doch was die Esel wissen, können wir nicht einmal ahnen.«

Das weite Feld ließen wir hinter uns, der Weg schlängelte sich nun zwischen reifenden Weinstöcken. Am Horizont röteten sich die Wolken, die September-Dämmerung kündigte sich an. Wir Esel lieben das Dämmerlicht sehr, weil es unser graues Fell vergoldet. Meine frohe Laune überschattete jedoch die Traurigkeit meines Herrn. »Ich trabe wohl in mein

Unglück«, sagte er, »denn Balak wird von mir verlangen, dass ich Israel verderbe. Doch wie kann ich verderben, wen Gott nicht verdirbt?« Dann fuhr er fort, nach langem Schweigen: »Gott verlangt vom Propheten Gehorsam, doch ist es ungewiss, ob er ihn auch schützt.« Und dann noch später: »Der Mensch lügt. Gott lügt nicht. Er sagte, ich könne mich auf den Weg machen. Doch was ist, wenn er mir zu tun überließ, was ich aus Feigheit tun wollte? Seine Erlaubnis wäre in diesem Fall nicht seinem Willen entsprungen und daher jederzeit ohne Wortbruch widerrufbar. Wieder nickte ich, völlig ohne Absicht. »Was zum Kuckuck ist in dieses Tier gefahren?«, fragte Bileam.

Der Weg wurde zum Hohlweg. Die Weinstöcke säumten ihn beiderseits, in der Höhe von Bileams Kopf. Auf lehmigem Schlamm trippelte ich den immer enger werdenden Weg entlang. Plötzlich bemerkte ich, dass sich meine beiden Ohren erneut nach vorn richteten. Mein Schweif wiederum krümmte sich hoch. »Was ist los mit dir?«, schrie Bileam, ich hingegen begann zu brüllen, weil ich den Geruch des mit brennendem Öl und Blut vermischten Weihrauchs spürte. Und schon erhob sich vor uns der Engel, sein glühendes Schwert richtete er auf Bileams Herz. Ich, um ihn zu schützen, wollte zurückweichen, doch ich rutschte aus und knickte zur Seite weg. Bileam schrie auf, weil ich sein Bein gegen die Böschung drückte. Brüllend schlug er mit seinem Stock auf meinen Kopf ein, während auch das goldene Haar des Engels zu glühen begann. Ich wagte oder vermochte nicht, mich aufzurappeln, ich iahte, Bileams Stimme wiederum überschlug sich vor Schmerz. Flehentlich starrte ich die leuchtende Erscheinung an. Als Tränen meine Augen trübten, richtete ich mich wieder auf und spürte eher, als dass ich es sah, dass ich erneut allein mit meinem Herrn zurückgeblieben war.

Der stieg von meinem Rücken und glotzte mich lange an, forschend, wie noch nie zuvor. Dann nahm er den Wasserschlauch von mir ab und wusch die Außenseite seines linken

Beins, zwischen Knie und Mitte des Oberschenkels, dort, wo die Haut abgeschürft war. In ein Gefäß schüttete er Wasser und stellte es vor mich hin, damit ich davon tränke. Dann trank auch er. »Ist etwas mit dir?«, fragte er, und er wartete eine Zeit lang, als ob er eine Antwort von mir erwartete. Daraufhin schnaubte ich ihn an, in der Hoffnung, dass er den immer noch meine Nüstern füllenden, sonderbaren Geruch wahrnehmen würde. »Was soll das bedeuten?«, und wieder musterte er mich. Ich fühlte mich versucht, ihm zu antworten. Denn der Engel wollte ihn offensichtlich aufhalten. Wie kam es, dass er ihn nicht sah? Ich musste ihn warnen – doch was, wenn er mir böse würde, weil ich ihm bisher verheimlicht hatte, dass ich das menschliche Wort verstehe? Ich fasste den festen Entschluss, meine Furcht, falls er seine Frage wiederholen sollte, zu bezwingen und ihm zu antworten. Er blickte mir in die Augen, ich starrte suggestiv zurück und konzentrierte meine ganze seelische Kraft in meinem Blick, um aus ihm die Frage hervorzuzaubern. Nach langer Zeit wandte er den Kopf ab. »Du kannst nur glotzen«, sagte er, »du bist ein Esel und bleibst auch einer.« Dann stieg er wieder auf meinen Rücken.

Wir gingen weiter den immer tieferen Hohlweg entlang, zwischen immer dichteren Schatten. Die Dämmerung wich bereits dem Abend und auf dem sichtbaren Himmelsstreifen erschienen die ersten blassen Sterne. Zum Glück war der Boden auf diesem Abschnitt trocken, trotz der Dunkelheit schritt ich ziemlich sicher voran. Bileam redete nun in sich hinein, ich verstand nur den einen oder anderen Satz. »Würde ich doch nur sterben wie die Gerechten«, sagte er, »würde ich doch nur sterben wie sie, aber nicht jetzt, jetzt noch nicht.« Dann murmelte er lange vor sich hin und befahl mir schließlich, seine Fersen in meinen Bauch rammend, anzuhalten. Wir waren in einer Schlucht, undurchdringliche Finsternis umfing uns.

»Was will Gott von mir?«, fragte Bileam. »Er wird mir doch

nicht Worte in den Mund legen wollen, die mir nicht gefallen? Und wenn es mir vor meinen eigenen Prophezeiungen graut?«

Da spürte ich in jedem meiner Nervenenden, dass wieder dieser Jemand gekommen war. Zunächst richteten sich aufs Neue meine Ohren nach vorn, dann krümmte sich mein Schweif nach oben, dann drang der feierliche Geruch in meine Nüstern. Den engen, vor uns liegenden Pfad versperrend, erschien in der Schwärze eine goldglänzende Feuersäule, ein knisterndes Flammenmeer, ein Funkengewitter, bis schließlich vor meinen Augen der glühende Engel und sein drohendes Schwert Gestalt annahmen, drei Mal so mächtig wie bei den vorangegangenen Erscheinungen. Eine Panik wie nie zuvor erfasste mich, doch umzukehren war auf dem engen Weg nicht möglich, auch auf die Seite konnte ich nicht ausweichen, wenn ich nicht erneut das Bein meines Herrn verletzen wollte. So ließ ich mich also einfach bäuchlings auf den Boden fallen. Bileam versetzte mir einen derartigen Hieb auf den Kopf, dass sein Stock entzweibrach. Mit dem in seiner Hand verbliebenen Stumpf drosch er mich weiter, bohrte ihn in meinen Nacken, dabei die Haut verletzend, so dass ich schließlich in meinem Schmerz zu sprechen anhub: »Was hab ich dir getan, dass du mich nun zum dritten Mal schlägst?« In seinem ungeheuren Zorn war Bileam über meine menschliche Rede nicht einmal überrascht, sondern antwortete: »Ich schlage dich, weil du Schabernack mit mir treibst. Hätte ich bloß ein Schwert zur Hand, ich würde dich jetzt töten.« Er trachtete, seine linke Hand zu befreien, die unter meinem Bauch eingeklemmt war. Mit dieser Hand hätte er sein Messer erreichen und es in mich stoßen können. »Bin ich nicht dein Esel?«, fragte ich ihn entsetzt. »Reitest du nicht auf mir seit meinen jungen Tagen? War es je meine Art, es so mit dir zu treiben?« – »Nein, es war nicht deine Art«, antwortete Bileam.

Kaum hatte er es gesagt, da öffneten sich ihm die Augen, und er nahm den Engel wahr, der sich mit gezogenem

Schwert vor ihm erhob. Mein Hinterteil anhebend, half ich Bileam, von mir herabzurutschen. Sofort warf er sich vor dem Engel aufs Gesicht. »Ich bin gekommen«, sagte dieser, »um dich zu warnen: Du gehst einen gefährlichen Weg. Trotzdem hast du mich nicht gesehen, weil du ihn um jeden Preis zu Ende gehen wolltest, doch dein Esel sah mich, deshalb wich er auch drei Mal vor mir zurück. Wäre er nicht zurückgewichen, hätte ich dich getötet, doch nur dich, ihn nicht.« – »Soll ich umkehren«, fragte Bileam, »dem Ruf des Königs nicht Folge leisten?« – »Jetzt kannst du ruhig weitergehen«, antwortete der Engel, »doch sprich nichts anderes, als was ich dir einflüstere.«

Wir trotteten weiter, und der Engel tauchte nicht wieder auf. Drei Tage darauf trafen wir den feisten Balak, der uns bis Ar in Moab, an der Grenze seines Landes, entgegengekommen war. Mein Herr sprach in diesen drei Tagen kein einziges Wort. Er tadelte mich nicht, lobte mich aber auch nicht dafür, dass ich seine Sprache erlernt hatte, und obwohl er bereits wusste, dass ich sein Leben gerettet hatte, klopfte er mir nicht einmal den Hals. Als er auf Befehl prophezeien musste, beschämte er den König ganze drei Mal, und anstatt es zu verfluchen, segnete er Israel und weissagte den Untergang des Volkes Balaks. Noch nie hatte er so erhaben gesprochen, so offensichtlich von Gott inspiriert, so dass ihn also Balak nicht zu töten wagte. Wir erhielten freies Geleit, doch mein Herr brachte kein einziges Wort über die Lippen, bis wir zu Hause waren. Er vermochte mir nicht zu verzeihen, dass ich als Esel sah, was er nur wusste. Künftig gab er vor mir keine Erklärungen mehr ab, bestenfalls würdigte er mich des einen oder anderen gleichgültigen Wortes, doch pflegte er mich sorgfältig, gab mir anstelle von Disteln duftiges Heu zu fressen und schlug mich nie wieder, weil er begriff, dass Gott ihm nur einen scharfen Verstand, mir aber seine Liebe gegeben hat.

Aus dem Ungarischen von Gregor Mayer

Erri De Luca

Simson

Er war kein Riese wie Goliat, der von David mit der Schleuder bezwungen wurde, mit einem einzigen Geschoss, einem spitzen Stein, der sich in den Kopf des Riesen bohrte.

Simson war von ganz normaler Statur, so steht es zumindest im Buch der Richter, dem siebten Buch des Alten Testaments. Es gab nur ein Detail, das an seinem Äußeren auffällig war und ihn einzigartig machte: seine Haare. Im Unterschied zur heutigen Gepflogenheit, sich die Haare zu frisieren, ließ er weder Schere noch Messer in die Nähe seines Kopfes. Niemand durfte Simson die Haare schneiden, und das nicht etwa, weil er launisch war, sondern weil seine Mutter für ihn das Gelübde des »nazìr« abgelegt hatte.

So bezeichnete sich, wer eine bestimmte Zeit seines Lebens Gott weihen wollte, indem er sich an gewisse Regeln hielt: Er durfte sich nicht die Haare schneiden lassen, keinen Wein trinken und keine Toten berühren, auch dann nicht, wenn es sich um einen nahen Verwandten handelte. Wer das Gelübde des »nazìr« ablegte, bestimmte bereits im Voraus den genauen Zeitraum, für den es gelten sollte.

Bei Simson verhielt sich die Sache anders: Sein Gelübde galt für sein ganzes Leben, obwohl es nicht einmal seine eigene Entscheidung gewesen war. Seiner Mutter war eines Tages ein Engel erschienen, der ihr die Geburt eines Sohnes ankündigte und sie wissen ließ, dass dieses Kind für ein Leben als Nasiräer bestimmt sei. So wurde Simson bereits unter dem Zeichen eines Gelübdes geboren und er respektierte das.

Seine Haare waren so lang, dass er großes Aufsehen erregte, wo auch immer er hinkam.

Bei seiner Geburt nannte seine Mutter ihn Shimshòn, doch im Laufe der Zeit wurde daraus Simson, eine Verhunzung, die etliche Namen in der Heiligen Schrift aufgrund der ursprünglich mündlichen Überlieferung erfuhren. Der Name Shimshòn findet seinen Ursprung in dem hebräischen Wort »shèmesh«, was so viel bedeutet wie »Sonne«. Simsons Mutter, die nur diesen einen Sohn gebar und das in fortgeschrittenem Alter, trug ihn in ihrem Schoß wie eine Sonne, die ihr Leben erleuchtete: Simsons Geburt war für sie wie das Aufsteigen des Lichts aus dem Dunkel der Nacht. Und sie begrüßte ihn mit einem Namen, der der Sonne entsprach, meine Sonne. Ein Neapolitaner wie ich kann das nur zu gut verstehen.

Ein Nasiräer war kein Priester, der den Gottesdienst abhielt, er war ein ganz normaler Mensch, der heiraten und sich verlieben durfte. Simson gefielen die Frauen und er, groß und kräftig und mit seiner Löwenmähne, gefiel ihnen. Allerdings mochte er die fremden Frauen aus dem Volk der Philister lieber als die einheimischen israelitischen Mädchen, vielleicht weil diese fremden Frauen an der Küste lebten und den Geruch des Meeres an sich trugen, während er aus den Bergen stammte, wo das Geschlecht der Dan, Nachkommen des Stammes Israels, sich angesiedelt hatte.

Immer wieder verliebte er sich in eine Tochter der Philister, und als er schließlich verkündete, ein schönes Mädchen aus der Stadt Timna heiraten zu wollen, bekam er Streit mit seinen Eltern. So etwas wurde nämlich sehr ungern gesehen. Mischehen gab es selten, da die Philister zu jener Zeit das mächtigere Volk waren und die Israeliten ihre Untertanen. Doch Simson kümmerte sich weder um das Gerede der Leute noch um die Politik, er wollte dieses Mädchen.

Auf dem Weg nach Timna erlebt er sein erstes Abenteuer: Ein Löwe kommt aus dem Gehölz und bleibt brüllend vor ihm stehen. Da zeigt sich ihm zum ersten Mal ein seltsames Phänomen: Ein Wind, ein ganz besonderer Wind, hüllt ihn plötzlich ein, eine Art Wirbelwind, der kurz davor ist, ein

Wirbelsturm zu werden. Dieser Wind, der direkt von Gott zu kommen scheint, verleiht seinem Körper eine außergewöhnliche Kraft. Simson packt das Tier, das viel größer ist als er selbst, und erlegt es mit bloßen Händen. Mähne gegen Mähne, selbst unter Löwen gibt es Pechvögel. Jener, der Simson gegenüberstand, stimmte ein fürchterliches Geheul an.

An dieser Stelle zeigt sich der Charakter dieses vom Wind beflügelten und gestärkten jungen Mannes sehr schön. Jeder von uns hätte sich mit dieser Tat und den auf wundersame Weise gewonnenen Kräften gebrüstet. Er nicht: Er erzählt niemandem etwas davon. Angeben liegt ihm einfach nicht, und obwohl er noch so jung ist, versteht er sofort, dass diese Kraft nicht aus seinen Muskeln kommt, sondern ein Geschenk des Himmels ist. Sein Leben ist Gott geweiht, das vergisst Simson keinen Augenblick. Er besitzt Größe und vermag es dennoch, bescheiden zu sein. Daran sollte sich jeder erinnern, der eine außergewöhnliche körperliche oder sportliche Leistung vollbringt.

Nun kommen wir zum Verlobungsfest: Simsons ansehnliche Haarpracht und seine kraftvolle Gestalt strahlen Energie und Lebensfreude aus, da ist das verliebte Mädchen, alles ist vorbereitet, die Tafel ist gedeckt, aber Simson steht eindeutig im Mittelpunkt der Aufmerksamkeit. Dreißig junge Philister umringen ihn, beobachten jede seiner Bewegungen und versuchen hinter das Geheimnis seiner Ausstrahlung zu kommen. Doch Simson ist kein Tier, er ist intelligent, hat etwas gelernt, ist gebildet. Er will die Jungen nicht mit Kraftproben wie Tauziehen beeindrucken, sondern mit einem Spiel, zu dem man Intelligenz und Fantasie braucht. Er schlägt ihnen ein Rätsel vor: Aus dem letzten Satz einer Geschichte soll erschlossen werden, was ihm vorausgegangen ist. Um den Wettstreit noch spannender zu gestalten, schlägt er als Gewinn einen Kleiderpreis vor: Der Verlierer muss dem Gewinner dreißig Kleidungsstücke geben, Simson den Jungen oder die Jungen ihm. Die Jungen sind einverstanden und Simson sagt laut und deutlich folgenden nicht gerade alltäglichen Satz: »Speise ging aus vom Fresser und Süßigkeit vom Starken.«

Ein schönes Rätsel, in der Tat: Den Schlüssel dazu findet man in Simsons Abenteuer mit dem Löwen. Als Simson nämlich einige Zeit später wieder an dem Tierkadaver vorbeigekommen war, fand er in dem offenen Rumpf der Bestie einen Bienenstock und nahm daraus etwas Honig. Auf diese Weise ging aus dem Fresser eine Speise hervor.

Die Jungen zerbrechen sich den Kopf über das Rätsel, doch es gelingt ihnen nicht, den Schlüssel zu finden, um die Geschichte zu rekonstruieren. Aus Angst, sich durch eine Niederlage zu blamieren, und auch weil sie befürchten, dreißig Kleidungsstücke kaufen zu müssen, bedrängen sie nun ihre Landsmännin, Simsons Verlobte, ihnen zu helfen, und drohen ihr sogar, sie andernfalls zu verbrennen. Und da erfährt Simson zum ersten Mal, dass die Liebe eines ausländischen Mädchens nie vollkommen sein kann, weil es immer auch ihrem Volk die Treue halten muss, ganz genauso wie dem Ehemann gegenüber. Das Mädchen entlockt Simson die Lösung des Rätsels und überbringt sie den besorgten Jungen.

Es ist bitter, von dem Menschen verraten zu werden, mit dem man den Bund fürs Leben schließen will.

Simson ist über das Geschehene so wütend, dass er sich auf den Weg in eine andere Stadt der Philister macht. Dort umhüllt ihn der Wind Gottes ein zweites Mal und entfacht in ihm die Kraft zu einem großen Überfall: Er überwältigt dreißig Männer, entkleidet sie und bezahlt so seine Schuld. Dem widerfahrenen Unrecht hat er nun seinerseits mit einem Unrecht geantwortet.

Den ganzen Sommer bleibt er Timna fern, doch schließlich bekommt er Sehnsucht nach seiner verlassenen Verlobten. Er geht zu ihr: »So eine Unverschämtheit, du hast dich die ganze Zeit nicht blicken lassen, uns nicht einmal eine Nachricht zukommen lassen, und jetzt erwartest du, dass wir dich empfangen, als ob nichts wäre.« Ihr Vater erklärt ihm, dass das Mädchen kein Mädchen mehr sei, sondern inzwischen einen der jungen Männer vom Verlobungsfest geheiratet habe. Was für ein Schock für Simson, was für eine Wut: So etwas macht man einfach nicht, man verheiratet kein Mädchen, das bereits einem anderen versprochen ist, ohne vorher den Verlobten zu verständigen. Sie haben einfach so getan, als ob es ihn nicht gäbe, und Simson weiß überhaupt nicht, wie ihm geschieht, als der Vater ihm die jüngere Schwester als Ersatz anbietet. Er hasst sie jetzt alle, das ganze Volk der Philister, und will ihnen die Demütigung heimzahlen. Und er begeht eine große Dummheit.

Der Sommer neigt sich dem Ende zu, die Trauben sind reif und in dieser Jahreszeit werden die Weinberge Israels oft von den Füchsen geplündert. Simson fängt einige Füchse, bindet sie Schwanz an Schwanz zusammen, immer zwei und zwei an eine brennende Fackel, und setzt sie in den Weinbergen der Philister aus. So entsteht ein riesiges Feuer, das die gesamte Ernte vernichtet, eine Katastrophe.

Die Angelegenheit ist nun deutlich über das persönlich erlittene Unrecht hinausgewachsen und zur Staatsangelegenheit geworden. Die Philister reagieren in beide Richtungen: Sie verurteilen den Vater und das Mädchen zum Tode, weil sie Simson Unrecht getan haben, und sie verlangen von den Israeliten, ihnen Simson auszuliefern.

Da Simson sich in eine Gebirgsschlucht in Judäa geflüchtet hat, besetzen die Philister diese Region. Die Israeliten von Judäa geben den Forderungen nach, sie wollen in die Sache nicht hineingezogen werden. Simson ergibt sich, er wird gefesselt, den Philistern übergeben und in die Stadt Lehì gebracht. Doch siehe da, abermals umhüllt ihn der Wirbelwind, die Fesseln reißen entzwei, Simson packt die Kinnbacken eines Esels und schlägt zu und schlägt zu und schlägt zu bis an die tausend Mal. Die Heilige Schrift verwendet hier nicht das Wort töten, folglich handelt es sich nicht um ein Gemetzel, aber doch wohl um die größte Schlägerei, die je mit einer Waffe durchgeführt wurde, die eigentlich gar keine ist.

Wenn man dann die Geschichte weiterliest, erfährt man plötzlich etwas, womit man am allerwenigsten gerechnet hätte: Simson wird Richter in Israel und er übt dieses Amt sage und schreibe zwanzig Jahre lang aus. In jener Zeit, in der es noch keine Könige gab und die verschiedenen Stämme Israels ohne einen gemeinsamen obersten Führer in ihren Gebieten lebten, war dies das höchste öffentliche Amt. Üblicherweise wählte man dafür jemanden aus, der sich durch besondere Tüchtigkeit ausgezeichnet hatte. So ist Simson nach dem wundersamen Abenteuer von Lehì zwanzig Jahre lang das oberste Haupt Israels. Und die Philister beenden vorerst den Krieg gegen Israel, sie lassen Simson in Ruhe, so lange er zu Hause bleibt.

Doch die Zeit verändert den Menschen nur sehr wenig. Obwohl mittlerweile vierzig Jahre alt, ist Simson nach wie vor von seiner Leidenschaft für die Töchter der Philister besessen. Und so steigt er eines Tages doch wieder hinunter nach Gaza, in die Nähe des Meeres, und trifft sich mit einer Frau. Natürlich bleibt sein Kommen nicht unbemerkt, die Leute aus Gaza erfahren es sofort und beschließen, ihm frühmorgens bei Sonnenaufgang, wenn er wieder aufbrechen will, eine Falle zu stellen. Doch Simson steht bereits mitten in der Nacht auf, findet das Stadttor verschlossen – und was macht er? Er hebt es samt Türen und Pfosten aus den Angeln und lädt es sich auf die Schultern. Dazu braucht er nicht einmal auf den himmlischen Wind zu warten, es scheint, als wohne dieser Wind jetzt in seinem Körper und habe sich mit seinem Atem vermischt.

Und was macht Simson mit dem schweren Tor der befestigten Stadt? Er lädt es auf einem Berg wieder ab, der sich oberhalb von Hebron befindet.

Oberhalb von Hebron! Zig Kilometer vom Küstenstreifen

der Philister entfernt, mitten in das Gebirge von Judäa steigt er und steigt er mit diesem mörderischen Gewicht auf den Schultern. Ein einzigartiger Kraftakt, der noch dazu ein Akt des Widerstands ist, aber vor allem eine Demonstration politischer Feindschaft. Simson durchquert das Gebiet der Philister und dann das Gebiet Judäa mit dem ausgehängten Stadttor der Stadt Gaza, was auf Deutsch Festung heißt, und welche jetzt wehrlos und ohne Schutz ist. Die zwanzig Jahre Waffenstillstand sind vorbei.

Und so zieht Simson durch das Land der Philister, von den Männern gefürchtet und von den Frauen bewundert. Im tiefen Tale Sorek begegnet er Delila und verliebt sich in sie. Er liebt sie und wird wiedergeliebt. Zum ersten Mal in seinem Leben erfährt er die Liebe, die er immer gesucht hat. Er ist nun ein reifer Mann, der in der Blüte seines Lebens steht. Wenn es so etwas wie das richtige Alter für die Liebe gäbe, was es ja nicht gibt, so hat er es endlich erreicht.

Die Heilige Schrift huldigt diesem Ereignis mit der auffälligen Verwendung des Wortes »lieben«, wie es in der Geschichte Simsons nur ein einziges Mal vorkommt. Wie lange diese Liebe dauert, steht nicht geschrieben: Doch wenn sie auch nur von kurzer Dauer war, so war es jene Liebe, die er in den Umarmungen immer gesucht hatte.

Aber leider können zwei Menschen, die verfeindeten Völkern angehören, sich nicht in Frieden lieben. Entweder sie bleiben der Liebe treu und werden damit zum Verräter am eigenen Volk oder der Anspruch des eigenen Volkes setzt sich durch und macht ihre Gefühle zunichte. Delila gehört zum Volk der Philister und die Führer ihres Volkes fordern von ihr das Geheimnis ihres Todfeindes. Sie stellen ihr als Belohnung eine Geldsumme in Aussicht, als könnte das Delilas Entscheidung irgendwie beeinflussen: In Wirklichkeit kann Delila diese Forderung gar nicht ablehnen, weil das Verrat am eigenen Volk wäre. Weltliche Angelegenheiten dringen nun in ihre Liebesgeschichte ein und verurteilen sie zum Scheitern.

Die Liebenden haben keine Zukunft, sie können das Ende der Liebe nur hinauszögern.

Delila gehorcht den Führern ihres Volkes, aber sie will Simson nicht betrügen. Sie hat den Auftrag, ihn zu verführen und ihm das Geheimnis seiner wundersamen Kraft zu entlocken, damit die Philister ihn fesseln und foltern können. Doch Delila gesteht Simson alles und wiederholt exakt die Worte der Philister, nämlich dass sie ihn fesseln und foltern wollen.

Die Heilige Schrift ist da präzise: Delila sagt Simson tatsächlich genau die gleichen Worte weiter. Das ist das Ende ihrer Liebe, das wissen sie beide, und doch wollen sie sich für ihre Liebe noch ein paar Tage stehlen, sich noch ein bisschen länger in den Armen liegen. Sie versuchen, Zeit zu gewinnen: Er wird ihr ein falsches Geheimnis verraten, sie wird so tun, als glaubte sie ihm, wird seinen Anweisungen folgen, ihn fesseln, und doch wird es ihm dann gelingen, sich zu befreien. So wollen sie es machen und Simson beginnt mit der ersten Lüge: Wenn er mit sieben frischen Tierdärmen gefesselt werde, so wird ihn seine Kraft verlassen. Delila vollführt den Plan, sie selbst fesselt ihn, um genauer zu sein, mit Simsons Hilfe, dann ruft sie die Truppen aus dem Hinterhalt und kündigt den Moment des Angriffs an, indem sie »Philister über dir, Simson!« ruft. Der Held erhebt sich, schüttelt sich, zerreißt die Knoten und die Truppen flüchten. Sie haben es geschafft, sie dürfen sich noch ein bisschen länger lieben, auch wenn sie jetzt bereits ständig beobachtet werden.

Sie probieren es noch einmal. Delila fragt Simson wieder, wie sie es schaffen kann, ihn zu fesseln, und er erfindet eine Variante der ersten Lüge: Wenn sie neue Stricke verwenden würde, noch völlig unbenutzte, dann wird er zu schwach sein, sich zu befreien. Delila vollführt den Plan. Die Heilige Schrift wiederholt, dass sie selbst es ist, die ihn fesselt, aber es ist offensichtlich, dass es ohne die Hilfe des Helden unmöglich wäre, das zu schaffen. Simson lässt sich verschnüren wie ein Geschenk und wiederum kündigt sie ihm den Angriff im letzten Moment an: »Philister über dir!« Simson befreit sich von den Schlingen und die Männer fliehen. Zum zweiten Mal! Sie haben es wieder geschafft, obwohl das doppelte Spiel von Delila jetzt gefährlicher wird. Doch die Liebe will leben und so probieren es die beiden ein drittes Mal.

Als sie ihn erneut nach dem Geheimnis seiner Kraft fragt, antwortet er, dass er sich nicht befreien könne, wenn sie ihm seine Haare zu sieben Zöpfen flechte und ihn damit an den Weberbaum binde, an die große sich drehende Walze der Weberei. Und so wiederholt sich das Spiel zum dritten Mal und Simson befreit sich mit seiner enormen Kraft von seinen Fesseln. Doch diesmal weiß er, dass es das letzte Mal war.

Er ist seinem Geheimnis zu nahe gekommen, er hat seine Haare ins Spiel gebracht. Doch bevor er sich seinen Feinden ergibt, lässt er sich von Delila das Haar lösen und sie folgt seinen falschen Anweisungen. Delila kämmt ihm das Haar und flicht ihm die Zöpfe, bevor sie es um die Walze wickelt, die von einem in die Erde gerammten Pflock festgehalten wird. Es ist die letzte Tat ihrer Komplizenschaft, der letzte Verrat: Und sie zögern ihn länger hinaus als die anderen, weil es lange dauert, bis diese sieben außergewöhnlichen und festen Zöpfe geflochten sind. Bevor er seine Mähne dem Messer der Feinde ausliefert, lässt er sie durch die Hände der Liebe in Ordnung bringen.

Ihr Zusammenspiel hat lange gewährt: Sie befolgte beim Fesseln seine falschen Anweisungen und er befreite sich, sobald sie ihm den Angriff angekündigt hatte. Drei Mal haben sie die Beweggründe von Krieg und Politik mit der Kraft ihrer Liebe besiegt. Sie haben der Welt ein paar verbotene Tage geraubt, sie haben alle getäuscht, doch jetzt sind sie am Ende. Ihr doppeltes Spiel ist jetzt offensichtlich und Delila riskiert ihr Leben: Für viel Geringeres hatten die Philister in Timna die Verlobte und deren Vater verbrannt. Sie werden sich jetzt nicht länger täuschen lassen, sie haben durchschaut, dass Delila die Komplizin des Feindes ist.

Simsons Stunde war gekommen: Soll er wieder fliehen wie die Male zuvor, oder soll er sich nun ergeben? Er entscheidet sich für die Liebe, aus Liebe, dieser grenzenlose Liebe, die ihn getroffen hat, entschließt er sich zu bleiben, um so seine Geliebte vor der Rache der Fürsten zu bewahren. Nun entdeckt er Delila sein wahres Geheimnis, erzählt ihr von Gott und dem Gelöbnis der Nasiräer, das er seit seiner Geburt heiligt und das er immer geachtet hat. Das äußere Zeichen dieses Gelübdes sind seine Haare und in ihnen ruht seine Kraft.

Delila weiß jetzt Bescheid und zum ersten Mal alarmiert sie die Fürsten ihres Volkes. Bisher hatte sie immer nur die einfachen Soldaten gerufen. Die Fürsten bezahlen sie und sie muss dieses Geld, das ihre Liebe verrät, annehmen. Zuvor jedoch bedeutet sie ihrem Helden mit einer letzten zärtlichen Geste, sich hinzuknien und seinen Kopf in ihren Schoß zu legen, dann trennt das Rasiermesser seine sieben dicken Zöpfe ab. So sehen sie sich zum letzten Mal.

Wie nun die Ihren kommen, kündigt sie diese wie immer mit dem Ruf an: »Philister über dir, Simson!« und Simson steht auf, nicht einmal gefesselt, und hat dennoch keine Kraft mehr sich zu wehren, er lässt sich überwältigen und gefangen nehmen. Mit seinem Haar hatte er nicht nur seine Kraft verloren, sondern auch seine Verbindung zu Gott. Jetzt ist er allein. Die Philister blenden ihn. Er, der die Sonne im Namen trug und dem die Liebe aus den Augen strahlte, ist nun erloschen.

Sie töten ihn nicht, sie binden ihn wie ein Tier an die Mühle, sie lassen ihn arbeiten, um dem Volk Israels im Schicksal ihres Fürsten ihr eigenes Schicksal der Knechtschaft vor Augen zu führen. Simson lehnt sich nicht dagegen auf, er bezahlt für seine Liebe, die andere schon mit dem Leben bezahlen mussten. Er hat nicht die Flucht ergriffen, wie damals in Gaza, er ist geblieben, um sein Haupt auf das süßeste Schafott der Welt zu legen, den Schoß von Delila.

Er büßt in aller Stille und in aller Stille wachsen seine Haare wieder, doch die Philister wissen nichts von seinem Geheimnis und lassen sie wachsen. Delila hat nichts verraten. Sie hat ihrem Volk gedient und den Feind ausgeliefert, aber sie verrät Simson jetzt genauso wenig, wie sie es vorher getan hat. Das ist die reine Wahrheit: Delila verrät den Fürsten das Geheimnis von Simsons Kraft tatsächlich nicht. Die Haare wachsen wieder, sie wirken kraftvoller als je zuvor und mit ihnen erneuert sich der Pakt mit Gott und das Gelöbnis. Simson ist ein Mann Gottes, auch wenn das einzige Zeichen, das er je dafür bekommen hat, seine entfesselte Kraft gewesen war.

Das Ende ist bekannt. Die Philister geben ein Fest zu Ehren der Götter. Sie schleppen den gefesselten Simson in den von Menschenmassen überfüllten Tempel. Der gefangene Feind wird begafft und Simson bittet den Jungen, der ihn führt, ihn an eine Säule zu lehnen, und dort, im Dunkel seiner Augenhöhlen, im Lärm des Festes, dessen Attraktion und Zielscheibe er ist, bittet er Gott, ihm noch einmal seine Kraft zu leihen. Und er erhält sie in einem unglaublichen Ausmaß: Er stemmt sich gegen die Säule und schreit auf Hebräisch: »Tamùt nafshì im pelishtìm«, möge mein Atem mit den Philistern sterben. Und der Tempel stürzt ein, und die heilige Schrift sagt, dass Simson in seinem Tod mehr Feinde umgebracht hat als in seinem ganzen Leben. Wir wissen es zwar nicht, aber wir können davon ausgehen, dass Delila nicht dabei war.

Simsons toter Körper ruht nicht unter den Trümmern. Die Israeliten kamen von der Hochebene, bargen die sterblichen Reste ihres Helden und begruben ihn in Israel.

Die letzten Worte von Simsons Geschichte wiederholen noch einmal, dass er zwanzig Jahre lang Richter in Israel war. Wer sowohl den Hass als auch die Liebe kennen gelernt hat, hat das nötige Mitleid, um ein guter Richter zu sein.

Aus dem Italienischen von Anne Brans

Roberto Piumini

Ruth

Ein Mann aus Bethlehem namens Elimelech zog aus Not zusammen mit seiner Frau Noemi und ihren beiden Söhnen Machlon und Kiljon ins Land der Moabiter, um Arbeit zu suchen. Sie ließen sich als Schnitter nieder und lebten in gutem Einverständnis mit den dortigen Menschen. Elimelech starb früh, die Söhne heirateten zwei Moabiterinnen: Orpa und Ruth, und zehn Jahre lang lebte die Familie in Zufriedenheit von ihrer Arbeit, auch wenn keine Kinder zur Welt kamen. Dann starben die beiden Brüder, und Noemi beschloss, in das Land Juda zurückzukehren.

»Geht nur zurück zu euren Müttern, meine Töchter, und nehmt euch wieder einen Mann«, sagte sie zu ihren Schwiegertöchtern. »Die Hand Jahwes hat mich geschlagen. Bleibt nicht mit mir im Unglück.«

Die beiden Frauen aber weinten, umarmten sie und wollten sie nicht verlassen. Als sie am Fluss Jordan angekommen waren, blieb Noemi stehen und sprach:

»Meine Töchter, habt Dank für eure Begleitung. Ich sage euch noch einmal: Kehrt zurück in die Häuser eurer Mütter. Ich bringe euch nur Unglück.«

Da umarmte Orpa sie und kehrte ins Land Moab zurück. Ruth hingegen sprach:

»Noemi, ich gehe, wohin du gehst, und bleibe, wo du bleibst. Dein Volk sei mein Volk, und dein Gott sei mein Gott. Jahwe schicke mir tausend Ungemach, wenn ich mich vor meinem Tode von dir trenne.«

So gingen sie zusammen, bis sie nach Bethlehem kamen.

»Schaut, Noemi ist da!«, rief man in der Stadt.

Doch sie antwortete:

»Ich bin nicht mehr Noemi, sondern Mara, die von Gott Verbitterte!«

Es war die Zeit der Gerstenernte, und Ruth beschloss, hinter den Schnittern Ähren zu lesen. Sie kam auf das Feld eines reichen Mannes aus der Familie Elimelechs namens Boas. Als dieser auf dem Feld erschien, fragte er seinen Vorschnitter:

»Wer ist diese junge Frau?«

»Das ist Ruth, die Moabiterin, sie ist Witwe und die Schwiegertochter Noemis. Sie hat gefragt, ob sie nachlesen darf, und seit Morgengrauen arbeitet sie ohne Unterlass.«

Da trat Boas zu Ruth und sagte:

»Gott sei mit dir!«

Und sie antwortete:

»Gott segne dich!«

»Hör zu, Ruth«, setzte er fort, »du kannst weiter auf meinen Feldern lesen. Ich werde den Männern sagen, sie sollen dich nicht belästigen und dich auch zwischen den Garben sammeln lassen.«

Ruth dankte ihm.

Zur Mittagszeit rief Boas sie:

»Komm. Iss mit mir und tunke dein Brot in den Essig.«

Ruth setzte sich zu den Schnittern und Boas reichte ihr geröstete Körner. Sie aß und steckte das, was blieb, weg, um es Noemi zu bringen.

Als sie sich wieder an die Arbeit machten, sagte Boas zu seinem Vorschnitter:

»Lasst ein paar Ähren mehr liegen für Noemis Schwiegertochter.«

Am Abend drosch Ruth die Gerste, die sie geerntet hatte, und kehrte mit einem ganzen Scheffel in die Stadt zurück.

»Wo hast du nur all diese Gerste her?«, fragte Noemi.

Ruth erzälte, was vorgefallen war.

»Jahwe sei gepriesen, denn er vergisst nicht die Lebenden und nicht die Toten!«, sagte Noemi.

Und bis zum Ende der Erntezeit las Ruth jeden Tag unter Boas Schutz ihre Ähren auf.

Am letzten Tag sagte Noemi zu Ruth:

»Meine Tochter, Boas ist ein Verwandter von uns. Heute Abend worfeln sie die Gerste. Dann wird er viel essen und trinken, denn das Worfeln macht die Männer durstig. Du wasch dich und salbe dich und geh verschleiert auf die Tenne, so dass dich niemand erkennt. Wenn du siehst, wohin er sich schlafen legt, geh ihm nach, deck ihm die Füße ab und leg dich zu ihm. Und dann hör nur, was er sagt.«

Ruth tat alles, wie Noemi es ihr gesagt hatte.

Und Boas aß und trank nach dem Worfeln reichlich und vergnügt und legte sich schließlich hinter dem riesigen Gerstenhaufen schlafen. Ruth näherte sich leise, deckte ihm die Füße ab und legte sich neben ihn.

Mitten in der Nacht verspürte Boas Kälte und wachte auf. Da sah er sie.

»Wer bist du?«, fragte er.

Sie enthüllte ihr Gesicht und sprach:

»Ich bin Ruth, deine Dienerin. Breite deinen Mantel über mich: Du bist ein Verwandter meines Mannes und nach dem Gesetz berechtigt, mich zur Frau zu nehmen.«

»Gepriesen seist du von Jahwe! Gepriesen sei deine Tugend!«, antwortete er. »Du musst jedoch wissen, dass es einen noch engeren Verwandten gibt, und dem Gesetz nach müsste er dich zur Frau nehmen. Doch ich weiß, was ich sagen kann, und ich werde es tun. Bleib du inzwischen hier und schlafe bis zum Morgen.«

Am Morgen weckte er sie vor Sonnenaufgang, ließ sie den Mantel öffnen und tat ihr sechs Maß Gerste hinein. Dazu sprach er:

»Du sollst nicht mit leeren Händen zu Noemi kommen.«

Ruth ging nach Hause, wo Noemi schon auf sie wartete.

»Nun, was ist geschehen, meine Tochter?«, fragte die alte Frau.

Ruth berichtete ihr alles.

Da sprach Noemi:

»Warten wir, mein Töchterchen. Ich bin mir sicher, Boas wird nicht ruhen, bis er die Sache geregelt hat.«

Dieser war inzwischen zum Stadttor gegangen, hatte sich hingesetzt und wartete. Als er den gewissen Verwandten kommen sah, stand er auf, nahm ihn bei der Hand und sagte:

»Mein Freund, bleib stehn. Ich muss dir etwas sagen.«

Und er führte ihn an die Mauer, wo zehn Stadtälteste saßen, damit sie seine Worte hörten.

»Du kennst jenes Stück Land, das unserem Verwandten Elimelech gehörte, der bei den Moabitern gestorben ist«, begann Boas. »Nun ist Noemi, seine Witwe, heimgekehrt und möchte es verkaufen. Du bist der Erste, der ein Anrecht darauf hat, und so frage ich dich vor den Ältesten, ob du es kaufen willst?«

Der Verwandte sagte:

»Natürlich will ich es kaufen.«

Und Boas sprach weiter:

»Da ist aber eine Sache, die du wissen musst, mein Freund. Mit dem Erwerb dieses Landes erwirbst du auch eine gewisse Ruth, eine Moabiterin, die Witwe des Sohnes von Elimelech, wie es das Gesetz vorschreibt.«

Da schwieg der Verwandte und dachte nach, bevor er sagte:

»Dann will ich es doch nicht kaufen.«

Und wie es Brauch war, zog er eine Sandale aus und legte sie in Boas Hände, um den Ältesten zu zeigen, dass er ihm das Erwerbsrecht überließ. Und Boas sprach zu den Ältesten und dem Volk ringsum:

»Ihr seid Zeugen dafür, dass ich aus den Händen Noemis, der Witwe Elimelechs, das Feld übernehme, das sie verkaufen will. Und zugleich nehme ich Ruth, die Moabiterin, zur Frau, damit der Name Elimelechs und seines Sohnes weiterlebe.«

Und die Ältesten und das Volk sprachen:

»Wir sind deine Zeugen. Jahwe segne deine Braut wie Rachel und Lea, die das Haus Israel erbaut haben!«

Da ging Boas zu Noemi, berichtete, was geschehen war, und nahm Ruth zur Frau. Und bald gebar sie einen Sohn.

Und die Frauen sagten zu Noemi:

»Gepriesen sei Jahwe, der dir einen Erben geschenkt hat und diese Schwiegertochter, die dir mehr wert sein kann als sieben Söhne.«

Noemi nahm den Kleinen immer wieder aus Ruths Armen, setzte ihn sich auf die Knie und sprach mit ihm und sang ihm Lieder vor, wie sie es mit ihren Söhnen getan hatte.

Und der Kleine erhielt den Namen Oved, und er zeugte den Isaias, und der zeugte David, den König.

Aus dem Italienischen von Maria Fehringer

Friedrich Ani

David und Goliat

In jener Zeit, etwa tausend Jahre vor Christi Geburt, wuchs in dem kleinen Ort Gat im Philisterland ein Junge heran, der von Geburt an eine besondere Fähigkeit besaß: Er konnte lauter schreien als alle anderen Kinder. Seine Mutter wäre vor Schreck fast gestorben, als die Hebamme ihr das Baby an die Brust legte und es plötzlich mit dämonischer Stimme zu brüllen anfing, so dass die Nachbarn auf die Straße liefen und Gott anflehten, weil sie einen bösen Geist vermuteten.

Doch das Neugeborene war kein böser Geist. Es hatte lediglich eine starke Stimme und – wie sich bald zur Verblüffung aller Dorfbewohner und besonders seiner Mutter herausstellte – einen nicht minder mächtigen Körper. Knapp sechs Monate alt rannte der Kleine wieselflink durch die Gassen, sprang über Zäune und kämpfte furchtlos mit wilden Hunden. Sprechen konnte er zwar noch nicht, aber wenn er zu Hause die Faust auf den Tisch knallte und ein finsteres Gesicht aufsetzte, dann wusste seine Mutter genau, was er wollte: essen. Und zwar eine ganze Schüssel voll. Seine Lieblingsspeise war gebratenes Huhn mit Zuckerschoten, dazu überbackenen Schafskäse und als Dessert süße Datteln, übergossen mit Granatapfelsirup, den seine Mutter vorzüglich zubereitete. Danach legte er sich auf den Boden und schlief sofort fest ein. Schon mit einem Jahr schnarchte er lauter als sein Vater, und der war in der ganzen Pentapolis für seine markerschütternden Geräusche während der Nacht berühmt.

Die Pentapolis bestand aus Gaza, Aschkelon, Aschdod, Ekron und Gat, und jeden Monat trafen sich die Mütter abwechselnd in einer der fünf Siedlungen an der Südostküste zum Mittelmeer, um über ihre Sorgen zu sprechen und den neuesten Klatsch auszutauschen. Früher diskutierten sie ausführlich über Kinderkrankheiten und wie man sie heilte und darüber, ob ihre Männer wieder einen Krieg mit den Israeliten oder Judäern anzetteln würden. Doch nun gab es nur noch ein Thema – die sensationelle Entwicklung des kleinen Goliat. So nämlich hatte ihn seine Mutter Echna, die Frau des Waffenschmieds Labot, genannt.

Goliat.

Und es dauerte nicht lange, da kannte jeder im Philisterland – das später Palästina hieß – seinen Namen und manche raunten ihn mit Respekt und Furcht, manche jedoch mit ein wenig Verachtung. Denn wer, fragten sich die Skeptiker, nimmt schon einen Dreijährigen ernst, der ein Meter fünfzig groß ist und einen Speer dreißig Meter weit werfen kann? Einige hielten ihn für ein Monster oder sogar für die Ausgeburt des Teufels. Und es gab Männer, die nahmen von nun an die Dienste eines anderen Schmieds in Anspruch, weil sie Angst hatten, Labot würde sie mit seinem toten Blick verhexen. Labot nämlich war blind, seit ihm bei einem Unfall ein glühendes Eisen die Augen zerstört hatte. Das wusste jeder, aber seit sein Sohn auf der Welt war, hielten manche den Unfall für eine Strafe des Himmels und Goliat für den leibhaftigen Vollstrecker.

Bauerngeschwätz!, meinten dagegen die Krieger im Philisterland und warteten ungeduldig darauf, dass sich Goliat zu einem vollen Mann entwickelte, mit dem sie dann in die Schlacht ziehen und den verhassten Feind ein für alle Mal vernichten könnten.

Und auch die Mütter beruhigten bei ihren Zusammenkünften ihre Freundin Echna. »Sorge dich nicht wegen seines Aussehens«, sagten sie zu ihr, »dein Junge wird gewiss ein berühmter Feldherr und König Saul und seine arroganten Leute werden ihm die Füße küssen und um Gnade winseln. Und wenn sie es nicht tun, wird er sie eigenhändig ins Meer werfen, jeden Einzelnen, und zwar von hier aus, dreißig Kilometer weit! So, und nun erzähl uns: Ist dein blinder Mann Labot noch immer so geschickt mit den Fingern wie früher?«

Und während Echna wieder einmal die Vorzüge ihres Mannes pries und zwischendurch in Gedanken abschweifte zu ihrem einzigartigen Sohn, kauerte dieser allein unter einem Tamariskenbaum und blickte hinauf zum nächtlichen Himmel. Das Flackern der Sterne faszinierte ihn und er hatte nur einen Wunsch: Astronom zu werden und das Geheimnis des Universums zu erforschen. Nichts anderes wollte er tun, wenn er einmal groß wäre – das heißt, wenn er noch größer und richtig erwachsen sein würde.

Im Moment war er ein Meter achtzig groß und acht Jahre alt und freute sich unbändig darauf, sich eines Nachts auf die Zehenspitzen zu stellen und einen Stern zu pflücken. Natürlich nicht, um die Ordnung des Firmaments durcheinander zu bringen – später würde er den Stern unversehrt wieder an dieselbe Stelle hängen –, sondern um ihn intensiv zu betrachten. Goliat hatte Lust, etwas zu lernen, vielleicht sogar zu studieren, wenn seine Eltern ihm die Reise nach Jerusalem zu den verhassten Israeliten erlauben würden.

Was ihn persönlich anging, so hasste er niemanden, nicht einmal die Israeliten. Allerdings hatte er noch nie einen von ihren getroffen. Er kannte sie nur aus Geschichten seiner Freunde und seines Vaters, der behauptete, er würde jeden einzelnen dieser bärtigen Banditen mit einem heiß geschmiedeten Schwert enthaupten. »Warum hast du solche Angst vor denen?«, fragte Goliat jedes Mal. Und sein Vater brauste auf: »Ich hab doch keine Angst vor denen, ich hasse sie nur!«

Es schien Goliat unmöglich, jemals nach Jerusalem zu gelangen. Also beschloss er, eines Tages lesen zu lernen und sich heimlich Bücher zu besorgen. Er hatte gehört, dass die Babylonier eine Sternenuhr erfunden und ein System entwickelt hatten, mit dem sie das Mond-Sonnen-Jahr berechneten, was sie »Kalender« nannten. Sehr aufregend, dachte Goliat unter dem Tamariskenbaum. Wenn ich später ganz groß bin, dann zähle ich die Sterne, indem ich meinen Kopf einfach in die Zwischenräume stecke und mich nach allen Seiten umsehe. So werde ich der Wissenschaft einen großen Dienst erweisen und vielleicht bekomme ich dann ein Empfehlungsschreiben von einem berühmten Astronomen.

So träumte er die ganze Nacht und ahnte nicht, dass er bald tatsächlich ein Schreiben erhalten sollte. Allerdings nicht von einem Meister der Sternenkunde.

In dem Papyrus stand – ein Nachbar las es ihm vor, denn in Goliats Familie hatte niemand lesen gelernt –, dass der Junge groß und kräftig genug sei, um seinen Dienst im Heer anzutreten, da er den Speer weiter als jeder andere werfen könne. Auf einen solchen Krieger könne das Land unmöglich verzichten.

Echna fing an zu weinen und Labot versank in mürrischem Schweigen. Er hatte gehofft, sein Sohn würde ihm in der Schmiede helfen, weil seine Blindheit ihm zunehmend zu schaffen machte und er insgeheim lieber öfter zu Hause gewesen wäre, um auf seine durchaus selbstständige Frau aufzupassen. Und Echna weinte, weil sie Todesangst um ihren Kleinen hatte, und er war ihr Kleiner, völlig unabhängig davon, dass er für sein Alter riesengroß und schwer war. Er war ein Junge und ein Junge hatte ein Recht auf eine unbeschwerte Kindheit.

Goliat jedoch dachte an etwas ganz anderes. Er dachte: Wenn ich in den Krieg ziehe und gut bin, dann bekomme ich sicher die Erlaubnis zu studieren. Laut sagte er: »Ich geh gleich los und nehm das Schwert mit, das mir Papa zum vierten Geburtstag geschenkt hat.«

Unter unaufhörlichen Tränen drückte ihn seine Mutter an sich. Er musste ihr versprechen, bald zurückzukehren. Er versprach es, kreuzte aber hinter dem Rücken die Finger. Denn blöde war er nicht, auch wenn viele im Philisterland ihn dafür hielten, das wusste er genau.

Als er im Lager von Ekron ankam – für die zwanzig Kilometer brauchte er genau neunundfünfzig Minuten –, waren die Truppen schon ausgerückt und ein betrunkener Wachmann erklärte ihm, der Angriff gegen die Judäer habe keinen Aufschub geduldet.

»Was soll ich jetzt tun?«, fragte Goliat verärgert.

Der Wachmann wankte und betrachtete den hünenhaften Kerl mit dem riesigen Schwert. »Hol ein paar Vögel aus der Luft und brat sie für die Verletzten, hähä«, lallte er. Und ehe er ein zweites Mal seinen schweren Kopf hob, hatte Goliat schon mit bloßer Hand einige Tauben gefangen und ihnen den Hals umgedreht. Anschließend rupfte er sie und briet sie über dem Feuer.

Das war wirklich das Letzte, was er jemals werden wollte: Koch in einem Lazarett.

Vor Zorn entwurzelte er mehrere Birken und verwandelte sie mit gezielten Handkantenschlägen in Kleinholz. So mancher Verwundete glaubte, er wäre ins Delirium gefallen, als er Goliat dabei zusah.

Plötzlich hörte Goliat eine Stimme hinter sich.

»Du bist aber ein starker Junge.«

Er drehte sich um.

Da stand ein rothaariges Mädchen in einem langen weißen Kleid und mit zwei goldenen Ohrringen, die in der Sonne funkelten. Sie lächelte. Goliat starrte sie an. Vor Schreck wich er zurück, trat auf einen Holzscheit, knickte mit dem Fuß um, verlor das Gleichgewicht, ruderte mit den Armen und plumpste wie ein Sack voller Steine auf den Boden. Das Mädchen lachte mit heller Stimme und Goliat wurde rot wie eine Pfefferschote.

Als er sich aufrichtete, den Blick beschämt auf seine Knie gerichtet, war das Mädchen verschwunden. Überall hielt er Ausschau nach ihr, er fragte den betrunkenen Wächter, der jetzt noch betrunkener war als vorher und nichts gesehen hatte, er durchquerte das Lager und hob den Vorhang vor jedem Zelt, er lief sogar einen Hügel hinauf, um einen besseren Überblick zu haben. Sie war nicht mehr da.

Ich hab geträumt, dachte Goliat traurig, die heiße Sonne hat mich getäuscht.

Aber nachts, während er schlief und sein Schnarchen die Wölfe verscheuchte, träumte er immer wieder von dem rothaarigen Mädchen und ihrem wundervollen Lächeln, und jedes Mal, wenn er die Hand nach ihr ausstreckte, verschwand sie und er war wieder allein. Und das blieb er während der nächsten neun Jahre. Er wuchs zu voller Größe heran und verdiente seinen Unterhalt damit, als der furchteinflößendste Krieger jeden Feind einzuschüchtern.

Nach Jerusalem gelangte er nicht, und wenn er zu den Sternen hinaufsah, überkam ihn Wehmut. Das Leben als Soldat war zermürbend und er wünschte, seine Landsleute würden einsehen, dass es besser war, mit seinen Nachbarn in Frieden zu leben.

»Du bist ein tumber Tor«, sagten seine Kameraden zu ihm, wenn er mit ihnen diskutierte. Und so schwieg er lieber. Viele schlaflose Nächte verbrachte er mit Grübeln darüber, wo das rothaarige Mädchen abgeblieben und wie es ihr in der Zwischenzeit ergangen sei.

Eines Tages erfuhr er von einem Späher, dass sie sich in einen Israeliten mit dem Namen Schima verliebt hatte, der sie angeblich abgöttisch liebte. Doch Schimas Vater Isai verbot die Verbindung. Und da sich Schima und Nasra – so hieß das Mädchen – trotzdem heimlich trafen, entführte der alte Isai Nasra und tötete sie an einem geheimen Ort. Wie der Späher weiter berichtete, stand Schimas jüngster Bruder Schmiere. Wenn ich diesen Feigling zu fassen kriege, der zugelassen hat, dass das schönste Lächeln unter der Sonne für immer ausgelöscht wird, so schwor sich Goliat, dann werde ich ihn zerquetschen wie meine Mutter die Granatäpfel für ihren Sirup.

Und nach weiteren drei Jahren bekam er wahrhaftig die

Gelegenheit, Schimas jüngstem Bruder in die Augen zu sehen. Und das zu einem Zeitpunkt, als er sich nichts sehnlicher wünschte, als endlich das Heer verlassen und nach Hause zurückkehren zu dürfen, um die Schmiede seines todkranken Vaters zu übernehmen.

Stattdessen musste er, wie schon so oft, eine schwere Rüstung anlegen, vor die Reihen seiner bewaffneten Landsleute treten und mit seiner riesenhaften Erscheinung dem Feind Furcht und Schrecken einflößen. Widerwillig tat er, wie ihm befohlen – und begegnete plötzlich jenem jungen Israeliten, den zu töten er sich vor langer Zeit geschworen hatte.

Goliats Rachegelüste jedoch waren versiegt, die Erinnerung an Nasra mit den goldenen Ohrringen war verblasst und seine einzige Sorge galt seinem Vater, seiner armen Mutter und seinem Bruder Lachmi, der noch zu klein war, um seinen Eltern eine Stütze zu sein. Weil Krieg herrschte, zählten persönliche Belange nichts und so kümmerte sich niemand um Goliats flehentliche Bitten.

Vierzig Tage lang, jeden Abend und jeden Morgen, musste er nun vortreten und mit seiner Stimme, die lauter und unheimlicher klang als die aller anderen Männer auf dem Schlachtfeld, die Knechte König Sauls beschimpfen.

Am einundvierzigsten Tag stand er schließlich zwischen den Reihen der Philister und der Israeliten Auge in Auge jenem Jüngling gegenüber, der – so flüsterte ihm ein Späher zu, derselbe wie damals – Isais jüngster Sohn und Zeuge des Mordes gewesen sei. Sein Name lautete: David.

Ich bin müde, dachte Goliat, was willst du, Winzling?

Da griff David in seine Tasche aus Ziegenleder, die er über der Schulter trug, und holte etwas heraus. Goliat konnte nicht erkennen, was es war, denn die untergehende Sonne blendete ihn. Und so bemerkte er auch nicht, wie Davids Hände zitterten.

»Hast du etwa Angst?«, fragte ihn sein Bruder Schima. Das war, drei Monate bevor David aufs Schlachtfeld gerufen wurde.

»Ich nicht!«, rief er und stürzte los.

»Bleib stehen, du Narr!«, schrie Schima erschrocken.

Aber David hörte nicht auf ihn. Wie immer. Er sprang von dem Felsen, auf dem sie gesessen, die Schafe beobachtet und ein ungesalzenes Brot geteilt hatten, lief auf den brüllenden Löwen zu und kreischte: »Verschwinde, böses Tier! Verschwinde und komm nie wieder! Sonst muss ich dich töten! Bist du taub?!«

Mit grimmiger Miene und weit ausladenden Armbewegungen rannte er um den Löwen herum und schrie, so laut er konnte. Oben auf dem Felsen stand Schima und wusste nicht, was er tun sollte. Schon oft war sein kleiner Bruder, als wäre er mit geschliffenen Schwertern und Beilen bewaffnet, auf wilde Tiere losgegangen, um sie zu vertreiben. Und jedes Mal benutzte er dazu nichts als seine bloßen Hände und selten seine alte Schleuder, die er aus Zedernholz gebastelt hatte.

Der Löwe riss das Maul auf und schüttelte seine Mähne. Wie bei einem Wettkampf rannte David um ihn herum. Nach einigen Minuten, in denen der Löwe ebenso ratlos dreinblickte wie Schima, brüllte der König der Tiere ein letztes Mal, ließ ein grässliches Grollen ertönen und trabte davon.

»Komm bloß nicht wieder«, rief ihm David hinterher und wandte sich zu seinem Bruder um.

»Du bist lebensmüde«, sagte Schima auf dem Nachhauseweg. Die Schafe zottelten vor ihnen her und ein milder Wind brachte von ferne den Geruch des Meeres nach Bethlehem.

Nach dem Abendessen mit seinen sieben Brüdern und seinem Vater Isai, dem Sohn Obeds, ging David in den Garten, setzte sich unter eine zweihundert Jahre alte Weide und spielte auf der Zither, die er ausgezeichnet beherrschte. Die Weide war sein Lieblingsplatz, von hier aus hatte er einen weiten Blick über das Tal, an dessen Ende Jerusalem lag. Was ihn am meisten beschäftigte und auch beunruhigte, war, dass er keinerlei Vorstellungen von seiner Zukunft hatte. Er wusste einfach nicht, was er einmal werden sollte. Dabei war er kürzlich achtzehn geworden, seine Brüder, die alle älter waren als er, hänselten ihn und nannten ihn Muttersöhnchen und Faulpelz. Insgeheim bewunderten sie natürlich seine Tapferkeit, wenn er die Schafherden verteidigte. Aber das hätten sie ihm niemals gesagt. Zumal sie auch nicht gerade feige waren. Aber einem hungrigen Löwen entgegenzulaufen und ihn anzuschreien, das hatte etwas Tollkühnes und erinnerte sie an Simson, der mit bloßen Händen einen Löwen niedergerungen hatte, um seine Geliebte zu beschützen. Freilich war Simson ein Narr, er nahm sich eine Philisterin zur Freundin, eine Schmach für jeden aufrechten Israeliten!

So stark wie Simson bin ich nicht, dachte David und lehnte sich an den Stamm der Weide und stocherte mit einem winzigen Zweig in seinen Zähnen. Aber ich bin genauso mutig wie er.

Und dann musste er an seinen Bruder Schima denken, der – genau wie Simson – eine Philisterin zur Freundin gehabt hatte, ein rothaariges schönes Mädchen, das David vom ersten Moment an faszinierte. Leider blieb er mit seiner Bewunderung der Einzige in der Familie. Sein Vater verachtete das Mädchen, seine Brüder verspotteten sie und machten unzüchtige Bemerkungen über sie. Anfangs kümmerte sich Schima nicht darum, so lange, bis sein Vater ein Machtwort sprach und ihm verbot, diese Hure, wie er sie nannte, weiterhin zu treffen. Schima gab sein Versprechen, aber seine Liebe war stärker. Eines Tages – David erinnerte sich noch genau daran, denn es regnete wie aus Fässern – überredete Isai das Mädchen zu einem gemeinsamen Spaziergang, auf dem sie an der Schafherde vorbeikamen. David sah die beiden aus der Entfernung, sein Vater würdigte ihn keines Blickes, er war vollkommen mit dem Mädchen beschäftigt. Als David die Augen zusammenkniff, um besser sehen zu können, bemerkte er, dass ihre Hände gefesselt waren. Plötzlich hatte er

Angst um sie. Wo war Schima? Wusste er, was hier geschah? Das konnte nicht sein, niemals würde er so etwas zulassen! David biss sich auf die Lippen, überlegte fieberhaft, ob er zu seinem Vater hinüberlaufen und mit ihm reden, ihn umstimmen sollte.

Denn das Schicksal des schönen Mädchens war besiegelt, daran hatte David keinen Zweifel. Mehrmals hatten sein Vater und auch seine Brüder Eliab und Abinadab in vertrauter Runde davon gesprochen. Und wahrhaftig: Wenig später kehrte sein Vater allein aus dem nahen Wald zurück. Und wieder würdigte er seinen Sohn keines Blickes, sondern ging mit entschlossenem Schritt in Richtung Dorf.

Er hat sie damals einfach getötet, dachte David jetzt und erhob sich. Unter der Weide war es warm und er fühlte sich geschützt. Was soll ich bloß tun? Soll ich mein ganzes Leben lang Hirte bleiben oder hat Gott noch etwas anderes, Höheres mit mir vor? Mir soll es recht sein, Hauptsache, ich muss niemals jemand töten, nur weil in ihm nicht das Blut meiner Vorfahren fließt.

Vier Tage später kam ein Mann namens Samuel nach Bethlehem. Er war von Gott geschickt, um ihm ein Rind als Schlachtopfer darzubringen. Samuel lud Davids Familie zum Opferfest ein. Stolz führte ihm Isai seine Söhne vor, doch Samuel sagte: »Diese hat der Herr nicht erwählt.« Da sagte Isai, sein Jüngster sei noch auf der Weide bei der Schafen.

»Hol ihn!«, befahl Samuel.

Als David schließlich vor ihm stand, hörte Samuel die Stimme des Herrn. »Salbe ihn, denn er ist es.« Und Samuel nahm das Öl und salbte David, über dem von nun an der Geist des Herrn war.

In dieser Nacht saß David wieder unter dem Weidenbaum und spielte gedankenverloren auf der Zither, während seine Brüder sich beim Opferfest dem Wein hingaben. Aber er blieb nicht lange allein. Ein junger Mann trat plötzlich aus der Dunkelheit und sagte: »Bist du David, der Sohn Isais?«

»Ja. Und wer bist du?«

»Mein Name hat keine Bedeutung. König Saul schickt mich, er möchte, dass du zu ihm kommst.«

»Warum denn?«, sagte David trotzig.

»Stell keine dummen Fragen, kleiner Bethlehemiter!«, sagte der junge Mann und ergriff Davids Arm.

»Ich bin nicht klein!«, brummte David, denn er konnte es nicht leiden, wenn er beim Musizieren gestört wurde, noch dazu von einem Fremden, der Befehle erteilte.

Noch in derselben Nacht brachen sie auf. Isai gab seinem Sohn einen Esel, ein Ziegenböckchen, einen Schlauch Wein und Brot mit auf den Weg und seine Brüder umarmten ihn betrunken. Schima weinte ein wenig, es fiel ihm schwer, sein Lieblingsbrüderchen weggehen zu sehen.

Am Hof waren die Gemächer des Königs verdunkelt. Als David das Zimmer betrat, in dem Saul zusammengekrümmt in einem Sessel saß, eilte ein Diener herbei und legte den Finger auf seine Lippen. Niemand durfte sprechen oder zu fest auftreten. Der König, so erfuhr David, leide fürchterliche Qualen, für die es keine Erklärung gab. Sogar die besten Ärzte des Landes waren ratlos.

Schließlich hatte einer der Diener eine Eingebung. Wenn der König dem Spiel einer Zither lausche, würde der böse Geist von ihm weichen und die Qualen wären vorüber.

So kam es, dass David sein Instrument auspackte, vorsichtig die Saiten stimmte, weil er fürchtete, sie hätten sich während der Reise verzogen, und ein altes Volkslied spielte.

Augenblicklich ging es Saul besser. Die Vorhänge wurden wieder geöffnet und frische Luft strömte herein.

Aus Dankbarkeit ernannte Saul David zu seinem Waffenträger und ließ dessen Vater mitteilen, er werde seinen Sohn bei sich behalten, da er auf seine Dienste nicht mehr verzichten könne.

Von nun an speisten David und der König jeden Abend zusammen. Saul berichtete von den neuen Angriffen der

Philister, die sich in Socho, westlich von Bethlehem, formiert hatten.

»Sie sind gefährlich«, sagte Saul, »und sie haben einen Mann in ihren Reihen, der zwei Meter fünfzig groß ist und einen Schuppenpanzer aus Bronze trägt, der sechzig Kilo wiegt.«

David lachte und verschluckte beinah einen Fasanenknochen.

Der König verzog keine Miene.

»Dieser Mann heißt Goliat, er hat bronzene Schienen an den Beinen ...«

»Wozu denn?«, unterbrach ihn David und trank grinsend einen Schluck Wein.

»Niemand unterbricht den König!«, rief Saul drohend.

»Verzeih mir, Herr.«

Saul warf ihm einen tadelnden Blick zu, dann fuhr er fort: »Er besitzt ein Sichelschwert aus Bronze, das er um die Schulter trägt, und der Schaft seines Speers ist so dick wie ein Weberbaum und ...«

»Wo wächst ...«, fragte David und verstummte sofort.

Strafend sah Saul vom anderen Ende des Tisches zu ihm herüber.

»Du bist noch nicht oft aus deinem Dorf herausgekommen, hab ich Recht?« Der König schob seinen Teller, von dem er nur ein paar Bissen gegessen hatte, an den Rand des Tisches. Sofort eilte ein Diener herbei und räumte ab. »Ein Weberbaum wächst nirgends, man benutzt ihn zum Weben, er wird aus verschiedenen Hölzern hergestellt.«

»Ich verstehe, Herr«, sagte David leise.

»Aber das Gefährlichste an diesem Goliat ist sein Speer.« Saul machte eine kurze Pause. Auch David schob seinen Teller weg. Was er hörte, versetzte ihn zunehmend in Unruhe.

»Die Spitze des Speers, kleiner Bethlehemiter, wiegt mehr als sieben Kilo.«

David stand der Mund weit offen. Erst als sich der Diener neben ihm räusperte, machte er hastig den Mund zu und wischte sich über die Stirn.

»Das klingt ... nicht gut«, stammelte er.

»Meine Männer fürchten sich vor ihm«, sagte Saul und erhob sich. David schnellte in die Höhe. »Ich gebe dem meine Tochter zur Frau und mache ihn reich und befreie ihn von allen Steuern in Israel, der diesen unbeschnittenen Philister besiegt!« Mit diesen Worten verließ Saul den Raum und die Türen schlossen sich hinter ihm.

Lange verharrte David allein am leer geräumten Tisch und dachte nach. Dann reiste er, wie schon oft, nach Bethlehem und hütete die Schafe seines Vaters. Er erzählte ihnen von Sauls Tochter, die eine liebreizende, wenn auch etwas blässliche Erscheinung war, und erklärte ihnen die Vorteile, wenn man keine Steuern zahlen musste. Die Schafe blökten zufrieden. Zum Dank für ihr geduldiges Zuhören spielte David ihnen ein paar Weisen auf der Zither vor, die er selber komponiert hatte.

Als er in sein Elternhaus kam, wartete sein Vater schon ungeduldig auf ihn.

»Deine Brüder Eliab, Abinadab und Schima sind im Krieg«, sagte Isai und hielt einen Sack mit geröstetem Korn und zehn Broten hoch, »erkundige dich, wie es ihnen geht, und bring ihnen dies als Verpflegung.«

David zögerte nicht, denn er freute sich darauf, Schima wiederzusehen. Denn ständig musste er am königlichen Hof zur Verfügung stehen für den Fall, der böse Geist bemächtige sich abermals Sauls Seele.

Freudig begrüßte er Schima und seine beiden anderen Brüder und überreichte ihnen die Gaben des Vaters. Da hörte er plötzlich eine Stimme so laut wie ein Donner. Er drehte sich um und sah, mehrere Meter vor den Reihen der Philister auf der anderen Seite des Tals, den Hünen, von dem Saul ihm berichtet hatte. Unvorstellbar! Ein riesiger Kerl mit einer gewaltigen Rüstung und einem Speer, der in der Sonne bösartig funkelte.

»Warum seid ihr ausgezogen und habt euch zum Kampf aufgestellt!«, rief der Riese und sein Atem fegte wie ein Sturm über die Köpfe der Israeliten hinweg. »Bin ich nicht ein Philister und seid ihr nicht die Knechte Sauls? Wählt euch doch einen Mann aus! Er soll zu mir herunterkommen! Wenn er mich im Kampf erschlagen kann, wollen wir eure Knechte sein.«

Wie an den vierzig Tagen zuvor wurden viele Krieger von Panik erfasst. Sie ließen die Waffen fallen und rannten davon. Isais vier Söhne blieben standhaft.

»Kennt ihr den?«, fragte David.

»Das ist Goliat aus Gat«, sagte Eliab, »es heißt, er kann einen Baum von hier bis zum Meer schleudern.«

»Das ist doch alles bloß eine Kriegslist«, sagte Schima.

»Sind wir etwa nicht im Krieg, du Schafskopf?«, sagte Abinadab.

»Was machst du überhaupt hier?«, sagte Eliab zu David, »wem hast du die Schafe überlassen? Ich kenne deine Keckheit und die Bosheit in dir. Du bist nur hergekommen, um den Kampf zu sehen.«

»Schweig!«, sagte David. »Ich bring euch was zu essen, seid gefälligst dankbar!«

»Wirst du jetzt auch noch selbstgefällig, bloß weil du dem König was vorzithern darfst?«, rief Abinadab, der sich von Kindesbeinen an immer mit Eliab verbündet hatte.

»Lasst den Kleinen in Ruhe!«, sagte Schima und strich David über den Kopf. »Das ist wirklich sehr fürsorglich von dir.«

»Memme!«, sagte Eliab, griff sich ein Brot und geröstetes Korn und setzte sich abseits auf einen Stein. Abinadab machte es genauso.

»Ich gehe zum König und bitte ihn, mich kämpfen zu lassen«, sagte David.

»Nein!«, sagte Schima und hielt seinen Bruder am Arm fest.

»Bisher hast du Glück gehabt und die Löwen haben dich nicht gefressen. Aber dieser Riese wird dich zerschmettern. Geh nicht zum König.«

Doch David hatte seinen Entschluss schon gefasst. Er stellte sich auf die Zehenspitzen, küsste Schima auf die Stirn, winkte Eliab und Abinadab zu, die gierig geröstete Körner in sich hineinstopften, und bahnte sich einen Weg durch die Phalanx der wartenden, schwitzenden, verängstigten Krieger.

»Dein Knecht hat für seinen Vater die Schafe gehütet«, sagte er zu Saul, der gerade eine Landkarte studierte, auf der die Pentapolis der Philister und deren Lager außerhalb dieser fünf Orte mit schwarzen Kohlekreisen eingezeichnet waren. »Wenn ein Löwe oder ein Bär kam und ein Lamm aus der Herde wegschleppte, lief ich hinter ihm her, schlug auf ihn ein und riss das Tier aus seinem Maul. Und wenn er sich dann gegen mich aufrichtete, packte ich ihn an der Mähne und schlug ihn tot.«

David bemerkte, dass der König ihn mit einem leicht skeptischen Blick betrachtete. »Dein Knecht hat den Bären und den Löwen erschlagen«, fuhr er daher rasch fort, »und diesem unbeschnittenen Philister soll es genauso ergehen wie ihnen, weil er die Schlachtreihen des lebendigen Gottes verhöhnt hat. Der Herr, der mich aus der Gewalt des Löwen und des Bären gerettet hat, wird mich auch aus der Gewalt dieses Philisters retten.«

Da richtete sich Saul auf, verschränkte die Hände hinter dem Rücken und schlug die Glocke für den Diener.

»Geh, der Herr sei mit dir.«

Und David folgte dem Diener in die Waffenkammer, ein riesiges Gewölbe unterhalb des Daches.

David setzte einen bronzenen Helm auf, legte eine Rüstung an und hängte ein Schwert um.

»Steht dir gut«, sagte der Diener.

David betrachtete sich in einem wandhohen Spiegel mit silbernem Rahmen.

»Du lügst«, sagte er, »ich seh aus wie eine Maschine.«

»Wenn du den Philister besiegen willst«, sagte der Diener, »dann musst du funktionieren wie eine Maschine.«

»Will ich nicht«, sagte David, legte den Panzer ab, nahm den Helm vom Kopf und wickelte das Schwert wieder ordentlich in eine blau bestickte Decke. Dann nahm er den Stock, der in der Ecke lehnte und voll von Spinnweben war, wischte ihn ab und ging hinunter in den Park. Aus dem Bach holte er sich fünf Steine und steckte sie in die Tasche aus Ziegenleder, die er über der Schulter trug.

Saul und der Diener beobachteten ihn mit gemischten Gefühlen.

»Hoffentlich bereut der kleine Bethlehemiter seine Dreistigkeit nicht«, flüsterte der Diener.

»Der Herr ist mit ihm«, sagte Saul.

»Schön«, sagte der Diener, »aber ob das den Philister beeindruckt?«

In der Sonne schimmerte Davids blondes Haar noch goldener als sonst und sein schlanker Körper strahlte Anmut und Reinheit aus.

So trat er auf Goliat zu. Und als er sah, dass dieser heftig blinzelte, weil ihn die Sonne blendete, griff er in die Tasche, um die Steine herauszuholen. Da zitterten ihm die Hände und er erschrak darüber.

Dann hörte David eine donnernde, allerschütternde Stimme und er vergaß das Zittern seiner Hände.

»Komm nur her zu mir!«, rief Goliat und die Soldaten Israels zogen die Köpfe ein vor Furcht. »Ich werde dein Fleisch den wilden Tieren zum Fraß geben!«

Wieso sag ich denn so was?, dachte Goliat; ich kenne den Kleinen überhaupt nicht, er hat mir nichts getan. Warum bin ich nicht längst zu Hause und kümmere mich um meinen kranken Vater und um meinen armen Bruder und meine hilflose Mutter?

Eine Stimme unterbrach seine Gedanken und er hob den Kopf. Zum Glück war die Sonne etwas gesunken und blendete ihn nicht mehr so stark.

»Heute wird dich der Herr mir ausliefern«, rief David, »ich werde dich erschlagen und dir den Kopf abhauen. Die Leichen des Heeres der Philister werde ich noch heute den Vögeln des Himmels und den wilden Tieren zum Fraß geben.«

Dem fällt auch nichts Besseres ein, dachte Goliat und senkte ein wenig sein eisenschweres Schwert. So kräftig er auch war, in voller Rüstung vierzig Tage hintereinander in der prallen Sonne zu stehen, laugte den gesündesten Riesen aus.

»Alle Welt soll erkennen, dass Israel einen Gott hat!«, hörte Goliat sein Gegenüber rufen. Ich erkenne es, dachte er, und jetzt lass uns die Waffen niederlegen und uns um unsere Nächsten kümmern.

Da stutzte er. Träumte er? Hatte die Sonne seine Augen ausgedörrt? Oder sah er richtig: Der Israelit hatte überhaupt keine Waffen bei sich! Nicht das kleinste Schwertchen! Nicht mal einen Speer! Nur einen armseligen Stock!

Und weil es Goliat unmöglich war, das zu glauben, machte er ein paar Schritte auf seinen Feind zu. Und dieser zögerte nicht lang und kam ebenfalls näher.

Jetzt sah es Goliat ganz deutlich: Der andere war von Kopf bis Fuß ohne Waffen. Nur eine Tasche hat er, dachte er, wie ein Hirte, und er fummelt dauernd darin herum, was sucht der da?

Du!, wollte er ihm zurufen, hast du dich verlaufen?

Da sah er, wie der hübsche kleine Jüngling einen Stein aus der Tasche nahm, den Stock wie eine Schleuder nach hinten bog und den Stein damit abschoss.

Das ist ja ein Spaß!, dachte Goliat. Warte, ich fang den Stein in der Luft. Doch stattdessen spürte er einen stechenden Schmerz an der Stirn.

Und bevor er begriff, dass er viel zu langsam den Arm gehoben hatte, fiel er nach hinten. Und in diesem Moment dachte er daran, wie er vor dem wunderschönen rothaarigen Mädchen umgeknickt und hingefallen war. Da lag er schon in seiner sechzig Kilogramm schweren Rüstung auf dem Rücken und starrte zum Himmel empor.

Und der Himmel war plötzlich voller Sterne. Und er sah, wie einer dieser Sterne unaufhörlich blinkte. Als würde er mir winken, als würde er mir winken, dachte Goliat, ich komme, dachte er, ich komme schon. Und dann starb er. Und aus seiner Stirn floss Blut und versickerte lange nicht im von der Sonne ausgedörrten harten Boden.

David lief zu ihm, ergriff Goliats Schwert, zog es aus der Scheide und schlug ihm den Kopf ab.

Daraufhin flohen die Philister. Die Männer von Israel und Juda verfolgten sie bis nach Gat und Ekron und töteten sie. So starben auch Goliats Eltern und sein Bruder Lachmi.

Mit dem Kopf Goliats zog David in Jerusalem ein und auf den Straßen jubelten ihm die Frauen aus allen Städten Israels zu und tanzten mit Handpauken und Zimbeln. Und sie riefen voll Freude: »Saul hat tausend erschlagen, David aber zehntausend.«

Rudolf Herfurtner

David, Zinas Sänger

Meine Brüder glauben mir nicht. Wer glaubt schon einem Mädchen. »Schöne Legende«, sagen sie und lachen, »wie aus dem Märchenbuch.«

Sie sind Männer und denken wie Männer. Sie erzählen von den Kriegen gegen die Philister überall im Lande Israel und den Überfällen der Schasu-Nomaden auf unsere Dörfer und sagen: Kampf muss mit Kampf beantwortet werden und Gewalt mit Gewalt. Und David, der zehntausend erschlug, soll seinen Feind verschont haben? Zum Lachen!

Aber sie sollen ruhig lachen. Was ich gesehen habe, das hab ich gesehen: David hatte den Speer schon in der Hand, das stimmt. Er wollte den König töten. Aber er tat es nicht. Ich glaube, er tat es nicht wegen mir, der kleinen Zina. Ja, lacht nur. Aber ich weiß, was ich weiß.

Der wunderbare David aus Bethlehem!

Ich hatte schon von ihm gehört. Alle redeten von ihm, überall an den Brunnen von Juda, seit er im Terebinthental den Riesen aus Gat geschlagen hatte. Sechs Ellen und eine Handbreit groß soll dieser Goliat gewesen sein, sagen meine Brüder. Ich bin drei Ellen groß, fast.

Als ich David zum ersten Mal sah, wusste ich noch gar nicht, dass er das war. Es war unten in En-Gedi beim Wasserfall, der aus den Bergen der wilden Ziegen kommt. Ich gehe gern frühmorgens zur Oase En-Gedi, wenn draußen über dem Salzmeer die Sonne aufgeht. Vierhundert Ellen hoch springt das Wasser herunter in drei Terrassen, und wo es auf den Felsen trifft, zaubert die frühe Sonne kleine Regenbogen in die Gischt.

Ich wollte gerade meinen Lederbeutel mit schwarzem Schlamm füllen für meine Großmutter. Eine Eselin hatte sie beim Melken getreten, und die Wunde am Bein wollte nicht heilen. Der schwarze Schlamm von En-Gedi kann Wunder tun. Da sah ich ihn oben an der ersten Terrasse, eigentlich nur einen Umriss gegen den hellen Felsen, aber seine roten Locken standen wie Flammen auf seinem Haupt.

Er füllte seinen Wasserschlauch und schöpfte mit der Hand ein paar Schlucke aus der Quelle, als hinter ihm der Berglöwe auftauchte. Ich schrie auf vor Schreck und ließ den Beutel mit Schlamm fallen. Meine Großmutter hatte mich schon oft vor dem Berglöwen gewarnt, der am Morgen zur Quelle kam, um zu trinken.

Der Mann oben am Wasserfall hatte meinen Schrei gehört. Er schaute zu mir herunter.

»Der Löwe!«, schrie ich.

Der Mann drehte sich langsam um und sah den Löwen. Aber er erschrak nicht. Er schien keine Angst zu haben. Er legte vorsichtig den Wasserschlauch ab und öffnete sein Bündel, das an einem Tamarindenbaum hing. Ich hoffte, dass der Mann mit dem Flammenhaar ein Schwert besäße oder wenigstens eine Steinschleuder. Aber in dem Bündel waren keine Waffen, sondern eine Harfe.

Er setzte sich auf einen Stein, legte die Harfe an seine Brust und begann zu spielen und dann auch zu singen. Ich hörte nicht viel, weil das Rauschen des Wasserfalls die meisten Töne verschluckte. Aber was ich hörte, war so wunderbar wie nichts sonst auf der Welt. Ich musste weinen, weil die Musik so schön war und weil ich dachte, gleich tötet der Berglöwe den Sänger.

Aber das Raubtier griff nicht an, sondern neigte den mächtigen Kopf und legte sich hin. Ja, glaubt es oder glaubt es nicht, der Löwe verneigte sich und legte sich friedlich dem Sänger zu Füßen.

Ich stand da unten am Bach von En-Gedi. Der schwarze

Schlamm war mir über die Schuhe gelaufen. Ich war so gebannt wie der Löwe und stand da noch, als der Mann längst gegangen war.

Ein paar Tage später kamen sieben Männer in unser Dorf, wilde Gestalten. Das sind sie, hörte ich die Erwachsenen flüstern, Hebräer! Die Hebräer waren wilde Kämpfer und beschützten die Dörfer, die ihnen Abgaben zahlten, gegen die Überfälle der Banditen.

Die Hebräer gingen zu jedem Herdenbesitzer und nahmen Lämmer und Ziegen mit und Mehl und getrocknete Feigen von den Bauern, so viel ihre Esel tragen konnten. Als sie zu uns kamen, befahl der Vater den Frauen, sich zu verstecken. Er war mürrisch und auch die Brüder hielten ihre Steinschleudern bereit.

Ich lag mit den Frauen und Kindern verborgen in den Felsen über den Schafhürden. Und da sah ich ihn unter den Hebräern. Ich erkannte ihn sofort an seinem Flammenhaar. Was machte mein wunderbarer Sänger bei den wilden Bergmännern? Noch wusste ich nicht, wer er war, aber er war schöner als am Wasserfall, denn jetzt sah ich auch seine Augen.

Als die sieben vollgepackt in die Berge verschwunden waren, rief mich meine Großmutter. Sie hatte gesehen, wie ich dem Mann nachschaute. »Zina, komm zu mir. Setz dich. Trink einen Becher Milch und hör zu!«

Aber ich wollte nicht zuhören, ich wollte wissen, wer der Hebräer war, wollte ihr erzählen von dem wunderbaren Lied, das den Berglöwen besänftigt hatte. Aber sie gebot mir zu schweigen. »Das war David mit seinen Kriegern«, sagte sie.

»Nein!«, rief ich. »Er ist kein Krieger, er ist Sänger! Ich weiß es!«

Sie legte mir den Finger auf die Lippen und lächelte. »Manche sagen, David heiße ›der von allen Geliebte‹. Man muss nur in deine Augen schauen, dann weiß man, dass das stimmt.«

Ich wurde rot und lachte und fing wieder an: »Ich ...«

Aber da verschwand das Lächeln aus ihrem Gesicht und ich schwieg nun endlich und hörte, was sie zu erzählen hatte von diesem David.

»Ein Schafhirt, Sohn des Isai oder Jesse, der jüngste natürlich und schönste, mit klaren Augen und feiner Gestalt. Ausgewählt und gesalbt zum König über Juda und Israel durch den Propheten und Richter Samuel, heimlich, ohne dass König Saul aus Gibea es wusste.

Also, stell dir vor, da ist unser König Saul, der Großes getan hat, aber krank ist und Fehler macht beim Regieren. Er sucht einen Saitenspieler, der ihm die Seele wärmt, denn seine Seele ist krank und verfinstert seinen Geist.

Und wen fanden seine Boten? Wer kommt an den Königshof nach Gibea? Der rote David, denn er ist der geschickteste Harfenspieler im Land. Und sofort lieben ihn alle, alles Volk und auch Sauls Sohn, Prinz Jonatan. Die Prinzessin Michal heiratet ihn sogar.«

»Dann wird er unser König mit der Harfe, Liebling des Volkes, Friedefürst!«, rief ich.

»Vergiss die Feinde nicht, Zina, Kind! David ist nicht nur Sänger, er wird auch Sauls Waffenträger. Er besiegt den Riesen Goliat und schlägt den Erzfeind, die Philister aus der Ebene im Westen. Und das Volk rennt auf die Gasse mit Zimbeln und Pauken und schreit: Saul hat tausend erschlagen, aber David zehntausend!

König Saul hört das Schreien und Jauchzen und sein Dämon fährt ihm ins Herz. David soll kommen und die Harfe schlagen! Aber als der Liebling des Volkes zu spielen anfängt, greift Saul zum Speer und schleudert ihn nach dem Sänger. Er trifft ihn nicht, aber seitdem verfolgt der unglückliche König den Gesalbten und trachtet ihm nach dem Leben.«

»Er ist eifersüchtig«, sagte ich.

»Saul hat Angst, dass David ihm den Thron nimmt.«

»Aber Großmutter, wenn David der Gesalbte ist, dann

kann Saul ihn nicht töten.« Ich hoffte, dass mir die Großmutter diesen Trost ließe.

Sie nahm mich in die Arme und wiegte mich. »Gesalbt oder nicht, davon verstehen wir zu wenig, das sind Männergeschäfte wie das Kriegshandwerk.«

»Meinst du, der König findet ihn bei uns? Es gibt tiefe Höhlen oben über En-Gedi.«

»Ich weiß nicht, was ihm bestimmt ist. Ich bin nicht der Prophet Samuel«, sagte die Großmutter. »Ich sage dir nur, bleib weg von den Kriegern, Zina, Kind. Versprich es.«

»Er ist kein Krieger, er ist ein Sänger. In seinem Bündel ist keine Waffe.«

»Versprich es!«, sagte die Großmutter.

Ich versprach es und wäre doch am liebsten gleich losgelaufen hinauf in die Berge, um den roten Sänger noch einmal zu hören. Aber der Webstuhl wartete und die vertane Zeit musste aufgeholt werden, sonst gab es böse Worte vom Vater. Aber wenn das Weberschiffchen durch die Kettfäden schießt, hat man Zeit zum Träumen. Ich sah ihn sitzen irgendwo oben in den Fliehfelsen, wie er sang für seine Männer, und Adler und mächtige Steinböcke versammelten sich um ihn. Und ich betete, dass der eifersüchtige König ihn nie finden möge.

Aber am nächsten Tag hieß es plötzlich: Saul kommt. Es ging wie ein Sturmwind durch die Gassen: Saul kommt. Schallte wider von jedem Stein: Saul, Saul, Saul! Und mit ihm dreitausend Krieger. Mein kleiner Bruder hatte den Tross gesehen. »Zum Steinbockfelsen ziehen sie!«, rief er. »Jetzt kriegen sie ihn!«

Ich weiß nicht, warum ich dachte, ich könnte diesen Krieg verhindern. Aber ich überlegte nicht lang. Ich lief einfach los, ohne genau zu wissen, wohin. Ich folgte dem Pfad, den die sieben Männer mit den Eseln genommen hatten. Ich lief, bis mir der Schweiß in die Augen rann. Ich hatte kein Wasser mitgenommen. Ein leichter Wind wehte um die Felsen, aber die Steine waren heiß wie ein Backofen. Ich hatte Durst und Hunger und ich sah schon bald keinen Weg mehr. Nur noch nackter, staubiger Fels. Ich rutschte aus, fiel hin und schlug mir das Knie auf. Die Steine, die ich losgetreten hatte, scheuchten einen Steinbock aus seinem Versteck. Er floh in langen Sprüngen über ein Geröllfeld. Über mir zogen schon seit einiger Zeit zwei Geier ihre Kreise.

Krieger sah ich keine, weder welche von David noch die von König Saul. Ich setzte mich schließlich in den Schatten eines Felsens, um ein bisschen auszuruhen. Ich musste weinen.

Aber ich hatte nicht viel Zeit, den Steinen mein Leid zu klagen. Plötzlich wurde ich von hinten gepackt. Zwei Männer waren es, große, starke Kerle. Sie hielten mir den Mund zu und zerrten mich weg. Ich konnte mich überhaupt nicht wehren. Aus Angst oder vor Schreck verlor ich die Besinnung. Ich weiß nicht, warum. Vielleicht war es auch einfach vor Erschöpfung.

Als ich wieder zu mir kam, lag ich in einer Höhle. Es roch nach dem Rauch eines Feuers. Und nach Männern. Ich machte nur vorsichtig die Augen auf und versuchte, mich nicht zu bewegen. Ich lag in einer Felsnische am Boden. Mir war jetzt ein bisschen kalt. Die Höhle war etwa fünf Ellen hoch, vielleicht sechs. Ich konnte den Eingang nicht sehen, aber hinter einer Felsnase schimmerte das Tageslicht herein.

Niemand war zu sehen, nichts zu hören, nur ein steter Wassertropfen irgendwo weiter drinnen im Fels. Ich stand auf, horchte und schlich um die Felsnase herum. Die Höhle war leer. Sie hatten mir nichts getan und waren einfach verschwunden. Ich war erleichtert, aber ich hatte keine Ahnung, wo ich war und ob ich wieder nach Hause finden würde.

Ich lief zum Höhleneingang, da kamen sie mir entgegen, fünfzehn, zwanzig Männer, alle bewaffnet mit Schwertern und Spießen. Sie überrannten mich fast. Wieder packte mich einer und riss mich mit in den hintersten Winkel der Höhle, wo sie sich mit entsetzten Gesichtern hinkauerten und ihre Waffen umklammerten.

Er war auch dabei. Er saß mir genau gegenüber. Der Sack mit seiner Harfe lag neben ihm. Ich hätte nur die Hand ausstrecken müssen, um ihn zu berühren. Es war ziemlich duster, aber um ihn war ein merkwürdiger Schimmer. Jedenfalls sah ich einen, da könnt ihr ruhig lachen. Ich starrte David an und irgendwann nahm er mich wahr. Und er sah die Frage in meinen Augen: Was ist los?

»Saul«, sagte er.

Und ich schrie: »Nein!«

Gleich war wieder eine grobe, dreckige Hand auf meinem Mund. Und David sagte mit seiner wunderbaren Stimme ganz ruhig: »Wenn du schreist, schneiden wir dir die Kehle durch.«

Das hat er wirklich gesagt. Ein Krieger, Zina! Die Großmutter hatte Recht, aber ich wollte es nicht glauben. Diese sanfte Stimme, dieses helle Gesicht! Ich suchte nach einer Regung in diesem Gesicht, einem Zucken nur, einem Anflug von Lächeln, das mir sagte: Es ist nicht ernst gemeint, ist nur, um einem kleinen, vorlauten Mädchen Angst zu machen.

Aber das Gesicht Davids war völlig unbewegt. Auch die andern Männer zeigten keine Regung. Sie schienen sogar mit dem Atmen aufgehört zu haben. In ihren staubigen, erdfarbenen Gewändern waren sie Teil der Felsenhöhle geworden, stumme, fühllose Steine. Nur der stete Tropfen irgendwo in der Höhle zeigte, dass die Zeit verging.

Ich weiß nicht, ob sie Angst hatten. Ich hatte große Angst; denn jetzt hörten wir Pferdegetrappel vor dem Höhleneingang. Mein Herz schlug so heftig, dass es wehtat. Herr, lass Saul vorbeigehen, dachte ich. Errette uns vor dem Sturm, Herr!

Aber das Pferd ging nicht vorbei. Es hielt vor der Höhle an. Und es war nicht nur eins. Auch Kamele hörte ich schreien. Und Stimmen, die Befehle gaben, die ich nicht verstand. Ich starrte David an. Er hockte immer noch reglos an den Fels gelehnt. Aber ich hatte plötzlich das Gefühl, als könnte ich hinter seine steinerne Stirn sehen und seine Gedanken lesen.

Ich schreie zu dir, Herr, mit meiner Stimme, las ich. *Ich flehe zu dir, Herr, mit meiner Stimme. Ich schütte meine Klage vor dir aus und zeige an vor dir meine Not. Denn wenn mein Geist in Ängsten ist, so nimmst du dich meiner an. Herr! Herr! Zu dir schreie ich. Du bist meine Zuversicht. Höre mich, Herr, und errette mich vor meinen Verfolgern, denn sie sind mächtig. Führe mich aus diesem Kerker, Herr, o Herr!*

Ja, ein Kerker, das war es, wir saßen in einem Kerker, in einer Falle. Wenn Sauls Soldaten hier hereinkamen, konnte sich David kaum zur Wehr setzen. Sie mussten nur ein Feuer machen am Höhleneingang und Davids Rebellen würden ausgeräuchert wie ein Natternnest.

Die Pferde vor der Höhle waren still geworden. Auch die Befehle waren verstummt. Aber jetzt hörten wir Schritte in der Höhle, keinen Soldatentrupp, Schritte eines einzelnen Mannes, nein, zwei waren es, zwei.

Saul und ein Knecht. David nickte kurz, aber ich hätte es auch so gewusst, obwohl der König nur ein Schatten war gegen den helleren Schimmer vom Eingang her.

An der Felsnase blieb der König stehen. Der Knecht trug den Speer des Königs und einen Wasserkrug. Er steckte den Speer in den weichen Boden, goss dem König etwas Wasser über die Hände und stellte den Krug dann ab. Der König setzte sich und lehnte den Kopf an die Felsnase. Dann ging der Knecht wieder hinaus.

Ich schaute David an. David schaute seine Männer an. Sie sagten nichts, aber ihre Blicke sprachen, nein, sie schrien. Alle durcheinander.

Da liegt der Feind!, schrien sie. Der Herr hat ihn in deine Hand gegeben! Heute ist der Tag der Rache! Sieh doch, dein Verfolger, da liegt er wie ein Opfertier. Wie oft wollte er dir das Leben nehmen! Nimm du nun das seine, David, auf dass wir frei seien und du König über Israel wirst!

So schrien ihre Augen. Und ihre Hände umklammerten die Waffen. Und ihre Zähne knirschten vor Wut. Krieger!

Sauls Kopf war ein wenig nach hinten gesunken. Der König schlief.

Da bewegte sich David. Lautlos stand er auf und packte seinen Speer. Ein Krieger. Aber er musste an mir vorbei. Er sah mich an, ganz fest und ganz lang. Und so wie ich vorhin hinter seiner Stirn gelesen hatte, so las er nun hinter meiner. Ja, lacht nur. Ich weiß, was ich weiß. Er las: Nein, bitte, nein!, las er. Du bist ein Sänger, las er. Du tötest den König nicht und befleckst nicht deine Hand mit dem Blut eines Gesalbten, weil aus Blut nur neues Blut kommt.

Das las David, der wunderbare David auf meiner Stirn. Und David, der Sänger, lächelte und legte den Speer nieder. Er nahm sein Messer zwischen die Zähne, schlich auf allen vieren zu dem schlafenden Saul und schnitt einen Zipfel vom Königsmantel ab. Dann schlich er zurück und hockte sich wieder an seinen Platz.

Irgendwann kam der Knecht Sauls und der König stand auf. Der Knecht goss ihm Wasser über die Hände und Saul trank einen Schluck. Dann zog der Knecht den Speer aus dem Boden und ging dem König voran aus der Höhle.

Ich war so glücklich, dass ich hätte schreien können. Alles war vorbei. Und David hatte den König nicht getötet. Ich konnte ihn kaum noch sehen, so dunkel war es inzwischen. Aber ich sah den Zipfel des Königsmantels in seiner Hand. Die Goldfäden glitzerten zwischen Davids Fingern. Und dann sah ich David aufspringen und der Mantelzipfel verschwand in seiner geballten Faust.

Alle Männer sprangen auf und packten ihre Waffen fester.

David nahm seinen Speer vom Boden auf und stürmte zum Höhlenausgang. Laut schreiend folgten ihm alle. Ich auch. Aber ich nahm den Sack mit der Harfe an mich, den David hatte liegen lassen.

Als wir zum Höhleneingang kamen, brach Saul gerade auf. Er saß auf seinem Pferd, inmitten seiner Soldaten.

»Saul!«, rief David. »Saul!« Und als der König sein Pferd herumriss, rief David noch einmal: »Saul, warum verfolgst du mich?«

Sauls Soldaten schlossen gleich einen Verteidigungsring um ihren König. Und auch Davids Männer stellten sich vor ihren Anführer und pflanzten die Lanzen auf.

David rief: »Warum hörst du auf das Geschwätz deiner Ohrenbläser und falschen Ratgeber, mein König, die dir sagen: David sucht dein Unglück?«

Der König hatte sofort sein Schwert gezogen, jetzt zögerte er mit dem Angriff. Aber einer seiner Generäle ritt zu ihm und sagte: »Mein König, schmiedet er nicht Ränke, der Bethlehemit, und sammelt Männer und niederes Volk um sich, um König zu werden über meines Herrn Reich? Schont ihn nicht, jetzt wo ihn der Herr über alles in unsere Hand gegeben hat!«

Und er befahl den Soldaten Sauls, sich in Schlachtordnung aufzustellen vor ihrem König.

Davids Männer bekamen Angst und einige murrten und sagten: »Warum hat er ihn nicht getötet in der Höhle? Jetzt werden wir alle sterben.«

Und David?

Glaubt es oder glaubt es nicht, David sah sie an und sein Blick sagte, habt keine Angst. Und dann sah er mich da stehen mit seinem Beutel und er lächelte. Ja, alle dachten an Krieg und Sterben und er lächelte. Er steckte seinen Speer in den Boden und streckte die Hand aus. Ich ging hin und er nahm seine Harfe aus dem Sack.

»Wenn es dem Herrn gefällt, dann will ich sterben«, sagte

er. »Wenn es ihm aber nicht gefällt, dann will ich jetzt Frieden machen.«

Er setzte sich auf einen Stein und begann zu spielen. Er spielte den ganzen Hass und das Misstrauen und die Gewalt. Und dann spielte er die Liebe. Und die Männer hüben wie drüben standen wie versteinert.

Als er aufhörte zu spielen, hatten alle Krieger ihre Waffen sinken lassen. Und David ging zu Saul und zeigte ihm den abgeschnittenen Zipfel des Königsmantels.

»Mein Herr und König«, sagte er und neigte sich vor seinem König. »Sieh hier, das ist der Zipfel deines Mantels. Ich habe ihn dir abgeschnitten, als du schliefst in der Höhle. Du warst in meiner Hand, aber ich habe meinen König nicht getötet. Wenn du denkst, ich sei böse und ein Königsmörder, so nimm dein Schwert und töte mich jetzt. Wenn du aber denkst, dass meine Hand so rein ist wie mein Geist, dann höre auf, deinen Knecht zu verfolgen wie einen Floh und ihn zu jagen, wie man ein Rebhuhn jagt in den Bergen.«

Da steckte der König sein Schwert in die Scheide und stieg vom Pferd. Er legte David die Hand auf die Schulter und sagte: »David, mein Sohn, du hast mir immer die bösen Geister vertrieben mit deiner Musik. Und auch jetzt ist der Dämon der Verblendung gewichen von mir durch dein Harfenspiel. So sei Frieden zwischen mir und meinem Sohn David. Ich sehe, ich habe dir Unrecht getan, aber du hast Böses mit Gutem vergolten. Das wird der Herr dich dereinst lohnen. Zieh mit deinen Männern, wohin du willst. Und keiner von Sauls Soldaten soll das Schwert gegen dich erheben.« Dann stieg er auf sein Pferd und gab den Befehl zum Aufbruch und zog nach Norden mit seinem Heer in sein Haus nach Gibea.

Ich stand immer noch da und hatte den Harfensack in der Hand.

»Wie heißt du?«, fragte David.

»Zina«, sagte ich und verschluckte mich vor Aufregung.

David lachte und die Männer lachten auch. Sie holten Wein und Brot aus ihren Beuteln und setzten sich nieder im kühlen Abendwind.

»Was wolltest du hier, Zina?«

»Dich singen hören«, sagte ich, »und mich verneigen vor dir wie der Berglöwe am Wasserfall.«

»Wie alt bist du?«

»Zehn, Herr.«

»Zehn?«, sagte David und lachte. »Warte noch zwei Jahre oder drei, dann werden sich alle vor dir verneigen, schöne Zina. Vielleicht sogar die Berglöwen.«

Die Männer lachten und aßen und tranken. Und als längst die Sterne am Himmel standen, brachten mich zwei von ihnen nach Hause. Und Großmutter bewarf mich mit schwarzem Schlamm, als ich ihr alles erzählte, weil sie solche Angst um mich gehabt hatte.

Liane Dirks

Salomo
oder Die Rätsel der schönen Königin

Als die Königin von Saba noch ein Mädchen war, so ungefähr im Alter von acht, da konnte sie mit fünf Schritten Anlauf auf einen Araberhengst springen und davonreiten in die Wüste ohne Sattel. Als sie sieben gewesen war, hatte sie noch zehn Schritte gebraucht, im Alter von zwölf schaffte sie es aus dem Stand. Die Königin von Saba war damals noch eine Prinzessin gewesen und wunderschön. Sie war von Geburt an schön, so was gibt es, selten, aber es kommt vor, dass ein Kind auf die Welt kommt und alle sagen, wie ist es schön. Dieses Kind hat dann eine große Aufgabe vor sich, nämlich diese Schönheit zu ertragen. Die Königin von Saba hatte Augen, so schwarz wie Kohle, Lider, geschwungen wie die Flügel des Kolibris, Lippen in der Farbe scharlachrot und Haare, so dick und glänzend wie die Mähne des Pferdes, auf dem sie am liebsten ritt. Ihre Haut war braun wie Ebenholz, und schon als Kind sagten die Leute über sie, sie habe die Figur einer Lilie.

Außerdem hatte sie große Kräfte, sie ritt wie der Wind, führte die Karawanen an und schlief ganze Nächte durch im Sattel des Kamels. Wer je auf einem Kamel saß, weiß, wie sehr das anstrengt, da es furchtbar wackelt.

Die Königin von Saba wollte, als sie Kind war, keine Königin werden, sondern eine Eroberin. Ein Herrin. Eine Herrin der Wüste. Und weil die Wüste keine Herren duldet und Herrinnen auch nicht, das wusste die Königin, seit sie im Alter von drei mit einer Karawane einmal keine Oase gefunden hatten, darum wollte sie in Wahrheit sich nur einbilden, dass sie eine Herrin sei, und diesen Unterschied, den kannte sie, den Unterschied zwischen Sein und Scheinen, und den wollte sie auch kennen. Die Königin von Saba war also auch klug.

Als sie im Alter von 18 oder 20, das weiß ich nicht so genau, dann wirklich Königin wurde, Herrscherin von Reicharabien, da hörte sie von einem König, der nicht nur klug war, sondern sogar weise. Er hieß Salomo und wohnte sehr weit weg, in Judäa. Salomo kannten damals alle, er war weltweit ein Star. Wobei der Begriff »Welt« natürlich etwas anderes meinte als heute. Man darf sich darunter das vorstellen, was wir heute den Nahen Osten nennen. Israel, Syrien, Ägypten, Palästina, Arabien, aber auch in Griechenland, Italien, Rom war er bekannt. Das lag schon allein an seiner Herkunft. Salomos Vater war der berühmte David gewesen, der als kleines Kerlchen einen Riesen besiegt hatte, der Goliat hieß, und dann unzählige Schlachten geführt hatte. David hatte das Volk Israel geeint und Gott Jahwe hatte ihn sehr gemocht. Weshalb er diesem David einen Platz gezeigt hatte, auf dem er einen Tempel bauen sollte, als ein Zeichen für ihn, für Gott und für das Volk, das damals noch solche Zeichen brauchte, um überhaupt zu glauben. Daran hat sich übrigens nicht viel geändert, auch heute wollen wir immer noch Zeichen, um etwas zu glauben, wir wollen Beweise, irgendwas sehen.

Damals gab es unzählige kleine Völker, alle hatten Götter. Und Gott, der Herr, der eine, Jahwe also, hatte ganz schön zu tun, sein Volk, das Volk Israel, gewissermaßen bei der Stange, beim Glauben zu halten.

Deshalb, so erzählt es die Bibel, mischte er sich immer wieder ein. Und als Davids Herrschaft zu Ende ging, er alt geworden war, da mischte sich Gott erneut ein und sagte David, dass er sein treuester Diener gewesen sei und alles richtig gemacht hatte, aber den Tempel für ihn, den sollte er nicht bauen, denn es klebte von all den vielen Schlachten zu viel Blut an seinen Fingern. Den Tempel sollte jemand bauen, der ein Friedensherr war, ein Kluger, ein Weiser, sein Sohn, Salomo.

Diese Geschichte erzählte man sich, denn David hatte sie seinerzeit selbst verkündet und den Salomo auch selbst auf den Thron gesetzt, was Probleme gegeben hatte, denn David hatte noch einen Sohn, der auch König werden wollte. Aber Salomo erkannten alle an. Und damit Salomo es auch bewerkstelligen konnte, den ersten Tempel für Gott zu bauen, Gottes Haus, das groß und prächtig sein sollte, deshalb sorgte Vater David sogar vor: Er ließ Holz kommen und Steine und Handwerksleute und Edelmetall, Eisen und Gold.

Wie die Königin von Saba, so war auch Salomo, als er König wurde, sehr jung. Und auch er hatte eine große Aufgabe vor sich, die größte überhaupt, sie hieß Frieden. Und in der Nacht, nachdem er König geworden war, da erschien ihm Gott und sprach: Bitte, was ich dir geben soll.

Denn damals sprach Gott noch mit den Menschen.

Und Salomo zögerte nicht lang, er antwortete: Weisheit und Erkenntnis. Das rührte Gott, denn schließlich hätte Salomo auch um Reichtum bitten können oder um Macht oder um ein langes Leben oder um eine schöne Frau. Er aber hatte um Weisheit gebeten und Gott gab sie ihm. Und als Salomo erwachte, da wusste er, dass er geträumt hatte. Er erkannte den Unterschied zwischen Schein und Sein, und weil er nun weise war, erkannte er noch mehr: Er erkannte, dass es diesen Unterschied in Wahrheit nicht gibt. Zumindest kommt es auf ihn nicht an. Denn hinter Schein und Sein ist noch etwas.

Deshalb baute er diesen herrlichsten aller Tempel, das Haus Gottes, als ein Abbild der Schönheit der Welt. Er nahm die Gaben seines Vaters und ließ noch mehr der prächtigsten Hölzer kommen, Gold und Silber, Keramiken und die besten Handwerker und diesen gab er das beste Essen, damit sie gut waren und voll Freude arbeiteten. Und er bezog alle Fürsten und gekrönten Häupter mit ein, was sehr geschickt war; so betrieb er seine Friedenspolitik, und was er tat, das ließ er aufschreiben und so entstand der Tempel aller Tempel. Wer Architektur liebt, der kann alles nachlesen, später baute man die Kirchen nach diesem Vorbild und in die Mitte hinein, in das mit Gold verkleidete Zedernholz, ins Herz, ins Zentrum, da kam das Allerheiligste, die Bundeslade, die Zehn Gebote, der schriftliche Pakt Gottes mit der Welt. Ins Zentrum kam das Wort.

All dies hatte auch die Königin von Saba gehört, aber noch viel mehr. Salomo hatte sich auch einen eigenen Palast bauen lassen, denn er war stolz und sein Stolz hatte Würde. Unsagbar prächtig war dieser Palast, und als er fertig war und Salomo alles hatte, da baute er sogar noch ein Meer. So steht es geschrieben, mit blauen Kacheln und goldenem Rand. Zwar nennen wir so was heute sehr profan nur Swimmingpool, doch für die damaligen Verhältnisse war all das wohl hoch erstaunlich.

Noch berühmter wurde Salomo allerdings wegen seiner Urteilskraft. Immer wieder erzählten die Menschen diese eine Geschichte – und die ging so:

Es waren zwei Huren zum König Salomo gekommen, als er Gerichtstag hielt. Da er weise war, hörte er natürlich jeden und jede ohne Ausnahme an. Die beiden Huren lebten in einem gemeinsamen Haus, heute würden wir sagen, in einem Bordell, und sie bekamen Kinder zu etwa der gleichen Zeit. Erst die eine, dann die andere, aber das Kind der Zweiten, ein Junge, starb in der Nacht, so erzählte es die Erste, weil die Frau im Schlaf sich draufgelegt hatte. Wahrscheinlich war sie betrunken gewesen, so war der Kleine erstickt. Da hatte sie am nächsten Morgen den toten Körper genommen und mit dem anderen kleinen Jungen vertauscht. Und natürlich sagte die Zweite, dass das, was die Erste sagte, nicht stimmte, sie sagte, ihr Sohn lebt und der andere sei schon tot geboren, und so stritten, zankten, keiften sie auf dem Markt vor dem König, und alle Leute hörten zu. Das sah Salomo sich eine Weile an, dann urteilte er:

Diese spricht: Mein Sohn lebt, doch dein Sohn ist tot. Jene spricht: Nein, dein Sohn ist tot, doch mein Sohn lebt. Holt mir ein Schwert!, sagte er. Ja, es ist unglaublich, er sagte, holt mir ein Schwert! Ich will das Kind teilen!

Ein kluger Mann hätte vielleicht die Ähnlichkeit der Kinder miteinander verglichen, heutzutage hätte er einen Gentest gemacht. Ein Weiser aber, der fordert mit seinen Worten eine Handlung heraus. Und die Frau, die die wahre Mutter war, die wollte nicht, dass ihr Kind leidet, sie verzichtete auf den Sohn und die andere bestand auf ihrer Hälfte. So hatte Salomo ganz leicht die Richtige erkannt, und man kann sich vorstellen, dass das eine Geschichte war fürs Volk. Wie ein Märchen wurde sie immer weitererzählt.

Als aber die Königin von Saba sie hörte, dachte sie, das kann ich auch. Da machte sie sich auf den Weg mit vielen Kamelen, Silber und Gold, ein paar wunderschönen Araberhengsten, Spezereien, also Köstlichkeiten, und außerdem noch mit einem ganz besonderen Geschenk.

Der Grund ihrer Reise aber war der: Sie wollte ihn prüfen.

Schon aus der Ferne sah er sie, wie sie langsam aus dem Flirren der Hitze über dem Sand mit ihrem Gefolge herankam, das sie anführte mit dem edelsten aller Pferde. Ihr Gesicht war verschleiert, doch der Blick ihrer Augen traf ihn schon von weiten, und was er nicht kannte, kam auf ihn zu, etwas Ebenbürtiges, ein Mensch, der so schön war wie er, und ein Mensch, der eine so große Aufgabe hatte wie er, ein Mensch, der zumindest so klug war wie er. Zu dem an Weisheit Reichsten kam die schönste Frau.

Stunden dauerte ihr Einzug in Jerusalem und stundenlang dauerte der Austausch der Gaben. Dann aber prüfte sie ihn, lang und aufmerksam. Sie gab ihm Rätsel auf und stellte alle Fragen; sie besah seinen Palast und den Tempel, beobachtete, wie er mit seinen Gefolgsleuten umging, wie er und was er befahl, wie er mit dem Volk umging und wie er seinem Gott diente. Da erkannte sie ihn an und dann gab sie ihm das größte Geschenk, dass sie mit sich führte, von dem wir nicht wissen, was es war. Manche sagen, es sei ein kostbares Holz gewesen, eines das die Israeliten noch nie gesehen hatten, und manche sagen, es sei ein Splitter gewesen aus dem Baum der Erkenntnis. Viele aber glauben, dass sie ihm etwas anderes gab, und er gab es ihr auch. Jedenfalls schrieb Salomo ein wunderbares Gedicht, einen Gesang, und ich sage, es ist eines der schönsten Gedichte, das je geschrieben wurde: das Hohe Lied. Es ist das Lied der Liebe.

»Siehe, meine Freundin, du bist schön. Siehe, schön bist du, deine Augen sind wie Taubenaugen hinter deinem Schleier. Dein Haar ist wie eine Herde Ziegen, die herabsteigen vom Gebirge Gilead. Deine Zähne sind wie eine Herde geschorener Schafe, die aus der Schwemme kommen: Alle haben sie Zwillinge und keines unter ihnen ist unfruchtbar. Deine Lippen sind wie eine scharlachfarbene Schnur …«

Ja, er besang sie, die Schönste der Schönen, und im Gedicht antwortete sie ihm:

»Mein Freund ist mein und ich bin sein, der unter den Lilien weidet. Bis der Tag kühl wird und die Schatten schwinden, wende dich her gleich einer Gazelle, mein Freund, oder gleich einem jungen Hirsch auf den Balsambergen.«

Die beiden liebten sich, mit ihrer Seele und mit der ganzen Herrlichkeit und Offenheit ihrer Körper, weil sie ebenbürtig waren, gleich. Und sie machten keinen Hehl daraus, denn die Liebe ist das Größte in der Welt, die höchste Weisheit. Eine, die man nicht erklären muss, sie besteht aus sich selbst heraus. Sie hält alles zusammen. Sie ist nicht gierig, sie will nicht besitzen, sie ist einfach nur.

Salomo wusste das und die Königin von Saba wusste es auch.

Deshalb gingen sie danach auch wieder auseinander, ein jeder in sein Reich zum Herrschen. Und weil man in der Liebe die ganze Welt erkennt, darum erkannte Salomo sie nun in allem, sein Haus sah aus wie sie, die Säulen des Tempels erinnerten an einen ranken Hals, das Gold sah aus wie der Schimmer der braunen Haut, das Palisanderholz glänzte wie Haar, denn in der Liebe ist alles eins, man begreift das Universum, das All. Später begriff Salomo sogar den Schrecken dieses Alls.

Manche sagen, er habe gar keine Frau besungen, sondern seine Stadt, Jerusalem und den Tempel, und manche sagen, er habe gar Jesus schon gemeint. Martin Luther, ich habe noch eine uralte Bibel von ihm. Sie riecht verbrannt, hat viele Kriege schon erlebt, braun ist sie mit einem Ledereinband und die Blätter sind am Rand aus Gold. Martin Luther, der Mann, der die Bibel ins Deutsche übersetzte, schrieb, es ginge um die Braut Christi, die sich nach Jesus verzehrt, aber schreibt die: »Mein Freund steckte seine Hand durchs Riegelloch, und mein Innerstes wallte ihm entgegen«?

Ich glaube das nicht, aber das Hohe Lied ist Poesie, und Salomo wusste um die Kraft der Worte, die etwas Neues entstehen lassen können, was man begreift und doch nicht versteht.

Als er alt wurde, wurde Salomo verrückt. Ja, das kann man so sagen. Es gibt ja drei Stufen: Intelligenz, Klugheit, Weisheit, so staffelt sich das. Zuletzt aber kommt das Verrückte, die verrückte Weisheit. Das ist, wenn man wirklich alles weiß. Da lässt auch die Kraft der Worte nach, denn dann ist nur noch, was ist.

Salomo hatte viele Erkenntnisse gehabt, und viele kennen wir noch, zum Beispiel: Hochmut kommt vor dem Fall. Aber am Ende sagte er, dass das Streben nach Erkenntnis eitel sei. Das Streben nach Reichtum auch, jegliches Streben, und erst recht das Streben nach Glück, dass alles eitel sei. Er schrieb den Kohelet. Und wenn das Hohe Lied das größte Gedicht über die Liebe ist, so ist der Kohelet eines der größten Gedichte über die Erkenntnis. Ein Gedicht über das Leben.

Alles ist Wind und alles hat denselben Odem, wir sind alle eins: »Denn es geht dem Menschen wie dem Vieh: Wie dies stirbt auch er und sie haben alle einen Odem und der Mensch hat nichts voraus vor dem Vieh; denn es ist alles eitel. Alles fährt an einen Ort.«

Man muss vielleicht alt sein, um solche Erkenntnisse auszuhalten. Vielleicht war er einsam, denn wirkliche Weisheit zu ertragen, ist schwer: »Denn wo viel Weisheit ist, da ist viel Grämen, und wer viel lernt, der muss viel leiden.« Salomo hatte in seinem Leben alles ausprobiert, auch alle Laster, und er hatte Frieden geschaffen. Gott war ihm gnädig, er verzieh ihm sogar seine Vielweiberei und auch das eine oder andere Saufgelage.

Leider ging es nach Salomo wieder bergab, denn wie immer ist es schwer, Reichtum, Erkenntnis und Glück wirklich auszuhalten, es zu wollen ist in Wirklichkeit viel leichter.

Was aus der Königin von Saba geworden ist, weiß ich nicht, denn das sind ja alles nur Geschichten, weil aber in Geschichten der Unterschied zwischen Sein und Schein nicht wichtig ist, sondern nur das, was man daraus mitnimmt, reitet sie noch immer durch den Wüstenwind von Reicharabien und irgendwann schreibt jemand das Ende ihrer Geschichte auf und jemand anderes ein anderes. Die Rätsel aber, die sie Salomo gestellt hat, sie bleiben.

Margriet de Moor

Kopf abschlagen

1

Was jetzt kommt, handelt von unserer Schwester. Sie heißt Judith. Wir kennen keinen Menschen, der schöner wäre als sie. Deshalb hoffen wir beide, dass wir ihr später, wenn wir groß sind, ähnlich sehen. Sie hat langes Haar, Augen, so grün wie Wasserpflanzen, und ihre Arme sind weiß und schlank, aber, Vorsicht: Sie sind auch unheimlich stark. Wie stark die Arme unserer Schwester Judith sind, haben wir vorige Woche mit eigenen Augen gesehen. Denn wir standen daneben, als Judith ein Schwert ergriff, als sie dieses schwere, große Schwert mit beiden Händen erhob und wie der Blitz auf das Genick eines Mannes herabsausen ließ, der schlafend vor ihr lag.

Sie schlug ihm mit zwei Hieben den Kopf ab.

Wir wollen erzählen, wie es dazu kam. Und wir wollen auch erzählen, dass unsere Schwester die netteste Schwester ist, die es auf der ganzen Welt gibt.

Als Judith vor drei Jahren ihren Mann verlor, nahm sie uns beide, ihre kleinen Schwestern, zu sich ins Haus. Sie hatte Lust, uns zu verwöhnen. Ihr Haus hat schöne Zimmer, aber Judith und wir schlafen am liebsten in einem Zelt auf dem flachen Dach. Unsere Schwester ist reich, man kann getrost sagen: steinreich. Ihr Mann hat ihr Gold und Silber hinterlassen und eine Menge Sklaven und Sklavinnen und Pferde und Kühe und Land.

Judith hat auch einen Schrank mit Kleidern, die sie so gut wie nie trägt. Das verstehen wir nicht. Sie ist zwanzig. Das ist doch nicht zu alt für ein schönes Kleid? Und was auch jedem auffällt: Sie isst fast nichts! In ihrer Küche wird unglaublich lecker gekocht, aber nimmt sie sich etwas davon? Judith isst sich nur samstags, am Sabbat, satt, und an den übrigen Tagen sind die Torten, die Schmortöpfe und die Nachtische für uns.

Jetzt kommen wir wieder zu dem gefährlichen Abenteuer, von dem wir erzählen wollen.

Es begann damit, dass wir Judith mit ganz zergrübelter Miene herumlaufen sahen. Ein paar Wochen ist das jetzt her. Sie lachte überhaupt nicht mehr. Als wir sie einmal fragten, was los sei, sagte sie: »Nichts.«

»Doch«, sagten wir. »Irgendwas Schlimmes ist los. Wir wollen wissen, was.«

»Na schön«, sagte sie. »Wir wollen uns dazu aber hinsetzen.«

Wir gingen zum Brunnen. Judith dachte nach. Und wir sahen sie an. Da begann sie von einem König zu sprechen, der die ganze Erde erobern und sich alle Völker untertan machen wolle.

»Aha«, sagten wir. »Also auch uns Israeliten?«

Sie nickte.

»Das schafft er nie«, sagten wir.

»Natürlich nicht«, sagte Judith. »Aber trotzdem haben sich die Völker, die an den großen Flüssen leben, sicherheitshalber diesem König bereits unterworfen. Den anderen, die das nicht getan haben, die ihn sogar ausgelacht haben, ist es übel ergangen. Er hat schreckliche Rache an ihnen genommen ...«

Sie presste die Lippen zusammen, als wolle sie kein Wort mehr dazu sagen. Das machte uns sehr neugierig.

»Wie heißt dieser König?«, fragten wir, um sie wieder zum Reden zu bringen.

»Der heißt ... ähm ... Nebukadnezar«, sagte sie.

»Und was hat er da gemacht?«, fragten wir leise. »Um Rache zu nehmen?«

Judith holte tief Luft. »Er hat seinen General losgeschickt.

Seinen General mit hundertzwanzigtausend Soldaten und zwölftausend Reitern.«

»Boh …«, sagten wir.

»Und der ist nach Westen gezogen, dieser General. Der ist an der Spitze dieses Heeres in unsere Richtung gezogen. Als Erstes kam er zu den Bergen.«

Sie zögerte.

»Ja …?«, sagten wir.

»Dort tötete er alle Bewohner. Dann kam er an den Rand der Wüste. «

»Ja?«, sagten wir wieder.

»Dort plünderte er alle Dörfer. Am folgenden Tag überquerte er den Fluss.«

Wir wandten keinen Blick von ihr.

»Und machte dort alle Städte dem Erdboden gleich«, sagte sie.

»Und dann?«, fragten wir.

»Dann besetzte er das Land Zilizien und schlachtete alle, die dort wohnten, ab.«

Judith starrte vor sich hin. Aber wir wussten, dass sie das Haus auf der anderen Seite, mit dem Feigenbaum davor, nicht wirklich sah.

Wir sagten: »Erzähl weiter, Judith.«

Das tat sie. Sie erzählte, dass dieser General nach all den Schurkentaten mit seinem Heer nach Süden gezogen war und dort die Midianiter umzingelt hatte.

Wir warteten.

»Er steckte ihre Zelte in Brand«, sagte sie dann.

»Ja, und?«, fragten wir.

»Er zerstörte auch ihre Schafpferche.«

»Und dann?«

»Dann«, sagte sie, »zog er zur Ebene von Damaskus. Die Leute dort wollten gerade das Korn ernten …«

»Aber er …«, halfen wir nach.

»Aber er ließ alles niederbrennen«, sagte Judith.

Sie schwieg. Und wir schwiegen auch. Es ging auf Mittag zu und wir spürten allmählich unsere Mägen. Judith aber, die nun einmal nie Hunger zu haben schien, fuhr fort: »Er ließ alle Tiere töten.«

Wir blickten auf unsere Füße. Wir ließen die Fersen sacht an die Brunnenummauerung pendeln.

»Er plünderte die Geschäfte«, hörten wir. »Er nahm die Frauen mit. Er raubte auch die Kinder.«

»Uih!«, sagten wir und sprangen vom Brunnenrand. Wir brauchten den Kopf nicht auf die Seite zu drehen, um zu wissen, dass die Küchentür unseres Hauses offen stand und dass der Tisch gedeckt war. Es roch schon so lecker!

Unsere Schwester rührte sich nicht. Sie schien tief in Gedanken. Sie sah aus, als finde sie, für heute reiche es jetzt, und das fanden wir auch. Daher stellten wir ihr, aus Höflichkeit, eine letzte Frage.

»Judith«, sagten wir. »Weißt du auch, wie er heißt, dieser Mann, dieser Schuft von einem General?«

Sie sah rasch auf. Und ihre Augen bekamen einen so dunklen Glanz, dass unsere Herzen vor Schreck wild zu schlagen begannen.

»Holofernes«, sagte sie.

»Holofernes!«, wiederholten wir, schon im Rückwärtsgehen. Dann drehten wir uns um und rannten mit langen Schritten los. »Er heißt Ho-lo-fer-nes!«, schrien wir.

2

Die Gefahr rückte näher. Das war an den darauf folgenden Tagen deutlich zu spüren. In unserer Stadt wurde von nichts anderem mehr gesprochen als von dem Rohling, der da unten, in der Tiefe, im Anmarsch war. Unsere Stadt liegt hoch in den Bergen. Vom Marktplatz aus kann man weit in das Tal hineinschauen, was alle jetzt auch fortwährend taten. Wir hörten, dass die Feiglinge an der Küste zu Holofernes gesagt hatten: »General, machen Sie mit uns, was Sie wollen! Wir unterwerfen uns Ihrem König, dem großen Nebukadnezar.« Und wir hörten, dass Holofernes sich das nicht zweimal hatte sagen lassen, sondern alle Männer auf der Stelle zwang, in seinem Heer mitzukämpfen. Und er warf die Grenzsteine um. Und er fällte alle Wälder, die die Menschen dort ihren Göttern geweiht hatten, denn er wollte, dass sie von nun an Nebukadnezar als Gott ansähen.

Wir merkten, dass alle in unserer Stadt sich insbesondere über die Wälder unheimlich aufregten.

»Warum?«, fragten wir unsere Schwester.

Judith erklärte uns, dass die Wälder – aus welchen Gründen auch immer – für diese Leute heilig waren und dass Holofernes offenbar alle heiligen Stätten zerstören wollte. Ob wir uns vorstellen könnten, fragte sie, dass alle jetzt große Angst um unseren Tempel in Jerusalem bekamen?

Sie schnaubte ärgerlich.

»Der Tempel, der, verflixt noch mal, erst vor kurzem von Grund auf wieder hergerichtet und neu geweiht worden ist!«

In derselben Woche bekam unser Magistrat einen dicken Brief aus Jerusalem. Darin stand, dass unsere Stadttore dreifach verriegelt und die Mauern unserer Stadt Tag und Nacht bewacht werden mussten. Es stand auch darin, dass die Männer die Bergpässe sperren sollten, die kleinen Wege zwischen den Felsen, die von höchstens zwei Mann gleichzeitig passiert werden konnten.

Natürlich wurde der Befehl sofort befolgt. Die Bergpässe wurden noch am selben Tag gesperrt, und alle hatten das Gefühl, dass unser Tempel jetzt ein ganzes Stück weniger gefährdet war, denn nur über diese Bergpässe konnte man nach Jerusalem gelangen.

Doch die Angst blieb. Das konnten wir beide sofort hören, wenn wir ins Freie gingen: Aus den Häusern ertönte ein einziges Gejammer und Geschrei! Alle waren den ganzen Tag damit beschäftigt, den allmächtigen Gott anzurufen, ja, IHN, den Gott mit den Großbuchstaben, unseren Gott. Er möge doch dafür sorgen, dass unsere Geschäfte nicht geplündert würden! Dass unsere Frauen nicht mitgenommen würden! Dass unsere Kinder nicht geraubt würden!

Bedrückt gingen wir über den Platz, auf dem früher so oft Nachbarschaftsfeste gefeiert worden waren. Wie trübe jetzt alles aussah. Auf der Mauer patrouillierten Männer mit Steinen, Stricken und Köchern voller Pfeile, und ansonsten sahen wir unter den Bäumen und in den Geschäften nur Leute in kaputten dunklen Kleidern. Bückten sie sich, dann konnten wir sehen, dass sie sich Asche auf den Kopf gestreut hatten, die Männer auf ihren Turban, die Frauen auf das Kopftuch oder direkt auf ihre schönen Locken.

»Lass uns auch etwas anderes anziehen «, sagten wir zueinander.

Zu Hause öffneten wir den Schrank und nahmen ein paar zerrissene Röcke heraus. Als wir sie angezogen hatten, betrachteten wir uns gegenseitig. Wir sahen ernst aus, mit dunklen Augen, doch durch das Fenster fiel Sonne auf unser Haar, das glänzte wie geschmolzenes Kupfer.

»Lass uns etwas Asche darauf streuen«, sagten wir.

Unten in der Küche sahen wir eine dicke Ascheschicht im Herd. Wir hockten uns davor, griffen eine Hand voll heraus und schmierten uns das fettige Zeug gegenseitig auf die Haare. Wir schwiegen und schauten.

»Du siehst vielleicht aus!«, sagten wir wie aus einem Mund.

3

Am nächsten Tag passierte etwas. Unsere Männer hatten am Fuße des Berges einen Fremden aufgelesen, der dort von Holofernes' Soldaten zurückgelassen worden war. An Händen und Füßen gefesselt. Jetzt saß er unter dem Baum auf unserem großen Platz. Alle scharten sich um ihn, um zu hören, was er zu erzählen hätte. Es dauerte eine Weile, bis es uns beiden gelang, uns nach vorn zu drängen.

Da sahen wir einen großen Mann mit zerschundenem Gesicht. Er sagte, er heiße Achior. Und er sei Anführer eines Heeres, das von Holofernes besiegt worden sei. Er erzählte, dass Holofernes ihn wütend gefragt habe, ob er wisse, warum wir hier oben in den Bergen uns nicht schon lange ergeben hätten.

»Und was hast du gesagt?«, fragten ein paar Leute neugierig.

»Ich habe etwas über euren merkwürdigen Gott gesagt«, antwortete Achior.

»Ja? Was? Was denn?«

»Dass dieser Gott damals ganz Ägypten mit schrecklichen Plagen gequält hat, als die Ägypter euch nicht davonziehen lassen wollten. Dass er das Rote Meer einfach geteilt hat, damit ihr durchgehen konntet. Dass er euch half, die Wüstenbewohner zu vertreiben, die Hesboniter auszurotten und danach das gesamte Land Kanaan zu besetzen.«

Wir sahen, wie alle geschmeichelt nickten.

»Was hast du sonst noch gesagt?«, bedrängte man ihn.

»Ich habe gesagt, dass es überhaupt keinen Sinn hat, euch anzugreifen, solange ihr nicht gegen die Gebote eures Gottes verstoßt. Ich habe gesagt: Holofernes, solange sie nicht so dumm sind, das zu tun und ihren Gott zu erzürnen, ist es besser, Sie lassen sie in Ruhe!«

Achior schwieg. Alle blickten mitfühlend auf seine verquollenen dunkelvioletten Augen und seine blutende Nase.

»Gut«, schloss er trocken. »Das hat mir, wie ihr seht, eine Tracht Prügel eingetragen.«

4

Oh, aber was danach passierte! Es gibt Dinge, die man nie mehr vergisst. Nie werden wir die Wochen vergessen, als unsere Stadt ausgehungert wurde und wir jeden Tag weniger zu trinken hatten!

Holofernes war mit seinem gesamten Heer gegen uns aufmarschiert. Wir konnten sie sehen, einhundertsiebzigtausend Mann, die die Ebene unter unserer hoch gelegenen Stadt füllten, und dazu ein ganzes Zeltlager.

Aber nahmen sie den Kampf gegen uns auf?

Sie taten etwas, was viel schlimmer war: Sie besetzten unsere Brunnen im Tal. Und sie versperrten alle unsere Zugangswege. Kein Korn, kein Tropfen Öl gelangte mehr in die Stadt.

Die Körbe und Krüge in unseren Geschäften leerten sich.

Unsere Kleider wurden zu weit.

Unsere Wangen fielen ein.

Die Ersten, die vor Durst starben, waren die Babys; dann lagen ein paar Alte, einfach so, tot auf der Straße.

»Tut etwas!«, begannen die Leute dem Magistrat zuzurufen. »Sagt Holofernes, dass wir uns ergeben, denn alles ist besser als das hier.«

Und der Magistrat sagte: »Gut. Wenn Gott uns nach fünf Tagen noch immer nicht zu Hilfe gekommen ist, dann müssen wir das eben tun. «

5

So böse haben wir unsere Schwester Judith noch nicht oft gesehen!

Sie kochte fast. Wir beide saßen an diesem Abend vor unserem Zelt auf dem Dach. Es war bereits völlig dunkel. Wir schauten dösig auf die Feuer unseres Feindes im Tal und sprachen kaum. Vor allem der Durst war fast nicht auszuhalten. Da hörten wir plötzlich Judith die Treppe heraufrennen. Ihr Kopf tauchte in der Luke auf.

Sie rief: »Uns ergeben? Sind sie jetzt völlig verrückt geworden?«

Und schon stürmte sie wieder hinunter. Kurz darauf hörten wir, dass sie im Wohnzimmer mit den Männern unseres Magistrats sprach. Das Stimmengewirr dauerte sehr lange. Wir schliefen schon, als wir eine Hand auf unserer Schulter spürten.

Judith rüttelte uns wach.

»Kommt!«, sagte sie. »Helft mir ein bisschen. Ich will mich schön machen.«

Wir folgten ihr nach unten. Wir zündeten die Lampen im Badezimmer an. Dann halfen wir Judith, sich mit dem letzten bisschen Wasser von Kopf bis Fuß zu waschen. Wir trockneten sie ab und rieben sie mit Myrrhe ein.

»Jetzt mein goldenes Kleid«, sagte sie.

Wir holten ihr goldenes Kleid mit den Puffärmeln.

»Jetzt meinen roten Hut.«

Wir holten ihren roten Samthut mit den Straußenfedern.

»Jetzt meine Ketten, meine Ringe, meine Ohrgehänge. Jetzt meine edelsteinverzierten Sandalen!«

Ihre Stimme wurde immer höher.

Zum Schluss legte sie Lidschatten auf und malte sich die Lippen rot. Wir sahen sie gerade äußerst zufrieden an, als sie sich auf die Knie warf und zu beten begann. Wir konnten nicht genau verstehen, was sie sagte, aber ihre Stimme klang wie immer, wenn sie uns eine Geschichte erzählte.

»… und weißt du: Sie haben ein schrecklich großes Heer auf die Beine gestellt …«, verstanden wir. »Sie haben Pferde … Lanzen … Schleudern … du kannst dir gar nicht vorstellen …« Und wir verstanden: »Zerschmettere sie … schütte deinen Zorn über sie aus … strafe sie …«

Es dauerte eine ganze Weile, dann erhob sie sich wieder. Und während wir spürten, wie ihre Augen durch uns hindurchschauten, hörten wir sie noch murmeln: »Gib mir, der Witwe, eine feste Hand, um mit diesem Mann zu tun, was ich mir ausgedacht habe …«

Wenige Minuten später gingen wir die dunkle Straße hinunter. Judith in ihren schönen Kleidern vorneweg, dahinter wir. Zu zweit trugen wir einen Reisesack, in den wir unsere letzte Flasche Wein, Olivenöl, getrocknete Früchte, unser letztes Mehl und ein Stück Brot gesteckt hatten.

Am Stadttor schien man uns erwartet zu haben. Die Männer hatten die großen Bronzetüren bereits geöffnet. Als sie Judith sahen, pfiffen sie vor Bewunderung.

»Du siehst verdammt gut aus«, sagten sie zu ihr. »Was immer du dir ausgedacht hast, es wird dir gelingen!«

Im Nu schlugen die Torflügel hinter uns zu. Wir schauten in die stockfinstere Nacht. Gemeinsam mit Judith tasteten wir uns den Bergpfad hinunter.

Wir befanden uns auf dem Weg zu Holofernes.

6

Natürlich dauerte es nicht lange, da wurden wir von einem Vorposten des Feindes gestoppt. Soldaten mit Fackeln in der Hand sprangen hervor, und auch sie hatten Judith kaum gesehen, da begannen sie schon zu pfeifen.

»Sieh mal an«, sagten sie. »So etwas läuft einem nicht jede Nacht über den Weg. Dürfen wir Sie fragen, werte Dame, wer Sie sind und wohin Sie zu gehen gedenken?«

Ihre spöttischen Mienen verwandelten sich sehr schnell, als Judith sagte: »Ich bin Hebräerin und auf dem Weg zu eurem Oberbefehlshaber Holofernes, um ihm zu sagen, wie er das gesamte Bergland in Besitz nehmen kann, ohne auch nur einen einzigen Mann seiner Streitmacht zu verlieren.«

»Dann folgen Sie uns«, sagten sie daraufhin. »Wir bringen Sie zu ihm.«

Hilfsbereit streckte einer die Hand nach unserem Reisesack aus.

»Nein, den tragen wir lieber selbst«, sagten wir.

Jetzt kletterten wir beim Fackellicht der Soldaten recht mühelos weiter hinunter ins Tal. Unterwegs schlossen sich uns noch gut hundert andere Soldaten an. So erreichten wir mit einer ganzen Schar das nächtliche Zeltlager. Es war sehr groß. Überall Feuer. Und überall schwer bewaffnete Männer. Wir beide sahen uns wachsam um, aber Judith lächelte und zwinkerte uns einmal zu, als erwarte uns ein Fest.

Es schien sogar, als habe sie Recht.

Denn bei einem hohen Zelt in der Mitte, vor dem wir zunächst im Stockfinstern warten mussten, wurden auf einmal Lichter angezündet.

»Geht ruhig hinein«, sagten die Soldaten zu uns.

Und im nächsten Augenblick wussten wir nicht, wohin wir als Erstes schauen sollten! Wir standen in einem Raum mit golddurchwirkten Wandteppichen und einem Tisch, auf dem silberne Lampen standen. Im hinteren Teil, halb verborgen hinter einem purpurnen Vorhang, sahen wir das Fußende eines Bettes. Aus diesem Schlafraum kam ein Mann. Groß, breit, ungewöhnlich stark an Rumpf und Gliedern. Er ging schnurstracks auf unsere Schwester zu.

Holofernes.

Wir sahen, dass Judith langsam errötete. Und wir verstanden sehr wohl, weshalb sie eine so tiefe Verneigung machte. Wir folgten ihrem Beispiel.

»Gnädige Frau«, sagte Holofernes. »Sie können mir vertrauen. «

Sie setzten sich einander gegenüber an einen Tisch, und wir sahen, dass Holofernes unsere Schwester regelrecht mit seinen Blicken verschlang, so schön fand er sie.

»Vertrauen Sie mir«, sagte er wieder. »Sie werden gut behandelt werden.« Und er fügte hinzu: »Wie jeder, der meinem Herrn, dem König Nebukadnezar, dient.«

Sie sahen sich an. Judith schluckte. Da sagte Holofernes – und wir hörten, dass er seiner schweren Stimme einen möglichst sanften Klang gab: »Erzähl mir doch mal, Judith, warum du heute Nacht zu mir gekommen bist?«

Im ersten Moment sah es so aus, als könne sie kein Wort herausbringen. Wir sahen, wie ihre Augen über sein dunkles lockiges Haar glitten, über seinen kurzen Bart.

»Ich bin gekommen, um Ihnen zu sagen, wie Sie den Krieg gegen uns gewinnen können«, sagte sie dann wie die erstbeste Verräterin.

Holofernes streckte seinen muskulösen Hals vor.

»Denn jetzt, wo sich mein eigenes Volk so blöd benimmt«, fuhr Judith fort, »glaube ich, es ist das Beste, dass Sie im Namen Ihres Königs, des großen Nebukadnezar, wieder für Ordnung sorgen.«

Oh! Wie scheinheilig sie das sagte! Sollte dieser Mann ihr wirklich glauben? Wir sahen, dass Holofernes nach ihrer Hand griff, und wir sahen, dass Judith es zuließ.

Dann fragte sie ihn, ob er sich noch an Achior erinnere. Sie sagte: »Ein Narr, natürlich, aber was er Ihnen erzählt hat, ist wahr: Unsere Leute sind nicht zu schlagen, solange sie den Zorn ihres Gottes nicht erregen.«

Sie schlug die Augen nieder, schlug sie wieder auf und sagte süß: »General, sie sind gerade im Begriff, das zu tun ...«

Daraufhin erzählte ihm Judith, dass ihr Gott sie geschickt habe. Dass er ihr gesagt habe, sie solle jede Nacht am Rande der Schlucht beten und würde dann an einem der nächsten Tage von ihm erfahren, wann das Volk gegen ihn gesündigt und seinen furchtbaren Zorn erregt habe.

Sie sagte: »Dann, mächtiger Herr, werde ich Ihnen das sofort berichten.«

Uns schauderte. Was konnte unsere Schwester lügen! Und uns schauderte es erst recht, als sie seelenruhig hinzufügte: »Woraufhin Sie sie alle in die Pfanne hauen und die Macht übernehmen können.«

Holofernes streichelte andächtig ihr Handgelenk. »Wie schön du bist, Judith«, sagte er. »Schön und klug. Ich werde gut für dich und deine beiden kleinen Sklavinnen sorgen.«

Sein Blick glitt über uns. Wir verneigten uns bis zur Erde.

In dieser Nacht schliefen wir zu dritt in einem Zelt dicht neben dem des Generals.

7

Mehrere Tage vergingen. Wir beide wurden von den Soldaten verwöhnt, sie gaben uns Süßigkeiten und ließen uns auf ihren Pferden durch das Lager mitreiten. Unsere Schwester zeigte sich so gut wie gar nicht. Sie blieb im Zelt. Doch jede Nacht weckte sie uns, um mit uns mitten durch das Lager zum Rande der Schlucht zu gehen und sich dort am Brunnen zu waschen. Niemand störte uns. Die Wachtposten wussten, dass Holofernes uns das erlaubt hatte.

Dann erhielt unsere Schwester eine Einladung. Am vierten Tag kam einer von Holofernes' Dienern in unser Zelt.

»Judith«, sagte er. »Mein Herr gibt heute Abend ein Fest. Bitte kommen Sie, trinken Sie ein Glas Wein mit ihm und bereiten Sie ihm Freude!«

Wir sahen, wie Judith blass wurde.

Der Diener begann ihr schnell zu schmeicheln. »Er findet Sie noch schöner als die Prinzessinnen, die dem König in seinem eigenen Land immer jeden Wunsch erfüllen.«

Das Gesicht des Mannes heiterte sich auf, als Judith sagte: »Gut, ich komme.« Aber wir hörten ihre Stimme ein wenig beben, als sie auch noch sagte: »Ich werde alles tun, was Ihr Herr will.«

Es wurde Abend. Judith schickte uns vor. Wir trugen den Reisesack. Wir betraten das Zelt von Holofernes, der ein etwas verwundertes Gesicht machte, als wir den Reisesack auspackten und Wein, Brot und Früchte auf den prächtig gedeckten Tisch legten.

»Sie macht Diät«, erläuterten wir.

Er nickte und blickte voller Ungeduld zum Zelteingang.

Da kam sie, unsere Schwester! Selbst uns verschlug es für einen Augenblick den Atem, weil wir sie noch nie so schön gesehen hatten. Es schien geradezu, als brenne in ihr ein Feuer.

»Du bist die Frau meines Lebens«, stammelte Holofernes. Er führte sie zum Tisch. Er setzte sich dicht neben sie. Als er in die Hände klatschte, begann draußen vor dem Zelt ein kleines Orchester zu spielen: drinnen schenkten Diener die Gläser voll. Auf uns beide achtete keiner mehr. Wir machten es uns auf ein paar Löwenfellen am Zeltrand gemütlich.

Gläsergeklirr ... Leise Stimmen ... Musik ... Waren wir kurz eingeschlafen? Als wir uns aufrichteten, sahen wir Judith und Holofernes, die sich am Tisch einander zubeugten. Judith in ihrem tief ausgeschnittenen Kleid, und er, der General, mit rot angelaufenem Gesicht. Uns fiel auf, dass Judith aussah, als habe sie sich noch nie im Leben glücklicher gefühlt. Konnte sie so gut heucheln? Holofernes richtete sich etwas auf, sie blickte auf. Und ehe wir's uns versahen, drückte er seine Lippen auf ihre. Wir versuchten uns vorzustellen, wie sich das anfühlte.

Jetzt erhoben sich beide von ihren Stühlen, Judith mit einem vollen Glas in der Hand.

»Trink noch etwas«, sagte sie.

Er tat es.

Als hätte sie nie etwas anderes getan, ging unsere Schwester dann mit Holofernes in sein Schlafgemach im hinteren Teil des Zeltes. Alle Diener verschwanden. Das kleine Orchester draußen begann, eigentümlich sanft und getragen zu spielen.

Wir warteten. Was blieb sie denn da! Wir warteten und begannen uns zu fragen, was Judith denn nun im Einzelnen mit dem großen Mann vorhabe. Vorhin, bei Tisch, hatte sie unentwegt über das ganze Gesicht gelächelt.

Draußen vor dem Zelt erloschen die Lichter. Das Orchester verschwand. Stille. Und schließlich, hinter dem purpurnen Vorhang hier drinnen, das Schnarchen eines Mannes. Gerade als wir dachten: Sag mal, Judith ...?, schwang der Vorhang zur Seite, und wir sahen sie.

8

Sie lachte nicht mehr. Sie strich sich mit schaurig ruhiger Miene die Kleider glatt. Irgendwie begriffen wir, dass etwas passiert war, das den Plan, den sie schon seit Tagen im Kopfe trug, zu etwas Unvermeidlichem machte.

»Nehmt die Lampe«, befahl sie uns leise.

Wir nahmen die silberne Lampe vom Tisch.

Dann drehte Judith sich wieder um und schob, ohne Lärm zu machen, den Vorhang auf die Seite. Wir traten vor und sahen Holofernes bäuchlings auf dem Bett liegen. Er schnarchte wie ein Ochse. Wir sahen die blaue Decke, wir sahen den roten Wandteppich und wir sahen, hoch über dem Bett, ein großes Schwert aus blitzend geschliffenem Stahl.

Judith kam gerade eben daran. Sie musste sich auf die Zehenspitzen stellen, um das Schwert zu packen.

»Leuchtet mir mal«, flüsterte sie über die Schulter.

Wir gehorchten. Da hob unsere Schwester mit beiden Händen das Schwert hoch und ließ es herabsausen. Sie hob es noch einmal und das Schwert sauste erneut auf Holofernes' Nacken herab.

Sie schlug ihm mit zwei Hieben den Kopf ab.

»Nehmt den Reisesack«, sagte sie zu uns.

Wir eilten in den vorderen Teil des Zeltes und mussten einen Augenblick suchen, bevor wir den leeren Reisesack unter dem Tisch sahen. Als wir wieder zum Bett kamen, blickte

Judith uns leicht ungeduldig an. Sie hielt mit einer Hand den Kopf an den Haaren.

Wir öffneten den Reisesack.

»Weiter«, sagte Judith.

Der Kopf rollte hinein und wir zogen den Verschluss zu.

Als wir ins Freie traten, merkten wir, dass es eine schöne, kühle Nacht war. Unter dem Vordach des Zeltes standen zwei Schildwachen. Sie nickten uns zu, wir nickten zurück und gingen, wie jede Nacht, in Richtung der Schlucht, die außerhalb des Lagers lag.

Diesmal jedoch bogen wir nach links ab. Und begannen, zu unserer Stadt hinaufzuklettern. Wie hell der Mond schien! Wie köstlich es nach Jasmin duftete. Wir gingen ohne irgendwelche Probleme auf dem Bergpfad hinter unserer Schwester her und trugen den Reisesack zwischen uns.

»Schwer?«, fragten wir einander.

»Ähm, nein, nein. Eigentlich genauso wie auf dem Hinweg.«

Als wir an der Stadtmauer angelangt waren, schwangen die Tore sofort auf. Es wurde bereits ein wenig hell. Wir sahen, wie die Leute aus ihren Häusern auf uns zugelaufen kamen. In Sekundenschnelle standen alle um uns herum. Judith begann mit ihrem Bericht. Je weiter sie mit ihrer Geschichte kam, desto mehr Augen glitten von ihrem Gesicht zu dem Reisesack vor ihren Füßen.

Also öffnete sie ihn und streckte den Arm hinein.

»Bitte sehr«, sagte sie. »Hier haben wir den Kopf von Holofernes.«

Es wurde totenstill.

»Wisst ihr noch, wie viel Angst er euch eingejagt hat?«

Wie angenagelt schauten alle auf das, was sie nun an den Haaren in die Höhe hielt. Wir beide aber konnten uns kaum noch auf den Beinen halten, es war, als verließen uns plötzlich die Kräfte. Wir stießen uns an und verdrückten uns. Zu Hause machten wir, dass wir in unser Bett kamen, und schliefen, bis die Sonne schon wieder tief stand.

»Warum ist es draußen so still?«, fragten wir eine alte Frau, als wir wieder ins Freie kamen.

Sie konnte es uns sagen. »Da unten sind alle am Kämpfen.« Sie deutete mit dem Kopf ins Tal. »Oder, besser gesagt« – sie grinste – »da unten sind alle am Plündern und Abschlachten.«

Wir zogen die Augenbrauen hoch.

Dann hörten wir, dass die Männer von Holofernes die Leiche ihres Generals entdeckt hatten. Und dass sie plötzlich keine Lust mehr auf Krieg hatten. Aber bevor sie sich zurückziehen konnten, hatte sich die komplette Bevölkerung unserer Stadt schon auf sie gestürzt.

»Das kann man ... verstehen«, sagten wir und schlenderten weiter. Mit unseren Gedanken noch bei den Soldaten, die uns Süßigkeiten geschenkt und uns auf ihren Pferden mitgenommen hatten, kamen wir zur Stadtmauer. Dort hing an einem Haken der Kopf von Holofernes.

»He!«, sagten wir, während wir hochschauten. Wir sahen erst jetzt, wie sauber Judith ihr Werk getan hatte. Die untere Seite des Halses war ganz weiß und glatt, ohne auch nur das kleinste Loch aufzuweisen.

Wir fragten uns, wie er hatte essen können.

»Oder«, sagten wir zueinander, »wie er geatmet hat.«

Wir sahen uns mit großen Augen an.

Aus dem Niederländischen von Helga van Beuningen

Ludwig Harig

Das neue Herz

Der eine sucht einen Geburtshelfer für seine Gedanken, der andre einen, dem er helfen kann: So entsteht ein gutes Gespräch.
Friedrich Nietzsche,
Jenseits von Gut und Böse

Mein Freund Immanuel ist ein Dichter. Jedermann im Dorf kennt ihn, niemand hat ihn je übersehen. Wenn er im Wirtshaus sitzt, allein und mit Zweifelsfalten auf der Stirn, vor sich eine Tasse Kaffee, im Mund einen qualmenden Stumpen, stecken die Leute an den Nebentischen die Köpfe zusammen, reden über seine ungewöhnliche Art, die Welt zu erklären – und nennen ihn den Winkelgast aus der Römerstraße. Er ist nicht mehr jung an Jahren, hat aber noch volles Haupthaar, eine glatte Haut und einen Körperbau, der auf eine hausgemachte Ernährung schließen lässt. Im Gleichmaß gliedern sich seine Tage, starre Rituale wechseln mit spontanen Einfällen, immer ist Bewegung in seinem Kopf und seinen Beinen. Eine Augenweide sein Gang: leichtfüßig, fast tänzelnd, den linken Arm bewegungslos an die Seite gepresst, sein rechter, rhythmisch bewegt im Takt seiner Schritte, auf- und abschwingend wie ein Uhrpendel.

Immanuel hat einen sprechenden Namen. Es gibt keinen Hinweis, ob die Eltern sich Gedanken über seine Bedeutung gemacht haben, doch die Ereignisse des Lebens liefen auf Erfüllung dieses Hintersinns hinaus und beglaubigten ihn. Zwar gibt der altmodische Vorname Aufschlüsse über Immanuels Denk- und Glaubensweise, doch dieses »Gott mit uns!«

war auch in die Koppelschlösser seiner Altersgenossen eingestanzt. Immanuel aber ist stets Außenseiter gewesen, ohne Uniform, ohne Lederstiefel, ohne Koppelschloss. Am liebsten ist er allein unterwegs. Im Schlenderschritt kommt er die Römerstraße herunter, zündet sich, sobald er den Giebel des Wirtshauses erblickt, einen Stumpen an und bläst den Rauch schräg aus dem Mund, wo er sich auflöst in blauer Luft.

Sein Gott ist der Gott des Alten Testamentes. Seit Kindertagen schreibt er Gedichte, in denen sich seine alttestamentarische Anschauung von der Welt sinnenvoll und bilderreich ausdrückt. Am 26. März 1996, kurz vor Mitternacht, eilte er an den Waldrand oberhalb des Dorfs und schaute nach dem Himmel. Tagsüber war es stark bewölkt, erst regnete, dann graupelte es, bis der Wind gegen Abend auffrischte und von Stunde zu Stunde kräftiger aus nördlichen Richtungen blies. Plötzlich riss das Gewölk auseinander, mitten im vollgestirnten Himmel strahlte ein geschweifter Stern, der einen Schleier diffusen Lichts über die benachbarten Sterne zog. Es war der Komet Hyakutake, dessentwegen wir übereingekommen waren, in drei Nächten zur gleichen Zeit das Naturschauspiel zu betrachten, jeder von der höchsten Erhebung seines Wohnorts aus – und jeder mit derselben Hausaufgabe: Was ist des Kometen Schweif und wozu dient er?

Eine dumme, eigentlich eine Witzfrage. Jedes Lexikon gibt Auskunft: Der Strahlungsdruck der Sonne erzeugt ihn, indem er leuchtende Gesteinsmoleküle vom Kern des Kometen absprengt und forttreibt. Wenn man aber, statt ungeprüft von einem Himmelskörper zu sprechen, den Kometen nach äußerem Anschein und innerer Ausstrahlung für ein Gefährt aus den unerforschten Weiten des Universums hält, ist es viel schwieriger, sachgerecht damit umzugehen. Was für ein rätselhaftes Ding, das nur alle zwanzigtausend Jahre an der Erde vorbeizieht und dabei unbestimmbare Gase ausstößt! Über die Eigenschaft des Schweifs gab es keine Meinungsverschiedenheit zwischen uns: Die Erklärung des Lexikons reichte uns jedenfalls nicht aus, sein eigentliches Wesen zu begreifen. Über die Bewegungen und Richtungsänderungen des Kometen gab es allerdings unterschiedliche Auffassungen, denn diese gehorchen ja noch anderen Regeln als nur den physikalischen Gesetzen.

Mir gefiel es, die elliptischen Umläufe des Hyakutake in den nächtlichen Reisen des kleinen Häwelmanns widergespiegelt zu sehen. Der kleine Junge in seinem Bettchen, ein Bein ist der Mast, sein Hemd das Segel, das er mit kräftigem Atem bläht: Und so, von kindlichem Lebenshauch angetrieben, fährt das Rollenbett über den Fußboden, die Wand hinauf, kopfüber die Decke entlang und die andere Wand wieder hinunter. »Es war ein großes Glück für den kleinen Häwelmann, dass es gerade Nacht war und die Erde auf dem Kopf stand«, erzählt Theodor Storm, »sonst hätte er doch gar zu leicht den Hals brechen können.«

Immanuel dagegen, unbeeindruckt vom Geflunker erfundener Geschichten, hat seine Anschauung der Weltdinge auf die soliden Fundamente der Physik gebaut. Klug bewahrt er seinen Wirklichkeitssinn und hütet sich vor märchenhaften Ausdeutungen, die sich der Naturgesetze nur aus poetischem Spieltrieb bedienen. Was ihn verwundere, sei die Überzeugung der Geschichtenerzähler, das Zusammenspiel der Kräfte funktioniere nach erfundenen Regeln – und nicht, wie es jedem Kind einleuchte, nach physikalischen Gesetzmäßigkeiten. Mein häwelmannscher Bewegungs- und Beschleunigungsmechanismus erinnere ihn an Wolfgang Koeppens Wiederbelebungstheorie: Denn ebenso wenig wie das Marlenichen aus dem Märchen imstande sei, die Knochen unter dem Machandelbaum zusammenzuflicken, könne ein kleiner Häwelmann mit seinem aufgeblähten Nachthemd ein Rollenbett unterstzuoberst über Decke und Wände befördern. Hoffnungsvolle Wünsche, doch abstruse Vorstellungen wider alle Vernunft!

Man könne zwar, wie es nun einmal in der Natur der Sache

liege, nicht hundertprozentig sicher sein, ob es sich bei den so weit entfernt am Nachthimmel wandernden Objekten um Gestirne oder menschliche Gefährte handele, doch bei genauer Betrachtung dieses Hyakutake müsse man zu dem Schluss kommen, dass nur ein Fahrzeug sich so kräftig angetrieben, so dynamisch beschleunigend auf seiner Bahn bewegen könne – wofür ja der anhaltende Auspuffstrahl das beste Anzeichen sei. Von Zweifeln beirrt verabredeten wir, den Kometen in den folgenden Nächten besonders aufmerksam zu beobachten.

Die Nacht auf den 27. März war stark bewölkt, auf den 28. März fiel Schneeregen: Hyakutake war nicht zu sehen. Erst am 29. März ließen die Schneeschauer nach, der Nachthimmel klarte auf und über die Eisflächen der Hügel huschte das Spiegelbild des gestirnten Himmels. Der Komet, dreimal so groß wie der Mond, strahlte hell und klar, ich stand an der Waldlichtung und betrachtete das Schauspiel durchs Fernglas. Gegen zwei Uhr, ich war gerade wieder zu Hause angelangt, läutete das Telefon. Immanuel war am Apparat, er sprach aufgeregt, doch mit leiser Stimme, die sich beim Sprechen ein ums andere Mal überschlug. Er fragte, ob ich den Kometen beobachtet hätte und ob mir dabei etwas Besonderes aufgefallen sei. Ich konnte ihm nichts Außergewöhnliches berichten, Hyakutake war im Sternbild des Bärenhüters erschienen, mit mächtigem Schweif und einer gehörigen Portion blitzender Gestirnsbrocken an seinen Rändern. Das könne aber doch nicht alles gewesen sein, entgegnete Immanuel, er habe noch anderes gesehen, und deshalb sein überstürzter Anruf mitten in der Nacht. Seiner Beobachtung nach könne er sicher sein, dass wir es mit einem Raumschiff zu tun hätten, das dort oben am Nachthimmel fliege. Wie Blitze hätte der Auspuffstrahl der Steuerrakete gezuckt, wie Kohlen die Kühlaggregate des Reaktors geglüht. Und die glänzende Oberfläche der Schutzhaube habe sich so scharf am Licht gespiegelt, dass es ihm schmerzhaft in die Augen gestochen und ihn geblendet habe, so stechend wie es nur teuerstes Edelmetall vermöge. Doch das Überwältigende, sagte er und hob seine Stimme, sei ein unwahrscheinliches Ereignis gewesen, von dem er hoffe, dass es nur eine Halluzination war: Plötzlich öffnete sich auf der Unterseite des Schiffs eine Klappe, aus der sich nacheinander vier Helikopter in die Erdatmosphäre herabsenkten. »Noch heute Nacht, solange meine Erinnerung frisch und meine Gefühle stark sind, werde ich ein Gedicht schreiben.«

Der Komet

Hyakutake flog, sein heller Schweif
war ein Sprühwetter aus Licht,
es genas keine Neugier daran,
sie ward entflammt,
wie er flackerte,
ein Bündel zitternde Bewegung
in kühler Luft.

Ist es eine Raumfähre
wie der Prophet Hesekiel sie schildert?

Sie landete bei ihm,
und er erkannte –
noch während ich nur seh
Flammenzacken –
die Flügelwesen mit vier Häuptern,
er spricht von Rädern.

Zur Erd fiel er.
Ängstliches Gewimmer
ließ er hören
wie kreischende Säge,
Herzpochen wie ein hackendes Beil

fuhr durch den Leib ihm,
als er sah den HERRN in Blau
heraustretend
aus flammendem Feuer.

Dessen Tonart
war ein Brausen
wie Meeresrauschen,
wie ein Heergeraune.
Wie lag er da als Mensch
verstört und so armselig!

Die Felgen aus Gold,
die Tiere mit wilden Köpfen!
Es sauste, es drehte sich
in ungeheurer Eil.

Der Erwählte hat dafür gelebt,
so Herrliches zu sehn
vom HERRN,
doch warf es sein Gesicht
in Lehm.

Mit dem Wagen auf zu Himmelspforten!
Empor auf ihm, fort von der traurigen Welt
zu Paradiesesauen!
So wär vielleicht in mich
die Sehnsucht eingefahren!
Empor ins All,
die Sonne übersteigend!
Zu leuchtenden Wesen!
Übermut hätt mich vielleicht erfasst
da, wo der Prophet,
der gottgewollte starke
in Demut niedersank und Schrecken.

Lang ist es her.
Es ist Nacht,
der Komet Hyakutake
schwebt in den dunklen Weiten.
Es ist wohl kein Fahrzeug
für Himmlische auf einer Fahrt
ins Erdtal,
auf eine Bergspitze im Hochgebirg,
auf eine Ebene. Nein.
Es braust in Haselsträuchern
ein kühler Frühlingshauch.

»Wie gern hätte ich in dem Gedicht meine Nähe zu dem Propheten bekannt«, erzählte Immanuel, als wir uns wieder trafen –, doch nicht seine Scheu vor Übertreibung oder gar Anmaßung halte ihn davon ab, er finde es ganz und gar ungebührlich, sich an die Seite eines Propheten zu stellen und so zu tun, als sei er auf dem besten Wege, einer zu werden. Er fürchte, seine Augen zu erwartungsvoll auf den Himmel gerichtet zu haben, die Landung der Helikopter sei sicher nur ein Trugbild, das Heraustreten des HERRN im blauen Anzug nur eine törichte Ausgeburt seiner Fantasie gewesen.

Trotz dieser Zweifel wollte er mir mehr sagen, führte mich beiseite und fragte mit einem spöttischen Blitzen in den Augenwinkeln: »Hast du dir einmal die mechanischen Arme einer Steuerrakete und den trichterförmigen Schlund einer Ringhalsdüse genau angeschaut? Sehen diese Roboterteile anders aus als die Bauteile von Hesekiels Helikoptern? Hast du dir die Gemini-Kapsel einmal von vorn und die Mondfähre Lunochod I von der Seite betrachtet? Sind denn die Landebeine von Helikoptern mit hydraulischen Stoßdämpfern anders gestaltet als die Röhrenbeine mit den blank polierten Rinderhufen der Himmelsfahrzeuge? Ihre monsterhafte Gestalt und ihre fremdartigen Köpfe und Gesichter sind exakt nachgebildet, haargenau wie bei Hesekiel beschrieben.

Und seit eh und je haben Flugzeug- und Raumschiffpiloten die Rümpfe ihrer Maschinen mit Menschen- und Tierfiguren bemalt: ›Ihre Angesichter waren vorn gleich einem Menschen, und zur rechten Seite gleich einem Löwen bei allen Vieren, und zur linken Seite gleich einem Ochsen bei allen Vieren, und hinten gleich einem Adler bei allen Vieren‹, heißt es bei Hesekiel. Ist das nicht erstaunlich? Und ist es nicht verblüffend, dass alles, was wir hier sehen, schon in der Bibel nachzulesen ist?«

Immanuel räusperte sich bei diesen Worten, ließ für einen Moment die obere Zahnreihe sehen und verzog die Mundwinkel zu einem Schmunzeln. »Wenn mir jemand zuhört, muss er auf komische Gedanken kommen«, meinte er und führte mich ins Wirtshaus an seinen Ecktisch. Er bestellte sich eine Tasse Kaffee, zündete sich einen Stumpen an und schaute dem Rauch nach, den er an der Nase entlang bis zur Decke blies. Nach ein paar kräftigen Zügen sagte er: »Es geniert mich, wenn mir die Gabe der Ahnung zugesprochen wird. Wenn die Leute hören könnten, was ich dir erzähle, würde es nicht lange dauern, bis sie mich zum Seher gestempelt und mich in Kontakt mit dem Propheten Hesekiel gebracht hätten. Als Ahnender tauge ich aber so wenig wie alle anderen Dichter, die vormittags die Zeitung lesen und abends fernsehen, damit sie Futter haben für ihre Allerweltsweissagungen, die anderntags die Spatzen von den Dächern pfeifen.«

Immanuels Ausrede, zum Predigen unbrauchbar zu sein, hatte etwas von Jesajas Gejammer, er vergehe, wenn er nur daran denke – und von Jeremias' Lamento, er sei noch zu jung dazu. Wie anders der diensteifrige Hesekiel! Er willigte ohne Widerstand ein. Er sah den mechanischen Arm, wie er aus der Fensterluke des vorderen Helikopters einen Brief herausreichte, und hörte gleichzeitig die Stimme des HERRN, der ihm gebot, den Brief zu essen und hinzugehen, das Gegessene in Worte zu fassen und seinem Volk zu predigen. »Ein Glück, dass ich damit nichts zu tun habe«, sagte Immanuel, er lasse seine Fantasie spielen und schreibe Gedichte mit der Hinterlist des Spielers, der seine Leser in eine Falle locke, ohne ihm wehzutun. Um seine poetischen Botschaften unter die Leute zu bringen, brauche er zuvor auch keine Briefe zu essen. Das habe er übrigens nur ein einziges Mal getan, vor langer Zeit, nachdem er eine Nachricht bekommen habe, die nicht für fremde Augen bestimmt gewesen sei. Hesekiel habe gegessen, um es wieder zu veräußern, er dagegen habe gegessen, um es bei sich zu behalten. Es wundere ihn nur, dass Hesekiels Brief so angenehm nach Honig gemundet habe; sein verschluckter Brief habe aufdringlich und übersüß nach Farbe geschmeckt.

Immanuel, schon in eine Wolke blauen Dunstes gehüllt, machte immer noch mehr Qualm, zog unentwegt an seinem Stumpen und sagte: »Ich kann mir nur vorstellen, dass der Brief des HERRN in Blau recht bitter geschmeckt haben muss, denn das Ach und Wehe über das Volk Israel ist bestimmt nichts Süßes gewesen.« Er drückte seine Stumpenkippe im Aschenbecher aus, die nur halb erloschene Glut verströmte einen beizenden Gestank, der die ganze Wirtsstube verpestete.

Lange Zeit geschah nichts Besonderes. Immanuel war nach Italien gereist, ich blieb im Land und sah mich den Fragen seiner Dorfleute ausgesetzt. Neugierig bin ich selbst von Kind an, stand als kleiner Junge in hellen Nächten am Schlafzimmerfenster und schaute nach dem Sternenhimmel. Doch es beschäftigte mich weniger der unwandelbare Gang der Gestirne als ihr lebhafter Austausch untereinander. Sobald ich etwas Auffälliges entdeckte, begann auch ich, in geheimnisvollen Geschichten darüber zu fabulieren, schrieb eine Reportage über die Laufwege der Planeten und entwarf ein Kolossalgemälde von den Standbildern der Fixsterne. In einem Märchen erzähle ich, wie der Mond die Sonne heiraten will, es aber nicht vermag, weil er, wenn er voll und rund ist und seine Gestalt am schönsten zur Geltung bringt, der Sonne genau gegenübersteht – und sie beide über den weiten Himmel hinweg nie und nimmer zueinander finden können. Meine Pointe amüsierte die Leute, doch bei Immanuels Geschichte von jenen vier geheimnisvollen Himmelshelikoptern verging ihnen das Lachen.

Die Leute wussten nicht, was sie von Immanuels Himmelserscheinung halten sollten. Sie steckten die Köpfe zusammen und beschlossen, Immanuels Zweifel zu zerstreuen und die Sache in die eigene Hand zu nehmen. In seiner Abwesenheit gaben sie ihre altgewohnten Vorstellungen vom halb verrückten Dichter auf, sprachen seiner Tätigkeit die höheren Weihen zu und erhoben ihn in den Rang eines Propheten, solle er selbst sagen und meinen, was er wolle. Seine Behauptung, Gott stimme sowohl äußerlich wie innerlich mit dem HERRN in Blau überein, stand zwar im Widerspruch zu allen verfügbaren Zeugenaussagen, doch sein augenzwinkerndes Zugeständnis, sich in jener Nacht des Kometen Hyakutake vielleicht geirrt zu haben, nutzte ihm nichts zu seiner Verteidigung. Die Leute in Dorf und Land verwarfen energisch seine Skrupel, er könne in übersteigerter Fantasie ein Raumschiff erblickt haben, wo nur ein Gestirn zu sehen war. Sie duldeten weder Zweifel noch Zaudern: Nach ihren Wünschen päppelten sie den in sich Versponnenen auf. Sohn des Dorfs, war er zum Auserwählten erkoren.

Doch noch ein letztes Mal hatte Immanuel sich ihnen entziehen können. Oberhalb von Tremezzo am Comer See wohnte er als Gast in einer Villa, stand frühmorgens schon auf der Terrasse, die Arme auf die Balustrade gestützt, und schaute über Platanen und Zypressen hinweg auf die spiegelglatte Wasserfläche. Später am Vormittag ging er aus, schlenderte mit tänzelndem Schritt die enge Serpentinenstraße zum See hinab, sah sich in der Villa Carlotta die Skulpturen von Thorwaldsen und die Gemälde von Hayez an und bewunderte im Park von Bellagio die knospenden Magnolien und den pausbackigen Amor in der geöffneten Muschelschale. Auf der Isola Comacina suchte er die römischen Ruinen auf, setzte sich eine Weile auf einen Grabstein und beobachtete, wie auf dem gegenüberliegenden Stein ein Glassplitter im Strahl der Mittagssonne Farbe annahm und aufglühte, tiefblau wie ein Saphir. Obwohl Immanuel keine Lust hatte, sich in Italien mit den Abenteuern Hesekiels zu befassen, erinnerte er sich beim Glanz des Edelsteins an eine unvergessliche Szene vor dem himmlischen Raumschiff. Er schließt die Augen und sieht den Mann in weißer Leinwand, der ein Magazin betritt, seine Hände mit glühenden Kohlen füllt und unter einem strahlenden Saphir hinausgeht, ganz Jerusalem anzuzünden. Zum Glück wusste Immanuel nichts vom Sinneswandel seiner Leute zu Hause im Dorf. So konnte er den Faden der biblischen Geschichte getrost wieder aufnehmen und, ihn in seiner Vorstellung fortspinnend, sich auf seine behutsame Weise diesem Mann im Schutzanzug Schritt für Schritt nähern.

Dazu verhalf ihm Frank J. Tiplers »Physik der Unsterblichkeit«, das Buch eines amerikanischen Naturwissenschaftlers über »Moderne Kosmologie, Gott und die Auferstehung der Toten«, das Immanuel sich zur Reiselektüre mitgebracht hatte. An den Nachmittagen saß er auf der Schattenseite der Terrasse und beschäftigte sich mit Formen des Zufalls und Theorien der Wiederkehr, mit der Wellenfunktion und dem Omegapunkt, der Konstruktion interstellarer Sonden und dem Bau virtueller Raumschiffe. Bis die Sonne sank, arbeitete er sich durch einen Irrgarten algebraischer Gleichungen, schlug unbekannte Begriffe im Lexikon nach, saß oft eine Viertelstunde lang unbewegt im Sessel und spielte durch, wie er Tiplers Gedankengänge in seine eigenen überführen könnte. Ihm gefiel die Idee Tiplers, die Wirkkraft der Naturgesetze auf die Erfüllung religiöser Wünsche zu übertragen, Raumsonden als Himmelsfähren anzusehen, sich vertrauensvoll des Fernglases und des Teleskops zu bedienen, obwohl kein Blick durch ihre Objektive das Geheimnis des Sternenhimmels je lüften kann.

»Am Comer See habe ich die physikalischen Vorgänge der Himmelfahrt studiert und mir dabei vorgestellt, wie die außerirdische Raumfahrt funktioniert«, erzählte er mir bei seiner Rückkehr, und süchtig nach Auslegungen erfundener Lehrsätze, nahmen wir unsere Gespräche wieder auf. Am heftigsten stritten wir uns über die Frage, ob dieser Hyakutake nicht ein Komet *und* ein Raumschiff sein könne, anstatt ausschließlich zu fordern, er müsse entweder das eine *oder* das andere sein. »Warum willst du unbedingt darauf beharren, dass diese Erscheinung am Himmel ein Komet und kein Raumschiff ist? Alles ist erschaffen, wie die Bibel es berichtet: Gott hat den Menschen und der Mensch hat das Raumschiff gebaut, doch das Gehirn eines Menschen ist schwieriger zu erschaffen als der Motor einer Raumfähre. Warum also sollte Gott seine Raumfähren und Himmelshelikopter nicht eigenhändig konstruiert haben, getreu nach den physikalischen Gesetzmäßigkeiten, die ja auch aus seinem Gehirn stammen?« So fein geschliffen wie nur menschenmöglich, unsere Ferngläser und Teleskope seien leider nicht scharf genug, auf die weite Entfernung von der Erde bis zu diesem Flugobjekt jede einzelne Schraube zu erkennen.

Doch keinem, der sich die Mühe gebe, auch seine Fantasie anzustrengen, dürfe zum Beispiel der Mann im weißen Schutzanzug entgangen sein, der das Feuer auf die Stadt Jerusalem geschleudert habe. Immanuel, trotz der bräunenden Aprilsonne Italiens bleich wie immer, führte mich aus dem Halbdunkel seiner Stube hinauf zu dem Hügel, von dem aus er das unerklärliche Ereignis beobachtet, doch noch nicht ganz in sein Gedankenspiel aufgenommen hatte. Er räsonierte über die Verheißungen des Propheten und über Tiplers verwegene Konsequenzen daraus. Schließlich sagte er: »Hätte der Mann im Schutzanzug, auf dem Weg von den glühend heißen Wänden des Reaktors zum Rande der Stadt, auch nur eins dieser gefährlichen Elemente auf den Boden fallen lassen, rings um ihn her wäre alles verstrahlt gewesen – auch der

HERR im blauen Anzug, der aber klugerweise wieder zum Himmel unterwegs war. Wo nämlich Krieg herrscht und apokalyptischer Weltbrand, geht er dem Dreck und Schutt aus dem Weg. Eine neben ihm explodierende Granate würde auch ihn zerreißen. Daran könnten sogar die uniformierten Gardisten seiner Schutzstaffel nichts ändern. Der HERR ist nicht allmächtig, obwohl er die Macht im All besitzt.« Hätte Immanuel nicht von Anfang an den Standpunkt vertreten, den Schöpfergott vor und über sämtliche Halbgötter der Wissenschaft zu stellen, er wäre bei den Frommen in den Verdacht geraten, als Verfechter der Schöpfungslehre, und bei den Ungläubigen, als Verfechter der Tiplerschen Omegatheorie zu gelten. Er redete wie ein Buch, anhaltend, wortreich, begeistert, als wollte er mich partout auf seine Seite ziehen, wo er die allein gültige Wahrheit zu wähnen schien. Wir verließen den Hügel spät am Abend. Die Sonne war schon hinter dem Horizont in den Abgrund gestürzt und überließ den aufziehenden Sternen die ganze Weite des Himmels.

Meine Zwiegespräche mit Immanuel im Jahr des Hyakutake konnte ich nicht vergessen, zu entschieden war sein Entwurf von Gott und der Welt, hie die Schöpfung, wie die Bibel sie erzählt, dort die Naturgesetze, wie die Gelehrten sie beschreiben – zu gewagt aber auch seine Erklärungsversuche, sie einander näher zu bringen, bis beides zusammenpasse. Ich blieb neugierig auf seine extravaganten Begründungen, daher wunderte es mich nicht, dass wir drei Jahre später, im verregneten Sommer der Sonnenfinsternis, noch einmal auf unsere Wortgeplänkel zurückkamen. Ich traf Immanuel am 11. August 1999 auf seinem Hügel, er empfing mich mit ausladenden Gebärden seiner Arme und Hände, die Augen glänzten. Den Mund öffnete er nur einen Spaltbreit, mir die Albdrücke seiner letzten Nächte zu erzählen. Den ganzen Tag über mit skurrilen Gedanken beschäftigt, liege er nachts schlaflos auf seinem Bett, oft bis zum Morgengrauen in fürchterliche Wachträume verstrickt. Eigentlich seien es gar keine Träume, nicht einmal Halbträume, eher mitten in der Nacht plötzlich auftauchende Bilder seiner Fantasie, die ihn davonzögen in Zeiten und Räume, deren Grenzen er nicht erkennen könne. So lebte er in längst vergangenen oder noch bevorstehenden Jahrhunderten, und die Sonnenfinsternis an jenem 11. August blieb für ihn ein Ereignis ohne Gegenwart.

Immanuel stand unbewegt neben mir, den Hut in die Stirn gedrückt, die Schutzbrille auf die Nasenspitze geschoben. Entgegen verbindlicher Prophezeiungen sei ja die Welt am Tag nach den Tennisendspielen von Wimbledon nicht untergegangen, sagte er, auch für die bevorstehende Sonnenfinsternis teile er weder die Befürchtungen des Nostradamus noch die Besorgnisse von Madame Tessier. »Nostradamus hat schon fürs nächste und übernächste Jahrtausend katastrophenträchtige Sonnenfinsternisse vorausgesagt, da darf diesmal ja nichts passieren«, höhnte er, »und Madame Tessier hat sich in der Vergangenheit so oft vertan, dass man es nicht mehr aufzählen kann. Und schau dir das Heer der falschen Propheten an, denen es in allen Gliedern juckt, sich mit ihren windigen Botschaften unter die Menschen zu mischen!« Ihn, Immanuel, brächten keine tausend Pferde von der Stelle, landauf, landab zu laufen und sich den Mund fusselig zu reden für nichts und wieder nichts. Nein, er würde es nicht tun, auch wenn seine Beine nicht taub wären, wie von Stricken gefesselt, und seine Zunge lahm, wie an den Gaumen geklebt. Ihm widerstrebe es, alle Sprüche und Weissagungen zu wiederholen – und müsste er es zum tausendsten Mal bekennen: Er sträube sich, als Prophet aufzutreten, obwohl er selber schon probiert habe, wie eine verführerische Briefbotschaft schmecke.

Es war ein miserabler Tag. Als sich kurz nach Mittag der Mondrand vor die Sonnenscheibe schob, zogen Wolken auf, und es begann zu regnen. Immanuel faltete seine Schutzbrille zusammen, wir gingen zum Auto und fuhren ins Dorf zurück. Erst am Abend vor dem Fernsehapparat sahen wir im

Rückblick der Tagesereignisse den Mondschatten über Cornwall, die verdunkelte Sonne über Amiens, den Smaragdring ihrer Corona über Graz. Die Cassini, mit dreiunddreißig Kilogramm Plutonium an Bord, war an der Erde vorbeigeflogen, die MIR nicht über Paris abgestürzt. Der belgische Selbstmörder hatte sich nicht entleibt, auch die malaysischen Eiferer, des Daseins überdrüssig, waren am Leben geblieben.

Immanuel, bestätigt von seiner Einschätzung der faulen Orakelsprüche, kehrte erleichtert in die Gegenwart zurück. Nun trafen wir uns wieder häufiger auf seinem Hügel und begegneten dort in nächtlichen Zwiegesprächen dem altvertrauten Kometen und den fremd gebliebenen Helikoptern – obwohl sie längst wieder in den Gefilden des Weltraums verschwunden waren. Der Prophet Hesekiel hauste in unseren Köpfen, und auf Anruf folgten wir ihm landabwärts zum Kebalkanal nach Babylonien, wo wir uns von ihm in seine eigenartigen Spiele verwickeln ließen. Wie theatralisch er seinem Volk vorführt, was mit ihm geschehen wird – und uns, wie einleuchtend die Zauberkunststücke eines Propheten wirken! Mit Ziegelsteinen und einem Backblech ahmt er die belagerte Stadt Jerusalem nach, mit Gebäck aus Wasser und Mehl die kärglichen Essensrationen. Entschlossen ergreift er das Schwert und schneidet sich Haar und Bart ab, trennt es voneinander und gibt damit ein Bild des geteilten Landes. »Schone deine Stimme!«, hatte der HERR ihm befohlen, »spiel's ihnen vor!« Und Hesekiel spielt es seinem Volk und auch uns vor, ein meisterlicher Schauspieler, der das Backblech so bravourös handhaben kann wie das Schwert. Immanuels Hügel ist zur Theaterbühne geworden, es kommt uns vor, als stünde der Prophet an der Rampe und spräche zu uns, jede Silbe einzeln betonend: »Tue weg den Hut und heb ab die Krone! Denn es wird weder der Hut noch die Krone bleiben!« Hesekiel meint zwar, wie sein HERR ihm aufgetragen hat, jeden Einzelnen *seines* Volkes, doch wie er dasteht, die Nase rümpft und die Zähne bleckt, ist uns zumute, als hätte er uns beide ins Auge gefasst, Immanuel mit der Krone und mich mit dem Hut.

Dann steigt er auf die Höhe des Hügels, setzt sich auf einen Baumstumpf und thront, als hätte Schnorr von Carolsfeld ihn für uns in Holz geschnitten: Ein Herr mit langem, wallendem Haar und ausgestreckten Zeigefingern wie der HERR in seinem geflügelten Räderstuhl. Und wieder öffnet er den Mund und verkündet: »Ich will euch ein neu Herz und einen neuen Geist in euch geben und will das steinerne Herz aus eurem Fleisch wegnehmen und euch ein fleischern Herz geben« – so eindringlich und mit so viel sanfter Gewalt, dass Immanuel sich vornimmt, auf der Stelle wieder ein Gedicht zu schreiben: Der Geist werde aus Rädern und Flügeln weichen und überströmen in Füße und Hände und Herzen.

Wenn seine Sätze
Armeleuteseufzer waren,
bedauerte er sich.
Es kam der Prophet wie eine Flamme.
Die Pein traf ihn,
dass er anherrscht
das Volk, das störrische,
voll Widersinn
wie Eis.

Unrecht
sei es,
das Land beflecken mit den Götzen,
Unrecht wär es,
und er meldet ihm
die Wahrheit seines HERRN ins Angesicht.
Verhehlen wollt er ihnen nichts,
wenn auch mit Grimm und Zorn
die Menschen ihm begegneten,
ein Aufruhr.

Die Pein traf den Propheten
dass er laut verkünde
dem Volk, verlier dein böses Treiben
an zahme Gräser,
werf fort das Herz aus Stein,
und es ersetzt der HERR es
mit einem menschlichen aus Fleisch.

Bekehrt euch,
lasst fahren die fremden Götzen,
seinen Geist legt er in euch,
bewirkt, dass ihr befolgt
des HERRN Gesetze.

Vorbeigehn lässt er
die Schande einer Hungersnot.
Wohnen werdet ihr
in eurem Land,
er gibt es euch zu Eigen,
und die Früchte wird er mehren,
und Eden, dem Gartenland,
gleicht euer Reich.

Habt Scham. Errötet
bei eurem Treiben, Haus Israel!
Der Prophet hat Stand,
er zögert nicht,
mit keinem Wort.
In Härte glüht er,
und er sagt:
Ekel
vor euch selbst
soll euch befallen.

Es sagte der Prophet dem Volk,
dem widerborstigen:
Ich kam ins Knochental,
es führte mich der HERR
vorbei an ausgetrockneten
und grauen Knochen.

Und er meldet,
wie sie auch Zukunft hätten
aus Macht und Gnad
durch seinen HERRN,
der sie erweckt
durch seine
wirkende Gerechtigkeit,
der er dient.

Der Mensch
werd wiederum zum Herrn der Welt,
ehrend gleicherweise seinen Gott!
Er übersteige nicht
mit Übermut
die angesetzte Zucht
und bleibe
in Demut.

Der Mensch doch,
wie weit entfernt er sich
von solcher Weisung,
er schafft
nun selber Menschen,
fast ungerügt.

Wann berührt es so den Mächtigen,
wann erscheint der HERR in Blau
voll Zorn darüber
aus den Himmeln?

Ich las Immanuels Gedicht, sobald er den Stift aus der Hand gelegt hatte. Mir fuhr ein Schreck in die Glieder, so inbrünstig und befangen in der Furcht seines HERRN schien er mit harten Wörtern gegen das böse Treiben zu wüten. Auch er traue seinen Wörtern ja einiges zu, flachste Immanuel, schon als Zwanzigjähriger habe er in einem Gedicht geschrieben, er schaue sich vor lauter Freude die Sterne an den Himmel. Doch das sei lange her, bei dem heutigen Stand der Technik bewirkten weder Beschwörungen noch Standpauken etwas, und es sei sicherlich besser und wirkungsvoller, der Technik zu vertrauen. »Im Grunde aber ist alles beim Alten geblieben«, sagte er, »erst hat der HERR die Dinge und die Wesen ins Leben gerufen, und dann hat er die Naturgesetze entworfen, damit Dinge und Wesen funktionieren und sich entwickeln. Alles Erschaffene hat er auf den Weg gebracht und dabei bleibt's.«

Ich schaute ihn an, schüttelte zweiflerisch den Kopf und lächelte mokant. Doch Immanuel ließ sich nicht beirren. »Die Welt behält ihre Ordnung und Harmonie«, spann er seinen Faden weiter, »doch der Mensch ist dem Schöpfer aus Übermut beigesprungen und hat selbst Hand angelegt. War es nicht Einstein mit seiner Bemerkung, der Mensch schaue dem Schöpfer auf die Finger und dem Naturgesetz ins innerste Mark und ziehe daraus seinen selbst verdienten Nutzen? Aber seit dem Beginn dieser unseligen Genforschung gibt er die Dinge nicht mehr aus der Hand und bestimmt sogar, wie er in Zukunft aussehen will, vor allem, wie sein neues Herz beschaffen sein muss, damit er in allen Geschäften mitmischen und weiterhin Hans Dampf in allen Gassen spielen kann.«

Für drei Sekunden hielt er in seiner Philippika ein, dann rief er aus: »Blaiberg, o Blaiberg!« und erinnerte sich an den ersten Menschen, der ein fremdes Herz empfangen hat, 1967 von Dr. Barnard in Kapstadt. Damals habe man bei der Einpflanzung noch die Herz-Lungen-Maschine gebraucht, die

Halsschlagader abklemmen, das alte Herz entfernen und das neue einsetzen müssen. Das sei heute gar nicht mehr nötig, erwiderte er sich selbst und fügte bitter hinzu: »Heute denken sich die hochmütigen Halbgötter in Weiß nicht nur funkelnagelneue Herzen, sondern einen ganz neuen Menschen vom großen Zeh bis zum Scheitel aus, entwerfen ihn nach ihren vermessenen Plänen und setzen ihn kunstgerecht zusammen. Es wird nicht mehr lange dauern, dann werden sie in ihren Laboratorien prächtige Klone aus unbesamten Mutterzellen züchten, die dann schlank und salopp ins Leben treten, schön, gesund und nützlich, jenseits von Gut und Böse. Und das alles wird geschehen ohne Rascheln und Klappern wie bei Hesekiel im 37. Kapitel. Stimmt's oder stimmt's nicht? Ich habe es jedenfalls in der Zeitung gelesen, im Fernsehen werden davon schon künstliche Bilder gezeigt, und für eine Podiumsdiskussion im Saarbrücker Schloss soll schon einer der schamlosen amerikanischen Professoren eingeladen worden sein.«

Das seltsame Getöse der ineinander wachsenden Knochen auf dem weiten Gräberfeld südlich der Stadt Babylon erinnerte Immanuel zu stark an das Märchen vom Machandelbaum, worin sich bei Feuer und Flamme die Knochen des zerstückelten Brüderchens wieder zusammenfügen. »Das ist der Stoff, aus dem die Geschichtenerzähler ihre Novellen und Romane spinnen«, sagte er, »hier aber spielen die Laboranten und ihre Versuchsleiter die erste Geige. Was soll aber ein Gedichteschreiber gegen die ungerührt operierenden Herren in Weiß unternehmen, außer die poetischen Alarmglocken läuten und den strafenden HERRN in Blau anrufen? Der Zug ist abgefahren, die Weichen sind gestellt. In den Stahlschränken der Weltverbesserer liegen die Pläne für die angesetzte Zucht bereit, man braucht sie nur hervorzuholen und anzufangen. Die Führungskräfte der Wirtschaft springen schon vor Freude an die Decke, denn was dabei herauskommt, lässt sich gut vermarkten. Das weiß heute aber schon jedes Kind, dafür braucht man kein Prophet zu sein.« Er steckte einen Zeitungsartikel, den er aus seiner Jacke hervorgezogen hatte, wohl in der Absicht, mir etwas darauf vorzulesen, unaufgefaltet wieder zurück und sagte, mit einem schelmischen Ton in der Stimme: »Ich bin ja auch nicht mehr als ein vernünftiger Mensch, der sich an die gottgegebenen Weltgesetze hält.« Der Mensch denke, doch Gott lenke, dem Schöpfer brauche aber beim Anblick des überheblichen Menschen kein Zacken aus der Krone zu brechen.

Ende des Jahres trafen wir uns im Wirtshaus wieder. Ich saß am Fenster und sah ihn die Straße herunterkommen. Sein Schritt war noch gelenkiger, sein Armschwung noch anmutiger als sonst. Anstelle eines ordinären Stumpens hielt er eine Zigarre in der Linken, die den Armschwung seiner Rechten harmonisch auspendelte. Er kam zur Tür herein, mit aufgeräumter Miene, setzte sich zu mir an den Tisch und zog wiederum ein Zeitungsblatt aus der Jackentasche, vielleicht das Blatt von damals, vielleicht eins, das ihm erst vor ein paar Tagen unter die Augen gekommen ist. Ich weiß es nicht, ich fragte ihn auch nicht danach. Er knotterte und rauchte und wollte wissen, ob ich Tiplers Auferstehungsphysik inzwischen gelesen hätte. Dabei schob er mir das Zeitungsblatt unter die Nase. Ich schaute ihn an und dachte: Wie fern ist er doch dem Bild eines eifernden Propheten! Er ist ein Fantast, ein Dichter, dem man seine Marotten verzeiht.

Was hatte er eigentlich in Italien gemacht, außer Tiplers Auferstehungsphysik zu studieren? Ist er nicht auch auf den Spuren des biblischen Propheten gewandelt und hat auf der Insel im Comer See die klassischen Gräberfelder aufgesucht wie Hesekiel die aufgelassenen Grabstätten von Babylon, um aus Asche und Knochenstaub Vergangenheit und Zukunft zu lesen? Er stimmte augenzwinkernd zu. Ja, sagte er prompt, aber dabei sei nichts herausgekommen, nicht einmal ein Gedicht. Er faltete das Zeitungsblatt auseinander und war wieder in seinem Element, tippte mit dem Zeigefinger auf den

Artikel, den er angekreuzt hatte, und zog die Augenbrauen hoch. Ich las von einem Sternenprojektor der Firma Zeiss aus Jena, einem kürzlich konstruierten Superteleskop, das im Planetarium von Bochum seinen Betrieb aufgenommen und schon für Aufsehen gesorgt hatte. Ich las von einem künstlichen Himmel und künstlichen Sternen, die das Zittern und Flirren schöner und natürlicher vorführen als die wirklichen Sterne, las von Zeitreisen, die in Sekundenschnelle das Weltall durchqueren, und sah Immanuels Gesicht vor mir beim Beobachten des Kometen Hyakutake und der interstellaren Landefähren des Hesekiel.

Damals war ein Leuchten in seinem Gesicht aufgeglänzt. Anscheinend hatte er gehofft, als Gast eines der himmlischen Helikopter ins Weltall mitfliegen zu können, und war ungeduldig von einem Fuß auf den anderen getreten. »Schade, dass es nicht zu einer Reise mit Hesekiel gekommen ist«, sagte er und kratzte sich schelmisch am Hinterkopf, »aber die Flugmaschine hatte schon abgedreht und stand startbereit auf dem Rollfeld. Ich war zu spät dran, vielleicht zu meinem eigenen Glück. Denn dort am Himmel hätte ich womöglich nichts Aufsehen erregenderes erblickt, als was mir meine Fantasie hier auf der Erde zusammenbringt.« Er zündete sich eine letzte Zigarre an, machte Dampf auf und setzte den Schlusspunkt hinter unser Zwiegespräch. »Du hast es besser«, sagte er, »du brauchst dein Vertrauen nicht in die Technik zu setzen wie unsereiner, der Gedichte schreibt. Du nimmst deinen Stift zur Hand und schreibst eine Geschichte, in der du einfach hinfliegst – und schon bist du dort gewesen. Ich habe die Sterne leider nur an den Himmel geschaut und muss zusehen, ob sie auch wirklich dort stehen.«

William Boyd

Susanna und die Richter

Es waren noch gut zwei Stunden bis zum Morgen, als das Klopfen und Hämmern an meiner Haustür begann. Ich wickelte mich in mein Gewand und schaute nach, was der Lärm zu bedeuten hatte.

Da stand ein Bote vor mir, keuchend und glänzend vor Schweiß.

»Was willst du?«, fragte ich ihn.

»Bist du Daniel Beltschazar?«

»Sag einfach Daniel zu mir.« – Der andere Name rief ungute Erinnerungen in mir wach. Einfach nur Daniel, das reichte.

»Joakim, der Kaufmann, muss dich sprechen.«

»Joakim? Der mit dem großen Haus?«

»Genau der.«

»Um diese Zeit?« Ich blickte in das gestirnte Dunkel über meinem Dach. Die Nacht in Babylon war heiß. »Brennt sein Haus oder was ist los?«

Der Bote verdrehte genervt die Augen. – Wieder so ein neunmalkluger Jude. »Würdest du bitte kommen? Seine Frau ist zum Tod verurteilt worden.«

Joakim goss mir Wein in einen Kelch. Es wurde gerade hell. Normalerweise trinke ich nicht so früh am Morgen, aber ich dachte, dieses eine Mal wird mir Gott verzeihen.

Joakim war ein gewichtiger Mann, dunkel und massig. Sein Reichtum war unübersehbar – vom Doppelkinn bis zu den Edelsteinen an den Fingern. Trotzdem schätzte er sich an diesem Morgen nicht sehr glücklich.

»Ein Mann wäre bei ihr gewesen, behaupten sie«, wiederholte er ständig. »Im Garten. Ein junger Mann. Sie hätte bei einem jungen Mann gelegen.«

Ich nahm einen Schluck vom Wein. »Wer sagt das? Wer sind ›sie‹?«

»Die Richter, die Ältesten. Sie sind bei mir zu Gast, in meinem Haus. Sie hätten alles gesehen.«

Im Stillen dachte ich: Brauchst du einen unanfechtbaren Zeugen, dann nimm einen Richter.

»Da hast du aber Pech«, sagte ich. »Richter sind sie? Glaubst du ihnen?«

»Alle glauben ihnen. Die ganze Gemeinde. Weil sie verflucht noch mal Richter sind. Zwei Richter schwören, dass meine Frau es mit einem jungen Mann getrieben hat. Wer wird da noch streiten? Die Gemeinde hat sie gestern Abend zum Tod verurteilt.«

Ich ging in seinem Zimmer auf und ab. Marmorfußboden, seidene Vorhänge. Durchs Fenster sah ich das zitronengelbe Sonnenlicht, das die abfallenden Gartenterrassen vor seinem Haus vergoldete. Ganz nett hier, dachte ich.

»Was soll ich also tun?«, fragte ich. »Die Richter und die Gemeinde haben sie verurteilt. Wie soll ich dagegen ankommen?«

Joakim setzte sich. Dicke Tränen quollen ihm aus den Augen. »Ich will nicht, dass sie stirbt. Das ist alles. Ich will nicht, dass sie meine Susanna umbringen.«

Sie haben zwar alle Schätze dieser Welt, dachte ich, aber manchmal trifft es auch die Reichen.

»Ich werde sehen, was sich tun lässt«, sagte ich und erläuterte ihm die komplizierten Details meiner Gebührenordnung. Mit einer Geste, als wollte er eine lästige Fliege verscheuchen, stimmte er allem zu. – Und schon wünschte ich, ich hätte zwei Ochsen gefordert. Trotzdem, die Sache reizte mich. »Ich möchte deine Frau gern sehen«, sagte ich.

Susanna war eine Schönheit, selbst in der Stunde der größten Not. Ich entsann mich, sie vor ihrer Heirat schon einmal gesehen zu haben – Susanna Chelkias. Ein braves, gottesfürchtiges Mädchen. An mich freilich konnte sie sich nicht erinnern.

Sie hatte kräftiges braunes Haar, das losgebunden war, ein breites, wohlgestaltetes Gesicht mit leicht gekrümmter Nase. Die dunklen Ringe unter den Augen machten sie nur verlockender, wenn das überhaupt möglich war. Plötzlich war ich froh, mich auf das Wagnis eingelassen zu haben.

Wir begrüßten uns, ich stellte mich vor und erklärte, warum ich gekommen war. Ich sagte ihr, dass wir uns schon einmal gesehen hätten. Geschickt tat sie, als würde sie sich erinnern.

»Vielleicht sollten wir mit deiner Geschichte beginnen«, sagte ich. »Was also ist passiert?«

Sie zog mich ans Fenster und wies hinaus. »Siehst du den Garten auf der untersten Terrasse? Den ummauerten mit den vielen Bäumen?« Ich bejahte. »Wenn es heiß ist, gehe ich dort baden. Da gibt es einen Teich, gespeist von einer Quelle. Bei Hitze ist er der einzige kühle Ort.«

»Wenn du sagst, du gehst baden ...«

»Ich gehe nicht mit den Kleidern ins Wasser.«

»Verstehe. Was dann?«

Ihr Gesicht verdüsterte sich, und ich sah, dass sie nur mit Mühe die Fassung bewahrte.

»Ich schickte meine Mägde los, mir Öl und Waschkugeln zu holen, und kaum waren sie fort, hörte ich ein Rascheln. Ich schrie auf, denn ich war erschrocken. Da kamen die zwei Ältesten aus dem Gebüsch.«

»Die Richter, die bei euch zu Gast sind?«

»Ja.« Sie ging zurück zur Zimmermitte. Sie berührte ihr Haar, dann ihr Gesicht mit den Fingerspitzen. Wieder spürte ich ihre innere Erregung, eine wachsende Spannung.

Ich senkte die Stimme. »Was haben sie zu dir gesagt?«

Sie sank auf einen Stuhl und begann zu schluchzen. Ich ließ sie gewähren. Manchmal muss man einfach weinen, denn das tut gut. Ich griff nach einer Weinflasche und goss ihr einen Becher voll. Unsere Finger berührten sich, als sie ihn entgegennahm.

Sie erzählte mir, was geschehen war: Die Richter – beide miteinander – hatten ihr einen unsittlichen Antrag gemacht. Sie seien betört von ihrer Schönheit, hatten sie gesagt, sie wollten mit ihr »liegen«, beide, dort im Garten, und wenn sie nicht willig sei, würden sie behaupten, sie mit einem jungen Mann überrascht zu haben. Dann sei sie für immer entehrt.

Sie lachte auf. »Mit ihnen zu liegen oder des Ehebruchs bezichtigt werden. Wo ist der Unterschied?«

»Du hast dich verweigert.«

»Ich habe mich verweigert. Sie rannten zum Gartentor und riefen die Diener. Sie erzählten den Dienern, sie hätten mich mit einem jungen Mann ertappt.«

Bei diesem Gedanken sah ich sie erröten.

»Du hattest keine Zeit, dich zu ...«

»Ich war nackt. Ich hatte gebadet.« Sie blickte mich an, mit leuchtenden Augen. Ihr schönes Gesicht hatte die Fassung wiedergefunden. »Es war sehr entwürdigend.«

Der erste Richter – nennen wir ihn Richter A – war ein schwergewichtiger, hochmütiger Mann mit gestutztem und gerolltem Bart. Widerwillig stimmte er einem Gespräch zu und erzählte mir, er sei mit seinem Kollegen im Garten spazieren gegangen, habe durchs halb offene Tor geschaut und Susanna mit einem jungen Mann gesehen. Um ihre Sicherheit besorgt, sei er mit seinem Kollegen hineingeschlichen und habe beobachtet, wie sich Susanna und der junge Mann unter einem Baum einer »sündigen Beschäftigung« hingaben. Er und sein Kollege hätten aufgeschrien, hätten den Mann ergreifen wollen, aber der sei zu stark und zu flink gewesen, sei über die Mauer geklettert und entschwunden.

Ich schritt nachdenklich auf und ab, während sich Richter A über einen Teller mit Süßigkeiten hermachte.

»Warum seid ihr um diese Zeit in den Garten gegangen?«, fragte ich. »Wusstet ihr nicht, dass Susanna dort zu baden pflegt?«

»Keinesfalls!«

»Warum seid ihr zu zweit dorthin gegangen?«

»Weil ... weil Joakims Gärten in ganz Babylon berühmt sind. Wir wollten sie besichtigen, ihre Schönheiten, die Pflanzen und die Blumen.«

»Magst du Gärten?«

»Ich liebe Gärten.«

»Ich liebe Gärten. Ich wollte sehen, wie Joakim seine Gärten angelegt hat, und ob ich Anregungen für meine eigenen Gärten finden würde.« Der andere Richter – Richter B – war bei weitem nicht so selbstsicher. Seine Oberlippe war glatt rasiert und mit Schweißperlen bedeckt. Mit dem Finger wischte er die Lippe trocken, doch Sekunden später glänzte sie wieder vor Schweiß. Die Sonne stand hoch, wohl wahr, aber so heiß war es auch wieder nicht.

»Ich hatte keine Ahnung, dass Susanna sich dort aufhielt«, beteuerte er. »Wir haben uns für die Pflanzen und die Blumen interessiert, für die verschiedenen Arten.«

»Was hast du gesehen?«, fragte ich.

»Sie haben miteinander ... ›gescherzt‹. Unter einem Baum.«

»War sie nackt?«

»Ja. Sie hatte gebadet. Sie ... sie war noch nass.«

»Und der junge Mann? War er auch nackt?«

»Nein. Das heißt ... teilweise. Er hatte das Gewand abgelegt.«

»Und als ihr ihn ergreifen wolltet, hat er es noch schnell aufgerafft, bevor er über die Mauer sprang?«

»Bei genauerem Nachdenken fällt mir ein, dass er das Gewand nicht ausgezogen hat. Es war nur geöffnet. Man konnte sehen … Er war sehr kräftig, sehr munter.«

»Wie sah er aus?«

»Jung, dunkel.« Er wischte sich mit dem Zeigefinger den Schweiß von der rasierten Oberlippe. »Es ging alles sehr schnell und war sehr beunruhigend.«

Der Gemeindesaal war voll. Das Volkstribunal saß auf Bänken vor einem erhöhten Podest, auf dem Susanna mit Joakim und ihren Verwandten stand. Ich war dicht neben ihr. Susanna schaute mich an. Sie trug ein ultramarinblaues Gewand und um den Kopf einen blauen Schal. Als ich ihr ermutigend zulächelte, spürte ich den Stachel der Lust in mir. Ich wusste, warum die Richter den Garten betreten hatten.

Der Vorsitzende bat um Ruhe, ich begann mit meiner Eröffnung. Ich schritt durch den Raum und blickte den Leuten ins Gesicht. Ich schwadronierte nicht, ich lamentierte nicht, meine Stimme blieb ruhig und voll ironischer Skepsis.

»Seid ihr wirklich solche Narren, ihr Söhne Israels? Erkennt ihr nicht falsch Zeugnis, wenn es so dreist verkündet wird? Warum habt ihr es so eilig, diese tugendsame Frau zu verdammen?« In diesem Ton beherrschter Empörung fuhr ich eine Weile fort, dann erklärte ich, ich würde bald zum Ende kommen, aber erst wolle ich die Richter getrennt vernehmen. Die Mitglieder des Tribunals berieten sich zischelnd und willigten ein.

Richter A strotzte vor Selbstgewissheit. Demonstrativ und schamlos starrte er Joakim, Susanna und ihren Verwandten ins Gesicht – das Muster eines rechtschaffenen Mannes. Ich fragte ihn, warum er den Garten betreten habe, und er sprach erneut von seiner Liebe zur Gartenkunst, von der Anziehungskraft, die Joakims berühmte Gärten auf ihn ausübten.

»Du hast Susanna mit einem jungen Mann unter einem Baum ›scherzen‹ sehen.«

»Das ist korrekt.«

»Was war das für ein Baum?«

Er zögerte kurz. »Es war ein Mastixbaum.«

»Kannst du einen Mastixbaum genau erkennen?«

»Das kann jeder. Aber was tut der Baum zur Sache?«

»Keine weiteren Fragen.«

Richter B schwitzte nicht mehr, aber er sah auffallend verunsichert aus. Seine Antworten richtete er sämtlich an das Tribunal statt an mich.

»Ja, mein Haus ist von blühenden Gärten umgeben«, sagte er. »Aber was tut das zur Sache?«

»Und du interessierst dich sehr für die verschiedenen Pflanzen und Blumen?«

»Ja. Deshalb betrat ich ...«

»Deshalb betratest du den Garten. Du wusstest nicht, dass Susanna dort zu baden pflegte.«

»Wir wollten nur den Garten sehen. Wirklich nur den ...«

Ich hob die Hand und schnitt ihm das Wort ab. »Nur eine weitere Frage. Du sagtest, Susanna und der junge Mann hätten unter einem Baum gelegen, als sie es miteinander trieben.«

»Ja.«

»Was war das für ein Baum?«

Er schluckte. »Ich wüßte wirklich nicht, warum das ...«

»Was für ein Baum war es?«, wiederholte ich ruhig. Im Saal herrschte Totenstille.

»Es war eine Steineiche. Ich erinnere mich genau.«

Ich erwiderte nichts. Der ganze Saal stieß einen leisen, aber unüberhörbaren Seufzer aus. Der Richter schaute sich um, ein unsicheres Lächeln zuckte um seine Lippen. Er konnte nicht begreifen, warum die schlichte Bestimmung eines Baumes so spannend war.

Richter A und Richter B wurden noch am selben Abend als Verbrecher hingerichtet, weil sie falsch Zeugnis geredet hatten. Joakim bat, der Exekution beiwohnen zu dürfen; Susanna zog es vor, ihr fernzubleiben.

Drei Tage später, als ich mein Honorar abholte, sah ich sie wieder. Ich band den weißen Ochsen an den Karren voller Getreidesäcke und Weinschläuche, die mir Joakim als Zugabe gewährt hatte, als sie mit ihren Mägden aus der Tür trat. Sie befahl den Mägden zu warten und kam zu mir. Ihr Haar hing lang herab, sie trug eine Schnur aus geflochtenem Gold um den Hals.

»Dank dir, Daniel«, sagte sie. »Ich weiß nicht, was geschehen wäre, wenn ...«

Ich wies auf den ergeben wartenden Ochsen. »Ich bitte dich. Das ist Dank genug. Und es ist gut, zu wissen, dass diese verlogenen alten Sünder ihre gerechte Strafe bekommen haben.«

»Ich möchte dir aber meinen persönlichen Dank erweisen.«

Ich schaute ihr in die Augen. »Susanna«, sagte ich, »ganz wie du meinst. Es war mir ein Vergnügen.«

»Hast du heute Abend viel zu tun? Sagen wir bei Sonnenuntergang?«

Ich überlegte. »Nicht allzu viel.«

Sie lächelte und berührte meinen Arm – nur ganz leicht, aber die Berührung brannte wie Feuer. »Dann komm doch in meinen Garten«, flüsterte sie sanft. »Es ist eine Seitenpforte in der Mauer, direkt hinter dem Mastixbaum.«

Aus dem Englischen von Chris Hirte

Jan Koneffke

Daniels Geschichte

Am Abend beschloss ich, meinen Freunden Lebewohl zu sagen.

In den Gassen der Altstadt war es stickig. Zwischen niedrigen Häusern aus Holz und Lehm schlugen mir beißende Gerüche entgegen. Noch war die Luft angefüllt mit rauhen und feilschenden Stimmen. Ein Huhn, dem man den Kopf abgeschlagen hatte, flatterte hoch und bespritzte die Menge mit Blut. Affen, gepiesackt von Stöcken und Dolchspitzen, kreischten in ihren Käfigen und spuckten durch die Bambusstäbe. Ein Junge, der gestohlen hatte, entglitt den Fingern, die nach ihm griffen, wie ein pfeilschneller, glitschiger Fisch. Ich musste mir grob einen Weg bahnen, teilte Hiebe nach allen Seiten aus und schrie: »Zur Seite! Macht Platz!«, ohne dass man mich beachtet hätte.

In einer Mauernische entdeckte ich zwei Kerle, die einen Mann festhielten. Kichernd und keuchend und augenrollend wand er sich in den starken Armen, während eine Ziege seine Zehen und Fersen ableckte. Die Umstehenden lachten.

»Warum quält ihr ihn?«, verlangte ich zu wissen.

»Er behauptet, die Sterne seien erloschen«, entgegnete man.

»Lasst ihn los«, befahl ich, »ich will, dass er zu mir spricht.«

Man hatte mich erkannt und murrend befolgte man meinen Befehl. Der Blinde warf sich zu Boden und küsste mir zum Dank die Füße.

»Er ist blind und will uns weismachen, die Sterne seien tot«, spotteten die Leute.

Mit einem Zeichen brachte ich sie zum Schweigen.

»Jede Nacht ist der Himmel bestickt wie ein schwarzes Tuch mit Diamanten. Und du leugnest die Sterne?«, fragte ich.

»O Herr«, sagte der blinde Mann, »wir sehen ja nicht die Sterne, wir sehen ihr Licht.«

»Er will nur Eure Gedanken verwirren«, rief der Ziegenbesitzer, »hört nicht auf ihn.«

»Wenn man eine Fackel löscht«, sagte ich ruhig zum Blinden, »wird man ihr Licht nicht mehr sehen. Das Gleiche gilt für ein Feuer in der Wüste. Wenn ihr es austretet, scheint es nicht mehr herüber.«

»Ihr habt Recht, Herr«, entgegnete der Blinde, »aber weder das Licht der Fackel noch das des Feuers in der Wüste ist so lange zu uns unterwegs wie das Licht der Sterne. Wie könnten wir da wissen, ob ihr Feuer noch brennt? Ich habe lange über dies Rätsel nachgedacht und kam zu dem Schluss, dass es sich mit dem Licht verhält wie mit den Namen der Könige. Auch wenn sie schon lange gestorben sind, lässt uns ihr Name vor Ehrfurcht erschauern, so als seien sie noch am Leben.«

Nachdenklich kehrte ich bei meinen Freunden ein. Sie hatten ein Lamm bereitet und in irdenen Bechern schimmerte kühler Wein. Ich betrachtete die zarte Esther mit der Stimme der Nachtigall und den Zähnen wie eine Herde geschorener Schafe, die im Fackelschein leuchteten; den Jüngling Johanan, in dessen Muskeln die Kraft sich erst regte und der wie ein junger Hirsch zu große Sprünge nahm; ihren Vater Kiljon, der eine rauschende Eiche war, unerschütterlich in seiner Ruhe, und die Kinder versammelte in seinem Schatten; wie auch sein Weib Rut mit dem scharlachfarbenen Mund und den Mandelaugen. Ich sagte ihnen nichts von den Intrigen des Palastes, dem Gesetz, das die Statthalter dem König mit bösen Zungen eingeflüstert hatten. Denn sie suchten einen Vorwand, um mich zu beseitigen. Ich wollte meine Freunde nicht traurig sehen.

Nachdem wir gespeist und gescherzt hatten, stiegen wir aufs Dach, um dort zu schlafen, wo es kühler ist. Das Heer der

Stimmen war verstummt, manchmal erklang ein Schrei oder ein Lachen oder ein Tonkrug zersplitterte. Selten bewegte sich eine Fackel im Schluchtengewirr der Stadt. Meine Freunde schlummerten bald ein. Die zarte Esther, der junge Johanan schmiegten sich aneinander und Rut hatte ihre Hand auf Kiljons Bauch gelegt. Weil ich nicht schlafen konnte, holte ich eine Feige aus meinem Umhang und kaute das harte und süße Fleisch.

Ich schrak auf, als mich eine Sandale anstieß. Mehrere Männer umstanden mich. Sie hielten Dolche in der Hand. Ich wollte schreien, um meine Freunde zu wecken, aber sie hielten mir den Mund zu. »Bist du Daniel?«, flüsterte einer von ihnen. Ich nickte. Und sie zogen mich hoch und raunten mir ins Ohr: »Der König will dich sprechen.«

Als wir durch die Schlafenden auf dem Dach schritten, erfasste mich das Grauen. Sie schliefen nicht, sie waren tot. Die Leibwächter des Königs hatten ihnen die Kehle durchgeschnitten.

Der alte Darius wartete im Hauseingang zwischen huschenden Ratten und Exkrementen. Seine Kleider waren verschmutzt, und er hatte sich eine Kapuze übergezogen, um nicht erkannt zu werden.

Ich keuchte: »Warum, o König, hast du meine Freunde ermorden lassen?«

»Ich musste dich sprechen.«

»Und deshalb mussten sie sterben?«

»Ja«, sagte Darius hart, »ich habe ein Opfer gebracht, dich aufzusuchen. Und du hast deine Freunde geopfert. Es darf niemand erfahren, dass ich bei dir war.«

Ich stampfte zornig auf und sofort blitzten die Dolche in den Händen der Leibwächter.

»Es geht um dein Leben«, sagte er, »du bist in Gefahr.«

»Mein Leben ist nicht wertvoller als das meiner Freunde«, erwiderte ich, »und wenn sie sterben mussten, damit ich am Leben bleibe, will auch ich nicht mehr leben.«

»Du hast leicht reden«, entgegnete Darius, »du sprichst nur für dich. Ich aber spreche für ein Königreich. Und das Reich der Meder und Perser braucht einen klugen Verwalter, wie du es bist.«

Gleichzeitig schrien die Hähne in den Höfen und der König presste sich tiefer in den Schatten. Bevor die Sonne ihre ersten Finger ausstreckte und die Spitze des Palastes erreichte, musste er zurück sein. Dann kamen die Kämmerer, um ihn zu wecken und in sein Gewand zu kleiden, und sie durften nicht wissen, dass er den Palast verlassen hatte.

»Hör mir zu«, sagte Darius. »Ich werde dich verhaften lassen. Wie du wohl weißt, hast du gegen das Gesetz verstoßen. Du hast zu deinem Gott gebetet, obwohl es für dreißig Tage verboten war, von irgendjemand etwas zu erbitten, es sei denn von mir. Es war dumm von dir, Daniel, dein Gebet nicht schweigend zu verrichten und dich dreimal am Tag im Fenster deines Gemachs gegen Jerusalem zu wenden. Alle konnten dich sehen, die Unratweiber und die Töpfer, die Schreiber und die Händler im Barsar. Du hast mich herausgefordert.«

»Ich bin kein Pharisäer, o König«, erwiderte ich.

Darius lächelte. Die Falten in seinem Gesicht wurden tiefer und sein Gesicht war abgründig wie das Antlitz des Libanon-Gebirges.

»Ich weiß«, sagte er, »darum bist du als mein erster Verwalter unersetzlich. Denn obwohl du zu deinem Gott betest, hast du meinem Reich nur Vorteile gebracht und warst deinem König stets treu ergeben. Treuer als die Beamten meines eigenen Volkes. Sie schmieden Ränke, um uns zu entzweien und sich an deine Stelle zu setzen. Aber ich brauche dich. Und gerade weil du zum Volk Abrahams gehörst und ein Fremder bist und ewig bleiben wirst, kann ich mich auf dich verlassen. Denn so wie ich deine Klugheit brauche, so bedarfst du meiner Gunst und weißt, wie schnell ich sie entziehe.«

Darius zog seine Kapuze am Kinn zusammen. »Am heutigen Abend kommt meine Wache zu dir. Und du wirst vor mich geführt werden, und im Beisein der Statthalter werde ich das Urteil verkünden, dass man dich zu den Löwen werfen soll. Bis zum Abend aber werde ich dir jede Stunde eine Taube schicken und deine Nachricht erwarten.«

»Welche Nachricht, o Herr?«, fragte ich verwundert.

»Du bist klug, Daniel. Mir ist zu Ohren gekommen, wie du Susanna, die Frau des Joakim, vom Tode errettet hast. Die beiden Richter wollten sie zwingen, mit ihnen das Bett zu teilen. Und drohten ihr an, sie des Ehebruchs zu beschuldigen, wenn sie nicht einwilligt. Sie wussten, dass man zwei frechen Greisen eher traut als einer schönen Frau. Und als man Susanna zum Richtplatz schleifen wollte, hast du die Menge aufgehalten. Und befragtest jeden der Richter allein und sie verwickelten sich in Widersprüche und waren als Zeugen nicht glaubhaft. So hast du Susanna das Leben geschenkt.«

»Welche Nachricht erwartet Ihr, Herr?«, fragte ich ungeduldig.

»Wie ich dir das Leben retten kann. Ich habe mich heute Nacht zergrübelt, ich habe die Götter angerufen, aber sie schwiegen. Nun musst du selbst dein Leben retten.«

»Lasst mich zu den Löwen werfen«, antwortete ich stolz, »wenn er es will, wird mein Gott mich erretten.«

»Gewiss«, entgegnete Darius, »aber wie?«

»Er mag einen Engel schicken, der den Löwen den Rachen zuhält.«

Darius lächelte. »So erwarte ich stündlich deine Nachricht, wie der Engel des Herrn aussehen wird, der den Löwen den Rachen zuhält.«

Mit diesen Worten wandte er sich ab.

Ich aber glaubte, einen Traum gehabt zu haben. Ich lehnte meine Stirn an die Mauer aus Lehm. Als sich aber Wehgeschrei auf dem Dach erhob, wusste ich, man hatte meine Freunde ermordet gefunden, und es war kein Traum, den ich erlebte.

Und bald flog die Nachricht von Mund zu Mund, es raschelte in den Stuben der Schreiber, es zischte und zischelte im Basar, es schoss von den Lippen der Waschweiber wie ein Wasserschwall und es verbreitete sich unter den Knaben, die das Leder einweichen im Urin: Sechs Leibwächter des Königs seien ermordet worden. Da wusste ich, auch sie hatte der König umbringen lassen. Denn niemand durfte erfahren, dass er bei mir gewesen war.

Der Tag schritt herauf und drei Mal ließ sich die Taube mit dem goldenen Ring des Königs am Fuß im Fenster meines Gemachs nieder. Und drei Mal rollte ich leeres Pergament zusammen und schickte sie fort. Ich erkannte den Engel nicht, der den Löwen des Königs den Rachen zuhalten könnte. Vor den Toren des Palastes aber versammelten sich die hundertzwanzig Statthalter, um den König erneut zu bedrängen, dass er mich zu den Löwen werfe. Man zog die Tore auf und ließ sie ein. Und ich wusste, der König wird sie empfangen, und jeder wird einzeln vortreten und auf seine Knie fallen und sagen, das Gesetz der Meder und Perser, o König, das du erlassen hast, darf nicht verletzt werden. Von niemandem, auch nicht von einem Fürsten. Du musst Daniel zur Rechenschaft ziehen!

Erst in der vierten Stunde erhielt ich ein Zeichen. Man hatte mir Essen gebracht und ich hatte es stehen lassen. Ich trauerte zu heftig um meine Freunde. Ich schaute das Essen an, wie etwas, das nicht für mich bestimmt ist. Und gleichzeitig sah ich, wie man vierzig Schafe und sechs Eimer Wein und zwölf Sack Mehl zum Götzen brachte auf seinem Berg.

Und mein erster Gedanke war: Wer nicht zu essen bekommt, der verzehrt sich im Hunger. Und der Hunger wird ihn zum Raubtier machen.

Und mein zweiter Gedanke war, dass der im Sonnenschein funkelnde Götze außen nur Ton und innen nur Kupfer ist. Und ich sagte mir, der Götze hat keinen Hunger. Er ist nicht lebendig. Ton und Kupfer verbeißen sich nicht ins Lamm und trinken keinen Wein.

Und zur vierten Stunde schrieb ich an den König, ein satter Löwe sei wie ein Lamm. O mein König, schrieb ich, wenn du verfügst, es soll ein Geheimgang gegraben werden bis zur Löwengrube und man solle Schafe hineinschicken, werden die Löwen mir nichts tun. Und der Engel wird ihnen den Rachen zuhalten, weil sie zu satt sind und des Fressens schon überdrüssig.

Gegen Abend brachen die Männer des Königs ein in mein Gemach und legten mir Fesseln an und führten mich zum Palast. Und die Basarhändler bildeten eine Gasse und bewarfen mich mit faulem Gemüse und Obst. Die Knaben, die das Leder einweichen, bespritzten mich mit Urin aus ihren Fässern, und die Unratweiber behängten mich mit stinkendem Abfall und kreischten hämisch. In der johlenden Meute entdeckte ich den Alten, der seine blinden Augen zu mir erhob. Und ich las von seinen Lippen, Daniel, die Löwen mögen dich zerreißen, aber dein Licht wird doch scheinen wie das der erloschenen Sterne. Und ich sagte mir, der Weise ist zu weise für die Intrigen der Welt und die List, mit der man ihnen begegnen muss. Und ich fürchtete mich vor mir selber und dem Hochmut meines Verstandes.

Und als ich schmutzig beim König ankam, hielten sich seine Statthalter die Nase zu und waren voller Verachtung. Der König aber verzog keine Miene. Und er beschuldigte mich, das Gesetz gebrochen zu haben, warum er mich zu den Löwen werfen lasse.

»Dein Gott, dem du ohne Unterlass dienst, der helfe dir!«

Ich aber wusste nicht, ob er meine Nachricht erhalten hatte. Und ob er meinem Rat gefolgt war.

Als sie mich in die Grube warfen und einen Stein vor die Öffnung wälzten und die Löwen fauchend um mich schlichen, hatte ich Furcht. Ich erkannte keine Knochen auf dem Boden und zweifelte daran, dass man sie gefüttert hatte. Aber die Löwen beruhigten sich bald. Sie legten sich in einer Ecke der Höhle nieder. Zuweilen knisterte ihr Fell oder sie leckten sich schmatzend das Maul. Der König hatte sogar daran gedacht, die Knochen der Schafe einsammeln zu lassen, damit niemand einen Verdacht hegt.

In aller Frühe kam Darius mit seiner Wache zur Löwengrube. Er ließ den Stein wegrollen und beugte sich zu mir ins Dunkle.

»Daniel«, rief er, »hat dich dein Gott auch erretten können vor den Löwen?«

»Der König lebe ewig«, erwiderte ich, »mein Gott hat seinen Engel gesandt, der den Löwen den Rachen zugehalten hat. Denn vor ihm bin ich unschuldig.«

Als ich das aber gesagt hatte, begannen die Löwen, unruhig zu werden. Sie erhoben sich in ihrer Ecke und streckten sich und ihr Fell knisterte wie eine Flamme. Und sie leckten sich die Mäuler, als ihre glühenden Augen mich erspähten. Ich schaute zu Darius hoch, und jetzt verzog sich sein Gesicht zu einem Grinsen, so hämisch, wie das der Basarhändler und der Unratweiber und der Knaben gewesen war. »Und wenn ich dich einen weiteren Tag bei den Löwen lasse, wird dein Gott seine Gunst nicht abziehen von dir?«

Und ich beeilte mich zu rufen: »Ich bin auch unschuldig gegen dich, mein König.«

Da ließ mir Darius ein Seil zuwerfen, an dem man mich aus der Grube zog, während die Löwen unter mir gierig brüllten und nach dem Seilende schnappten.

Sie mussten nicht lange Hunger leiden. Denn die Männer, die sich gegen mich verschworen hatten und mich mit Schlauheit hatten vernichten wollen, wurden den Löwen zum Fraß vorgeworfen. Und zusammen mit ihnen die Männer, die den Gang zur Grube gegraben und die Schafe hineingetrieben hatten.

»Wir haben nichts Böses getan«, flehten sie.

Aber Darius duldete keine Zeugen und wollte jedes Gerücht unterbinden.

Und als wir allein waren in einem Saal, der mit Smaragden

und Amethysten und Lapislazulisteinen geschmückt war und dessen mit Purpur bezogene Sessel im Sonnenschein leuchteten, wollte der König von mir erfahren, wie mir die Idee zu dem heimlichen Gang in die Grube gekommen sei. Und ich schilderte ihm, dass mich der Anblick des Götzen auf diesen Einfall gebracht hätte. Denn der Götze sei kein lebendiger Gott und brauche keine Speise. Da aber die Fässer stets leer getrunken und die Schafe verzehrt seien, hätten die Priester wohl einen heimlichen Gang bis unter den Opfertisch geschaffen und äßen und tränken, was da sei.

Da wollte mich Darius niederschlagen. Doch sein Verstand sagte ihm, dass ich Recht hätte. Und er legte eine Hand auf meinen Arm.

»Ich kenne keinen klügeren Menschen als dich, Daniel. Und ich werde dich zum höchsten Fürsten ernennen. Denn mit einem Verwalter wie dir wird mein Reich erblühen, wie kein Reich je erblühte.«

Und obwohl ich des Königs Natur nicht mochte, der mit mir schacherte wie ein Basarhändler, ging ich auf seine Bedingung ein.

Ich dürfe niemandem verraten, wie es um den Götzen stünde, denn das gefährde die Ordnung. Solange Darius lebte, hielt ich mich an mein Versprechen.

Und auch der König hielt, was er versprochen hatte. Er ließ verkünden, mein Gott habe mir einen Engel geschickt, um mich vor den Löwen zu retten. Mein Gott tue Zeichen und Wunder, und darum solle man ihn fürchten.

Als ich mich zum Gehen wandte, schickte mir Darius hinterher:

»Wunder sind gut für das Volk. Wir beide aber wissen, warum du am Leben geblieben bist. Wir waren listiger als die, die uns mit List entzweien wollten. Merk dir das, mein Daniel.«

Ich fastete drei Wochen in meinem Gemach. Ich trauerte um meine Freunde und hatte Angst, mich erhoben zu haben vor meinem Gott, den Darius loben ließ und den er klammheimlich leugnete.

Doch in der vierten Woche begegnete mir der Weise auf der Straße, den die Kinder bespuckten und der es geschehen ließ. Und ich dachte an seine Sätze vom Licht der erloschenen Sterne, das uns erreicht, so dass wir meinen, sie brennen noch immer. So wollte ich mich nicht mehr quälen mit dem, was geschehen war. Die Menschen achteten meinen Gott als Retter und füchteten ihn, so wie sie das Flackern der Sterne erschaudern lässt.

Franz Hohler

Jonas

Jonas war 18 Jahre alt, wohnte in Jerusalem und hatte die Handelsschule besucht. Obwohl er eines der besten Zeugnisse hatte, wusste er nicht, was er werden sollte. Sein Vater war Fischhändler und hoffte, sein Sohn könne einmal sein Geschäft übernehmen, aber Jonas konnte den Geruch von Fisch nicht ausstehen.

Er ging also zum Berufsberater, und der empfahl ihm, Kaufmann zu werden. Am besten solle er mit Dingen handeln, die nicht riechen, mit Stoffen vielleicht oder mit Schmuck, und er gab ihm die Adressen einiger Schmuck- und Stoffhändler in Jerusalem.

Als Jonas zufrieden aus der Lehmhütte des Berufsberaters herauskam, rief jemand seinen Namen. Jonas drehte sich nach allen Seiten um, aber er sah niemanden.

»Ich muss mich getäuscht haben«, dachte er und ging weiter. Aber als er den Hang hinauf zu seinem Elternhaus ging, rief wieder jemand: »Jonas!«

Diesmal war die Stimme stärker als das erste Mal, trotzdem sah er niemanden, so sehr er sich auch umschaute. Er erschrak und rannte so schnell wie möglich nach Hause. Dort schloss er sich in der Toilette ein. Aber kaum hatte er die Tür zugemacht, erklang die Stimme nochmals.

»Jonas!«, rief sie so laut, dass die Wände zitterten. Jonas zitterte mit.

»Ja, bitte?«, fragte er, »ich, eehm, ich bin auf der Toilette.«

»Geh nach Ninive, der großen Stadt, und kündige dort ihren Untergang an!«, sagte die Stimme, und ein Windstoß rüttelte am Haus.

Was? Er sollte nach Ninive gehen und dort den Untergang predigen? Das konnte sich Jonas nicht vorstellen.

»Wer... wer bist du überhaupt?«, stotterte er.

»Ich bin Gott«, sagte die Stimme, und draußen fuhr ein Blitz in den Hügel und ein furchtbarer Donner grollte über die Stadt.

»Oh, Entschuldigung«, sagte Jonas und zog den Kopf ein, »das ist natürlich etwas anderes. Aber was soll ich den Leuten in Ninive denn sagen?«

Doch die Stimme war nicht mehr zu hören.

Jonas beschloss, niemandem etwas von seinem Erlebnis zu erzählen. Allerdings hielt er es für besser, für einige Zeit aus Jerusalem zu verschwinden.

Er bat seine Eltern um Geld für eine Reise, damit er die Welt kennen lernen könne. Der Vater gab es ihm, ermahnte ihn aber, wieder zurückzukommen, um ihm in seinem Fischgeschäft zu helfen, und Jonas versprach es.

Auf keinen Fall wollte er nach Ninive, und da Ninive im Osten lag, ging er nach Westen und kam schließlich in die Stadt Jaffa am Mittelmeer, wo die besten Orangen wuchsen und von wo Schiffe in alle Welt segelten. Er erkundigte sich am Hafen, welches Schiff am weitesten wegfahre, und man zeigte ihm eines, das mit Schafwollmänteln und Kamelhaardecken für Tharsis in Spanien beladen war und das von dort mit Silber und Eisen zurückkommen sollte. Sogleich bezahlte er dem Kapitän den Fahrpreis und ging an Bord.

Als das Schiff aus dem Hafen ausgelaufen war und die Stadt Jaffa mit ihren Orangenbäumen immer kleiner wurde, bis sie schließlich ganz verschwand, war Jonas erleichtert. Er stieg in das Unterdeck des Schiffes, machte es sich dort in einer Ecke auf den Kamelhaardecken bequem und schlief ein.

Kaum aber waren sie auf offener See, brach ein Sturm los, der war so gewaltig, dass der Kapitän, der Steuermann und die Matrosen die Kontrolle über das Schiff verloren. So etwas hatten sie noch nie erlebt. Alle warfen sich auf die Knie und beteten. Die indischen Matrosen beteten zum indischen Gott, der ägyptische Steuermann zum ägyptischen Gott und der persische Kapitän zum persischen Gott. Aber der Sturm tobte weiter.

»Das Schiff ist zu schwer!«, rief der Kapitän, »werft die Ladung über Bord!«

Die Matrosen gingen nun hinunter, um die Schafwollmäntel und die Kamelhaardecken zu holen, die sie nach Tharsis bringen sollten. Da fanden sie Jonas, der in seiner Ecke seelenruhig schlief. Sie rüttelten an seiner Schulter und weckten ihn.

»Sind wir schon in Tharsis?«, fragte er erstaunt.

»Wir sind im Sturm!«, riefen die Matrosen, »steh auf und bete zu deinem Gott.«

Jonas stand auf und fiel sofort wieder hin, so stark schaukelte das Schiff.

»O Gott!«, rief er und rutschte auf den Knien hin und her, »o Gott, ich bin's, Jonas! Ich glaube, du kennst mich! Du schicktest mich nach Ninive, aber ich wollte lieber nach Tharsis!«

Als dies die Matrosen hörten, erzählten sie es dem Kapitän.

»Da haben wir's«, sagte dieser, »der hebräische Gott ist wütend auf unsern Passagier. Der Sturm gilt ihm.«

Er ließ Jonas zu sich kommen und fragte ihn, was sie tun sollten. Jonas hatte keine Ahnung.

»Werft mich doch ins Meer!«, sagte er frech, denn er wusste, dass das richtige Schiffsleute nicht tun.

Und sie taten es auch nicht, sondern versuchten, das Schiff wieder an Land zu bringen. Aber der Sturm wurde stärker und stärker, die Wellen schlugen schon übers ganze Schiff und die halbe Ladung Kamelhaardecken und Schafwollmäntel war schon im Wasser versunken, ohne dass es etwas nutzte.

»Gut«, sagte der Kapitän, »es betet nun jeder zu seinem Gott und bittet ihn um Verzeihung für das, was wir jetzt tun werden.«

Die andern wussten zwar nicht, was sie jetzt tun würden, aber sie knieten nieder und baten ihren Gott um Verzeihung dafür: die indischen Matrosen den indischen Gott, der ägyptische Steuermann den ägyptischen Gott und der persische Kapitän den persischen Gott.

»Und nun«, sagte der Kapitän, »bitten wir noch den hebräischen Gott um Verzeihung für das, was wir jetzt tun werden.«

Der hebräische Gott, das war der, der mit Jonas gesprochen hatte. Als Jonas das hörte, merkte er, was die Seeleute vorhatten, und schlich sich aufs Deck des Schiffes. Dort wurde er sofort von einer riesigen Welle erfasst, die ihn ins Meer schleuderte.

»O Gott, ich ertrinke!«, war Jonas' letzter Gedanke, bevor er das Bewusstsein verlor.

Als er wieder erwachte, war es um ihn herum vollkommen finster.

»Jetzt bin ich im Himmel«, sagte sich Jonas und war enttäuscht. Er hatte sich den Himmel anders vorgestellt, heller, mit viel Sonne und weißen Wolken.

»Oh«, schoss es ihm durch den Kopf, »oder sollte ich in der Hölle sein?« Doch nirgends sah er eines der Höllenfeuer brennen, von denen er im Religionsunterricht gehört hatte, und er sah keinen einzigen Teufel mit einer Höllengabel herumhüpfen.

Erst als er sich übergeben musste, wurde ihm klar, dass er noch lebte. Aber wo war er? Das einzig Sichere war, dass es unerträglich nach Fisch stank, wie im Lagerraum seines Vaters.

Sollte er etwa von einem Fisch verschluckt worden sein?

Ein Schwarm von zappelnden Fischchen ergoss sich auf Jonas, der vor Ekel aufschrie. Ein kleiner Krebs zwackte ihn in die Hand. Seetang schlabberte um seine Beine. Als er gegen eine weiche Wand gedrückt wurde, piekste es ihn, als wäre sie mit Fischgräten tapeziert. Offenbar war das die Nahrung, die der Fisch verdaut hatte.

Nun wurde Jonas von einem furchtbaren Schrecken gepackt. Wie lange würde es dauern, bis auch er von diesem Riesenfisch verdaut würde? Und wie musste man sich das vorstellen, verdaut zu werden?

Von Zeit zu Zeit kam ein Schwall neuer Nahrung in den Magen herein, Fische, Krebse, Muscheln, Quallen. Einmal kam eine der Kamelhaardecken, welche das Schiff geladen hatte, und Jonas versuchte sich ein bisschen darin einzuwickeln, denn es war kalt im Fischmagen. Er merkte bald, dass in der Ecke, in der es besonders stank, die Nahrungsreste gesammelt wurden, die dann langsam durch eine enge Öffnung gedrückt wurden. Von dieser Ecke versuchte er sich fern zu halten. Als Scheiße durch den Darm gequetscht zu werden – das würde er nicht überleben. Ab und zu entwich eine Art krachender Windstoß, dann furzte der Fisch. Wollte er hinaus, dann ging das wohl nur durch den Mund, dort, wo er hereingekommen war. Aber sosehr Jonas auch krabbelte und kraxelte, er erreichte den Schlund des Fisches nicht, immer rutschte er an den Magenwänden aus und purzelte hinunter. Er musste sich eingestehen: Seine Lage war aussichtslos.

»O Gott!«, rief Jonas, »o Gott, hörst du mich?«

Aber er hörte nur durch den Fischbauch das Meer gurgeln.

»O Gott!«, rief Jonas nochmals, »bitte, hilf mir!«

Statt einer Antwort fiel ein Schwarm Krebse über ihn her, die der Fisch verschluckt hatte.

»O Gott!«, rief Jonas, »lass mich nicht von Krebsen gefressen werden! Ich habe die Handelsschule abgeschlossen und möchte noch leben! Ich bin erst achtzehn! Bitte, Bitte!«

Keine Antwort. Fische wurden hereingespült, Nahrungsreste wurden hinausgedrückt. Tauchte der Fisch in die Tiefe, wurde Jonas an die obere Magenwand gedrückt, schwamm der Fisch an die Oberfläche, presste es Jonas auf den Magenboden. Am schlimmsten waren die Kurven – dann versuchte sich Jonas mit beiden Händen an die Wände zu stemmen, glitt aber immer wieder aus und fiel in die halb verdauten Fisch-, Krebs- und Tangreste. Er versuchte, den Fisch zu kitzeln, damit er ihn erbrechen müsste, aber womit er auch immer die Fischwände kratzte, mit Gräten oder Krebsfüßen, dem Fisch schien das vollkommen gleichgültig zu sein, so groß war er.

»O Gott!«, rief Jonas immer wieder, »rette du mich, ich kann es nicht!«

Und so hielt er es drei Tage und drei Nächte im Bauch des Fisches aus. Er probierte immer wieder, das Maul des Fisches zu erreichen, ohne dass es ihm gelang, und er stieß immer wieder ein Gebet zu Gott hervor, ohne dass es etwas nützte.

Nach drei Tagen schließlich rief er: »O Gott, ich gehe auch gern nach Ninive und predige dort den Untergang!«

Kaum hatte er das gesagt, tat der Fisch einen gewaltigen Rülpser, und Jonas wurde inmitten eines Sardinenschwarmes an einen Strand gespült.

Schreiend stoben die Menschen, die dort badeten, auseinander, als sie sahen, wie ein Riesenfisch einen Menschen ausspuckte, der eher einem Meerungeheuer glich. Ein Orangenverkäufer erbarmte sich schließlich seiner, schenkte ihm ein paar Früchte und zeigte ihm den Weg nach Ninive.

Nie hätte Jonas gedacht, dass es dorthin so weit war.

Tagelang trottete er hinter verschiedenen Kamelkarawanen durch endlose Wüsten, musste dann wieder durch Flüsse waten oder über steinige Pässe steigen. Tagsüber wurde er von der Sonne fast gebraten, nachts schlief er im Freien und fror, obwohl er sich in seine Kamelhaardecke eingewickelt hatte, die ihm aus dem Fischbauch noch geblieben war. Kam er zu einem Fluss, wusch er sich und seine Decke, trotzdem stank er wie ein fauler Fisch, und niemand hielt es unterwegs lang an seiner Seite aus.

Endlich, nach drei Monaten, sah er in der Ferne eine Stadt, die war so groß, wie er noch nie eine gesehen hatte: Ninive, die Hauptstadt des syrischen Reiches, zu dem damals auch Israel mit Jerusalem gehörte. Drei Tage brauchte man, um sie von einem Ende zum andern zu durchqueren.

Jonas marschierte also durch Vorstädte, wo die Menschen in Hütten wohnten, mit Hühnern, Ziegen oder Hängebauchschweinen zusammen, er kam durch Straßen, an denen Pferde- und Kamelställe der Fuhrleute waren und wo es nach Dromedarhaaren und Pferdeäpfeln roch, er kam durch Viertel, wo Handwerker Sättel aus Rindsleder machten oder Steigbügel aus Eisen oder aus Tharsis-Silber, er schritt an vornehmen Häusern vorüber, welche von hohen Gittern und grimmigen Dienern mit Krummsäbeln bewacht wurden, und in den Palmengärten davor spazierten wunderschöne Damen mit Sonnenschirmen auf und ab, von Sklaven gefolgt, die Früchtekörbe trugen oder Getränkewägelchen vor sich herschoben, er kam durch enge Marktgassen, wo die Händler mit heftigen Rufen ihre Ware feilboten, Mais, Hirse, Linsen, Oliven, Pfeffer, Koriander, Öl, Fladenbrote, Schafsköpfe, Schweinsfüße, Ochsenschwänze, Gänse und Hähne, geschlachtete und lebende, an den Füßen zusammengebundene, die mit den Köpfen nach unten an Stangen hingen und nur manchmal hilflos mit den Flügeln flatterten – Jonas beeilte sich, zwischen all den Ständen und Buden durchzukommen, nur bei den Fischverkäufern blieb er ein bisschen stehen, weil er dort mit seinem Geruch nicht so auffiel.

Endlich gelangte er auf den Hauptplatz der Stadt. Er nahm all seinen Mut zusammen, stellte sich auf den Rand eines großen Brunnens und schrie, so laut er konnte: »Weh, weh, Ninive!«

Einige Leute blieben stehen und fragten ihn, was das heißen solle, und Jonas, der trotz seines guten Zeugnisses nicht so gut Syrisch konnte, rief: »Ninive wird untergeh!«

Immer mehr Leute hielten an, um dem seltsamen abgemagerten Menschen mit seinem Kamelhaarmantel und den Krebszangen im Haar, der nach Fisch roch, zuzuhören.

»Wann denn?«, rief jemand.

Ohne zu zögern rief Jonas zurück: »In vierzig Tagen!«

»Und warum?«, rief ein anderer.

»Das weißt du selbst!«, rief Jonas zurück. Der, der gefragt hatte, war ein Geldwechsler, der an diesem Tag einem Kunden falsche Münzen gegeben hatte, und er wurde rot. Alle dachten an das, was sie in letzter Zeit Unrechtes getan hatten, und wurden rot. Der ganze Platz lief sozusagen rot an, und auf einmal rannten alle davon und riefen: »Weh, weh, Ninive!«

Dieser Satz verbreitete sich durch alle Marktgassen, über die vornehmen Häuser und die Handwerksviertel und die Kameltreiberställe bis in die Hütten der Vorstädte, aber auch bis zum Hügel mit dem Königspalast.

Als der König, der wie jeden Abend auf dem Balkon seinen Räuchertee trank, aus der ganzen Stadt die Rufe »Weh, weh, Ninive!« und »Ninive wird untergeh!« hörte, schickte er seine Wächter aus, und sie führten Jonas zu ihm.

»Was sagst du da?«, fragte der König, und Jonas antwortete: »Ninive wird untergeh!«

»Und wann?«

»In vierzig Tagen.«

»Und warum?«

»Das weißt du selbst.«

Und dem König kam in den Sinn, wie er heute einen klugen jungen Lehrer hatte köpfen lassen, nur weil dieser behauptet hatte, die Erde drehe sich um die Sonne und nicht umgekehrt.

Er ließ Jonas laufen, ohne ihm weitere Fragen zu stellen, und am nächsten Morgen zog er einen zerrissenen Mantel an, streute sich Asche auf seine Haare und rieb sein Gesicht damit ein. Dann ging er auf den Hauptplatz und befahl seinem Volk, vierzig Tage lang zu beten und zu fasten. Alle sollten fasten, sogar die Tiere, und alle sollten Gott um Verzeihung bitten für alles Schlechte, das sie getan hatten.

Mit dem Ruf »Weh, weh, Ninive!« ging der König wieder

zum Palast hinauf, und mit dem Ruf »Ninive wird untergeh!« eilten die Menschen durch die Straßen und Gassen zu ihren Häusern, um zu beten und zu fasten.

Jonas aber suchte sich einen Platz etwas oberhalb der Stadt, damit er eine gute Aussicht hatte, wenn Ninive unterging.

Ein Kaufmann, der seine Kunden immer betrogen hatte, schenkte Jonas aus lauter schlechtem Gewissen eine Hütte. Jonas freute sich riesig auf den Untergang der Stadt, hängte einen Zettel mit vierzig Strichen auf und radierte jeden Tag einen davon aus. Mit Befriedigung hörte er täglich das Geheul zu sich heraufsteigen: »Weh, weh, Ninive!« und »Ninive wird untergeh!«, und er rieb sich die Hände, wenn er an das großartige Schauspiel dachte, das ihm bevorstand.

Wie groß war deshalb sein Ärger, als am vierzigsten Tag kein Feuerball auf die Stadt herunterfuhr und kein Erdbeben sie in Schutt und Asche legte, sondern als es ein Tag wie jeder andere wurde, an dem überhaupt nichts geschah. Dabei war Jonas extra früh aufgestanden, war den ganzen Tag vor seiner Hütte gesessen und hatte hinuntergeblickt. Am Abend, als die Sonne friedlich untergegangen war, wurde er wütend und rief: »O Gott, wofür hast du mich hierher geschickt? Ich habe der Stadt ihren Untergang gepredigt und sie lebt fröhlich weiter!«

Am andern Morgen, als Jonas erwachte, war ein Baum neben seiner Hütte gewachsen, der einen wunderbaren Schatten warf. Jonas freute sich darüber und picknickte am Mittag unter dem Baum. Er dachte, vielleicht habe er sich verzählt und der vierzigste Tag sei erst heute, doch als die Sonne unterging und wieder nichts passiert war, rief er: »O Gott, ich wusste ja, dass es dich reuen würde, eine so große und schöne Stadt kaputtzumachen! Deshalb wollte ich nach Tharsis fahren. Hier kann ich mich jedenfalls nicht mehr zeigen.«

Gott antwortete wieder nichts, aber in einer einzigen Nacht knabberten ein paar gefräßige Würmer alle Wurzeln des Baumes ab, so dass dieser verdorrte.

Als Jonas am nächsten Morgen vor die Hütte trat und die verwelkten Blätter sah, wurde er sehr traurig. Da rief ihn eine Stimme, die er kannte: »Jonas!«

»Mein Gott, bist du's?«, fragte Jonas, »wieso hast du meinen schönen Baum zerstört? Es reut mich um ihn.«

»So, so«, sagte die Stimme, »dieser Baum ist in einer einzigen Nacht gewachsen, und schon reut dich sein Untergang. Und mich sollte es nicht reuen, wenn eine Stadt, die in Hunderten von Jahren gewachsen ist und in der unter anderem hunderttausend unschuldige Kinder leben, von all dem Vieh ganz zu schweigen, mich sollte es nicht reuen, wenn solch eine Stadt untergeht?«

Das sah Jonas ein. Er verließ seine Hütte und wanderte zurück nach Jerusalem, über steinige Pässe, durch endlose Wüsten und über reißende Flüsse, bis er wieder in Jerusalem war, und als ihn seine Eltern fragten, was er erlebt habe in der Welt, sagte er nur: »Ooch, nichts Besonderes.«

Er wurde Fischhändler, übernahm bald das Geschäft seines Vaters, und die Angestellten, die bei ihm arbeiteten, wunderten sich, wenn er manchmal plötzlich zum Fischmesser griff, einen Karpfen aufschnitt und ihm ganz lang in den Magen schaute.

Autorenverzeichnis

Friedrich Ani, geboren 1959, lebt in München. Er schreibt Romane, Erzählungen und Gedichte. In der *Reihe Hanser* erschien bereits ›Durch die Nacht, unbeirrt‹.

William Boyd, geboren 1952 in Ghana, lebt heute in London. Seine Romane und Erzählungen wurden in zahlreiche Sprachen übersetzt.

Erri De Luca, geboren 1950 in Neapel, lebt heute auf einem Bauernhof nördlich von Rom. © 2003 by Erri De Luca. Permission granted by Lipman AG, Zürich.

Liane Dirks, 1955 in Hamburg geboren, ist seit 1985 freie Schriftstellerin. Sie erhielt zahlreiche Preise und Auszeichnungen. Sie lebt mit ihren beiden Töchtern in Köln.

John von Düffel, geboren 1966, ist seit 1991 Dramaturg und Autor an verschiedenen Theatern in Stendal, Oldenburg, Basel und Bonn. Zurzeit arbeitet er als Schauspiel-Dramaturg am Thalia Theater in Hamburg.

István Eörsi, geboren 1931 in Budapest, freier Schriftsteller, Dramatiker und Essayist. Studium der ungarischen und englischen Literatur. Er veröffentlichte mehrere Gedichtbände, Kurzgeschichten, Theaterstücke und Essays. Eörsi lebt in Budapest und Berlin.

Jostein Gaarder, geboren 1952 in Oslo, studierte Philosophie, Theologie und Literaturwissenschaften und lehrte an den Universitäten Oslo und Bergen. Seit 1991 ist er freier Autor und lebt mit seiner Frau und seinen zwei Söhnen in Oslo. Mit

›Sofies Welt‹ wurde Gaarder international bekannt. Außerdem sind von ihm in der *Reihe Hanser* bereits erschienen: ›Durch einen Spiegel, in einem dunklen Wort‹, ›Das Kartengeheimnis‹, ›Hallo, ist da jemand?‹ und ›Das Weihnachtsgeheimnis‹.

Martin Grzimek, geboren 1950 in Trutzhain/Hessen, studierte Theaterwissenschaften, Germanistik und Philosophie, lebte mehrere Jahre in Venezuela und Chile und wohnt heute als freier Schriftsteller in Heidelberg. Er schreibt für Erwachsene und Kinder. Der Autor dankt Abt Franziskus Heereman von der Abtei Neuburg, Prof. Dr. Ulmschneider vom Institut für theoretische Astrophysik an der Universität Heidelberg und Martin Kürster, der als Astronom viele Jahre auf La Silla verbrachte, für Anregungen und Hinweise.

Ludwig Harig, geboren 1927 in Sulzbach/Saar, wo er heute noch lebt. Er hat Romane, Essays, Hörspiele und Übersetzungen verfasst.

Rudolf Herfurtner, geboren 1947, studierte Germanistik, Anglistik und Theaterwissenschaften. Er schreibt Kinderbücher, Theaterstücke, Hörspiele und Opernlibretti und wurde mit vielen Preisen ausgezeichnet. In der *Reihe Hanser* veröffentlichte der Autor bereits ›Milo und die Jagd nach dem grünhaarigen Mädchen‹ und ›Muschelkind‹.

Franz Hohler, geboren 1943 in Biel (Schweiz), lebt in Zürich und schreibt Bühnenprogramme und Romane, Novellen und Kurzgeschichten für Kinder und Erwachsene. In der *Reihe Hanser* ist erschienen: ›Der Riese und die Erdbeerkonfitüre‹.

Georg Lauer, geboren 1953, lebt als Lyriker und Kritiker in München.

Einar Kárason, geboren 1955 in Reykjavík, wo er auch heute noch lebt. Er war zunächst Arbeiter und Seemann, ab 1978 freier Autor. Kárason schreibt Lyrik, Prosa sowie für den Film und das Fernsehen.

Ivan Klíma, geboren 1931 in Prag, musste als Kind drei Jahre im KZ Theresienstadt verbringen. Nach dem Studium arbeitete er zunächst als Lektor, Redakteur und Reporter, danach unterrichtete er eine Zeit lang in den USA. Seit 1970 lebt er wieder in Prag.

Jan Koneffke, geboren 1960 in Darmstadt, studierte Philosophie und Germanistik und lebt heute als freier Schriftsteller in Rom. Er schreibt Gedichte, Erzählungen und Romane.

Torgny Lindgren wurde 1938 in dem nordschwedischen Gebiet Västerbotten geboren. Seine Romane und Erzählungen sind in mehrere Sprachen übersetzt.

Margriet de Moor, geboren 1941, studierte in Den Haag Gesang und Klavier. Nach einer Karriere als Sängerin studierte sie in Amsterdam Kunstgeschichte und Architektur. Sie veröffentlichte zunächst Erzählungsbände. Schon ihr erster Roman wurde ein sensationeller Erfolg und in alle Weltsprachen übersetzt.

Roberto Piumini, geboren 1947 in der Nähe von Brescia, gilt als der bedeutendste Autor der italienischen Kinderliteratur. Seine Bücher wurden in viele Sprachen übersetzt. In der *Reihe Hanser* sind erschienen ›Matti und der Großvater‹, ›Eine Welt für Madurer‹ und ›Motu-Iti‹.

Jutta Richter, geboren 1955, studierte Theologie und Germanistik und lebt als freie Autorin im Münsterland. Von Jutta Richter sind in der *Reihe Hanser* erschienen: ›Der Hund mit dem gelben Herzen‹ und ›Der Tag, als ich lernte die Spinnen zu zähmen‹.

Brigitte Schär, geboren 1958, lebt in Zürich. Sie studierte Germanistik und Europäische Volksliteratur und absolvierte eine Gesangs- und Sprechausbildung. Seit 1998 arbeitet sie als freie Schriftstellerin und Sängerin. Sie schreibt Bücher für Kinder und Erwachsene und wurde dafür mehrfach ausgezeichnet. Von der Autorin ist in der *Reihe Hanser* ›Das geht doch nicht‹, illustriert von Jacky Gleich, erschienen.

Bernd Schroeder, geboren 1944, aufgewachsen in Bayern, studierte Theaterwissenschaften und Germanistik in München. Seit 1970 ist er freier Autor. Er schreibt Romane, Fernseh- und Hörspiele.

Hermann Schulz, geboren 1938 in Ostafrika. Nach einer Buchhändlerlehre ging er in den Bergbau und arbeitete als Gedingeschlepper. Von 1967 bis 2001 leitete er den Peter Hammer Verlag. Er schreibt Geschichten und Romane für Jugendliche und Erwachsene.

Tilman Spengler, 1947 in Oberhausen geboren, studierte Sinologie, Politologie und Geschichte. Seit 1980 ist er Mitherausgeber der Zeitschrift Kursbuch. Seit 1991 ist Tilman Spengler als freier Schriftsteller tätig. Er lebt und arbeitet in Berlin.

Javier Tomeo, geboren 1932 in Quicena (Aragon), lebt als freier Schriftsteller in Barcelona. Er ist einer der meistübersetzten Autoren der spanischen Gegenwartsliteratur.

Catherine Clément
Theos Reise

Reihe Hanser dtv 62019

Theo ist 14 Jahre alt und lebt in Paris. Nach einem Arzttermin erfährt Theo, dass er schwer krank ist. Eine mysteriöse Krankheit, die schlimmstenfalls mit dem Tod enden kann. Theos Tante macht ihm ein überraschendes Geschenk. Eine ungewöhnliche Weltreise – eine Reise durch die Religionen der Welt. Theo sieht viele Städte und trifft überall auf kundige Führer, die ihm ihre Glaubensrichtungen erklären. Wird Theo seine Heimat gesund wiedersehen?

»Amüsant, spannend und leicht zu lesen.« *Focus*

Gerhard Staguhn
Die Rätsel des Universums

Reihe Hanser dtv 62079

Mit dem Urknall beginnt die Geschichte des Universums. Wie es tatsächlich entstand, können die Forscher bis heute nicht sagen. Erst die Zeit danach, der Temperaturanstieg um 30 Milliarden Grad und die Entstehung der ersten Elementarteilchen, lässt sich beschreiben. Doch was hält die Erdkugel eigentlich zusammen? Die allerneusten Erkenntnisse der Wissenschaft werden hier genau beschrieben. Staguhn geht auch der Frage nach Lebewesen im All nach. Eine spannende und unterhaltsame Geschichte des Universums, geschrieben wie ein fesselnder Krimi.